ACLARACIONES ESCATOLOGICAS DE LA TEOLOGIA

ACLARACIONES ESCATOLOGICAS DE LA TEOLOGIA

Manuel Javier Teran

Número de Control de la Biblioteca del Congreso de EE. UU.:   2014911752
ISBN: Tapa Dura   978-1-4633-8775-4
                         Tapa Blanda   978-1-4633-8777-8
                         Libro Electrónico   978-1-4633-8776-1

Fecha de revisión: 16/07/2014

Para realizar pedidos de este libro, contacte con:
Palibrio LLC
1663 Liberty Drive
Suite 200
Bloomington, IN 47403
Gratis desde EE. UU. al 877.407.5847
Gratis desde México al 01.800.288.2243
Gratis desde España al 900.866.949
Desde otro país al +1.812.671.9757
Fax: 01.812.355.1576
ventas@palibrio.com
649788

ÍNDICE

Introducción: y todo lo que digan o hagan, háganlo en el Nombre de Del Señor Jesús (Colosenses 3-17)

(Ustedes como hijos amados de Dios Procuren ser como él) Efesios 5; 1

Como miembros de la iglesia Apostólica de la fe en Cristo Jesús nos daremos a la tarea de llevar a cabo la misión integral de la iglesia en las tres grandes vertientes hacia Dios, hacia la iglesia, hacia el mundo. Llevar a cabo nuestra misión requiere de una actitud sana, y sólida, Y una forma de ser de todos los dirigentes como columnas de la iglesia. Apostólica, de nuestro tiempo. La labor educativa, debe entonces dirigirse a nuestra fraternidad en primer lugar, con toda claridad y precisión, con respecto a nuestra aspiración: es decir, al tipo de cristiano que Dios requiere. Seguir el ejemplo, de nuestro modelo bíblico por excelencia a nuestro Señor Jesús, esa era la idea del apóstol Pablo al recomendar: sigan ustedes mi ejemplo, como yo sigo el ejemplo de. Jesús, (1Corintios 11-1) (Efesios 5-1) Conceptualizar este perfil contemplar la tarea y avocarse a ella es el objetivo de todos los dirigentes de la iglesia Apostólica de nuestro tiempo. Y a continuación se ha estado presentando enseñanzas bíblicas en todas las escuelas dominicales para la preparación de todos los cristianos, porque ya se acerca el tiempo de la venida, de Jesús. (Apocalipsis, 1:3) Este, debe ser el perfil de todos los cristianos que respondamos a la exigencia de un testimonio capaz de convencer a los incrédulos de la vialidad del cristianismo como opción de vida, de familia, de sociedad, de hijos, de padres, de hermanos, de cónyuge, de miembro de familia de iglesia de su patria y del mundo. Por esta razón todos los dirigentes de la iglesia apostólica están inmersos, en la búsqueda de la formación de todos los creyentes capaces de adorar a Dios con todo su corazón y con toda su alma, que se conviertan en el centro de su emotividad. Su sensibilidad de su amor relacionándose con la divinidad, no como una idea abstracta, motivo de especulación teológica, sino con él ser creador del universo, padre tierno que nos ha procurado la redención a través de su incomprensible encarnación. (Juan, 4;24; Lucas;10:27;1 Timoteo 3,16) Estamos ante un, Dios que ve oye y observa nuestros actos. Y que nos conlleva a relacionarnos con él, de manera reverente y confiada, sabiendo su benevolencia y su inmenso amor como padre, pero le debemos profundísimo respeto y el esfuerzo de una vida de virtud, tal como corresponde a nuestra dignidad de hijos de él. (Malaquías 1; 6:1:) (Pedro 2;9;) Un cristiano cuya alabanza este continua en su boca, llena de gozo y esperanza aún en la tristeza, que los ríos de agua viva que salten en su ser, rompa con los estados de ánimo negativos que pretendan quitarle la inspiración y el ensueño de vivir por Dios y para Dios (Salmo 34: 1; Juan 7; 38; Efesios 6; 12;) Un cristiano que sea capaz de fundirse con él hombre universal en sus necesidades, que sea capaz de desmayar en oración a favor e intercesión por su prójimo, un cristiano sin, Odios, sin rencores, sin amarguras, que dentro de su piedad religiosidad, evidencie una salud mental, surgida de la práctica, del amor: que le da fundamento a su sentido existencial. (Mateo 5; 44; Lucas 5; 16; 1 Corintios 13; 1-10;) Dios nos pide en su palabra la formación de nuestro aliento a la consecución de un cristiano amante de la oración, como dependencia absoluta de su vida, el reconocimiento practico de qué dependemos de Dios como fuente de inspiración de vida, de guía, para la aprobación de sus actos. Dios no requiere cristianos llenos de conceptos paradójicamente vacíos existencialmente, por la ausencia de la presencia de Dios en sus vidas. Producto de la práctica mecánica o desairada de una vida de oración sin la inspiración divina, por eso Dios en su palabra enmarca y remarca, y concluye con la consagración que debemos interpretarla como una vida grata, entregada en servicio a él y al prójimo: y postrada ante Dios reconociéndole como padre y Señor. Todopoderoso. (1 Corintios7; 5; Colosenses 4; 2; Romanos 14; 8). Dios también en su palabra nos requiere y nos pide la, formación a través de la educación, de un cristiano capaz de mostrar su compañerismo solidario, y fraternal con su hermano: con oración suplicante y desmayaste, en intersección los unos y los otros con grande amor: el compartimiento de su tiempo, de su palabra y sus bienes: que en una sociedad egoísta como la Que vemos hoy día en que el individualismo tiende a reforzarse. Y el éxito personal parece ser el modelo promovido: nos resulta todo un reto. (Santiago 2:14-17 y 1ª Juan 3:18;) Dios pide a todos los educadores, trabajen en el despertar de la conciencia del cristiano de este tiempo, porque una vida de piedad y Santidad es muy hermosa a los ojos de Dios. Que la iglesia se mantenga en un estado de inspiración constante, los tiempos que vivimos se requiere claridad en el pensamiento, con respecto a lo que creemos y promovemos al llevar el mensaje a otros. Por lo que se nos pide el requerimiento, la consecución de una educación formativa, capacitadora y especializada, es el compromiso de todos los educadores que a cada uno le corresponde jugar (1 Timoteo 3:1-5: 1 Pedro 5:1-4; 2 Timoteo 2:7; 1 Timoteo 4:12) evita que te desprecien por ser joven: más bien debes ser un ejemplo para los creyentes en tu modo de hablar, y de portarte, y en tu Amor, y fe. Pureza de vida, Los pastores y Ancianos de la Iglesia. También tienen que buscar a creyentes que poseen carismas, para que sin egoísmos los pongan al servicio de Dios. En la formación y educación de sus hermanos, con. Amor profundo y desinterés personal, sabiendo que todo es para la honra y gloria de Dios, (Romanos 12; 1-8) La disciplina también es un elemento fundamental. De la voluntad de Dios. Con su razón de ser. Para la subsistencia como grupo, pero fundamentalmente para agradar a Dios. Ante quién somos responsables como luz del mundo y sal de la tierra, es otro de los requerimientos de Dios Para todos los cristianos que tenemos que educarnos (Mateo 5: 13-14; Hebreos 12:11) La tercera vertiente del Señor Jesús, nos demanda un cristiano amante de la evangelización, que sin egoísmos comunique su esperanza, un cristiano que no sea insensible ante los que sufren, a consecuencia de los que sufren por el pecado; las familias desintegradas, de los niños maltratados, de las mujeres e hijos abandonados y tantas personas que Sufren, como consecuencia de su estilo de vida propio. De los que no conocen a Dios, se requieren cristianos convencidos de los beneficios que en esta vida y en la venidera, alcanzamos los que aceptamos al Señor Jesús como, nuestro. Salvador (Apocalipsis,2;26-28;3;12; Daniel 7;18, 27); (Apocalipsis 22;12) si, vengo pronto. Y traigo el premio que voy a dar a cada uno conforme a lo que haya hecho, tenemos que formar esta perspectiva, evangelista de la vida presente y futura este es el propósito de Dios todos los cristianos. Que Dios nos pide que traspasemos las fronteras llevando el mensaje al extranjero la extensión del reino de Dios. (Marcos 16:15-17;

Mateo 28: 19-20) La palabra de Dios nos da luz cuando se nos dice que hemos. De amar al prójimo no creyente porque debe ser considerado hermano en la creación, en un servicio misericordioso, profético, de un Dios reconciliador donde nos manda que no nos detengamos en sus necesidades, sino que nos solidarizaremos con su condición y con sus derechos que a su dignidad de ser humano les son inherentes por el hecho de haber sido creado a la imagen y semejanza de Dios. (Génesis 1:27; Isaías 5; Hebreos 1:4; Apocalipsis 7:9-14). Hermano el tiempo, se está acabando, debemos aprovecharlo, Hay mucha gente necesitada, de Dios, y tu eres la luz del mundo, (Mateo; 5;13-14) Dios te Bendiga, es mi deseo más profundo. Tu Hermano. Manuel Javier Terán. He aquí vengo pronto reten lo que tienes para que nadie tome tu corona (Apocalipsis 3; 11) Si, vengo pronto, y traigo el premio que voy a dar a cada uno conforme lo que haya hecho. (Apocalipsis 22; 12).

Él dice ya vengo. Ya estoy en camino. Prepárate hermano

PREFACIO

Las aclaraciones de este maravilloso libro de Apocalipsis fue editado por el hermano; Manuel Javier Terán, miembro de la iglesia Apostólica de la fe en Cristo Jesús. Dicho hermano recibió el evangelio el día 14 de Noviembre de 1963 en el Municipio Doctor Belisario Domínguez. En el Ejido de los Remedios, por el Evangelista Faustino Zubia, El Hno, Manuel Javier Terán y dicho hermano fue bautizado el día 10 de Mayo de 1964 en la iglesia, a. de. La, fe en Cristo Jesús en la 1. De Chihuahua. Por la C. 16 Nº 3810 de la col. Bella Vista, por el Pastor Eliseo Torres. Los más de los cristianos se han acostumbrado a llamar revelación de Juan él Teólogo, Pero como vemos se trata de la revelación de Jesús. Que le hizo Dios. O sea, él poder le hizo a Jesús. Porque, Dios, significa. Poder. Los Trinos. Ellos, argumentan, y, entienden que no Hayan como explicar esto porque ellos dicen que son tres dioses Omniscientes, Omnipresentes, auto existentes, coherentes, y, por eso no pueden como explicar esta expresión. Y para poder explicar ellos dicen que a Jesús le fue oculta la venida de Jesús. (Marcos13; 32) y ellos dicen que Jesús al recibir el cuerpo y la imagen humana, recibió también, ciertas limitaciones humanas, y ellos dicen cuando él Señor habiendo acabado la obra redentora, todos los misterios divinos, y Jesús nuevamente se tornó Omnisciente como Él padre. Por este libro no es fácil entenderlo ahora para quienes no están familiarizados con el Antiguo Testamento, ellos no saben a qué tiempos se refieren las visiones proféticas del (Apocalipsis) y lo principal es que ignoran la palabra de Dios y el Espíritu profético, por eso tantos intérpretes de este libro sin el debido conocimiento, con frecuencia tuercen la verdad sin misericordia sacan conclusiones tan inverosímiles las cuales nada tienen en común con el Espíritu de las sagradas escrituras. Pero nosotros no creemos así. Los, Apostólicos, somos, Monoteístas.

Creemos, en, un solo Dios, todopoderoso. Y nosotros no tenemos dificultad para explicar esta expresión del Apocalipsis. Que dice que Dios le hizo a Jesús porque Dios como ya dije significa poder. Y Dios era la palabra Juan 1;1). En el principio, era l ya existía la palabra; y aquel que es la palabra estaba con Dios y era Dios. 10 aquel que es la palabra estaba en el mundo; Aquel que es la palabra se hizo hombre y vivió entre nosotros. Hombre Atropos. (Juan 1;14). Jesús es un ser Teoantropos. Hombre y Dios. Teo. Dios. y Antropos Hombre, En esto que dicen ellos que Jesús tenía ciertas limitaciones. Como humano es cierto. Porque Jesús tenía las dos naturalezas la humana. Y la divina, (Filipenses 2; 6-8) él cual; aunque era de naturaleza divina, no insistió ser igual a Dios, 7 sino que hizo un lado lo que era propio. Y tomando naturaleza de siervo, nació como hombre. Y al presentarse como hombre v, 8, se humilló a sí mismo. Y por obediencia fue a la muerte, a la vergonzosa muerte en la cruz, pero él era el Dios todo poderoso. El yo soy (Juan 8; 24. 28). (Éxodo 3;14). Jesús es la imagen visible de Dios, que es Invisible; (Colosenses 115 pues Dios quiso habitar plenamente en Cristo. (Colosenses, 1; 19). (Col, 2; 9) Porque todo lo que Dios es, se encuentra plenamente en la persona de Cristo. (Gálatas 3; 20) pero no hay necesidad de intermediario cuando se trata de una sola Persona, y Dios es uno solo. (Romanos 3;30), pues no hay más que un Dios; el Dios que libra de culpa a los que tienen fe. Sin tomar en cuenta si están o no están circuncidados. Revelación es un libro considerablemente grande en cuanto a su verdad, revela toda la historia de la Iglesia aquí en la tierra. (Apocalipsis 1, 2, 3); Apocalipsis 4; 1-11) Revela el rapto de la iglesia al cielo. (Filipenses 3; 20-21;1 Tesalonicenses 4; 16-17). Revela las bodas del cordero en el cielo (Apocalipsis. 19; 8-9). Revela la semana de prueba aquí en la tierra. El señorío del anticristo. Revela la venida de Jesús con gran poder y gran gloria con todos sus ángeles, y su Iglesia (Mateo 16; 27; Colosenses3; 4;1 Tesalonicenses 3; 13). Judas 1; 14). Revela que Dios les quitará el reino durante la guerra del Armagedón, en el tiempo de la destrucción de los reinos del mundo y la instauración del reino del milenio de Jesús en la tierra por último, es la revelación del juicio final, la destrucción de la muerte, y el Satanás que será encarcelado por mil años. Y de la nueva tierra y el cielo nuevo. La nueva Jerusalén. Con toda la sinceridad deseosa de ayudar a los creyentes a comprender este maravilloso libro he decidido escribir sobre el mismo mi propia explicación también. Claro está que yo no pretendo tener el conocimiento absoluto de los misterios de Dios. Tan poco soy tan sabio como para suponer que en mis explicaciones ya no habrá errores, sin embargo, ya que lo expuesto ha sido cuidadosamente pensado y desde los diversos ángulos, son muy próximas a la verdad. He tratado de no valerme de la fantasía personal. Ni he tratado de forzar las escrituras a mi propia imaginación, sino que he estudiado la palabra de Dios con mucho cuidado. Con toda reverencia. Con oración al Señor, para que me diera la luz espiritual para poder captar la esencia de la revelación y apoyar cada pensamiento con argumentos de la Biblia. La lectura de este maravilloso libro de Apocalipsis y al escribir mis explicaciones me ha traído gran bendición, si saben amar y valorar este libro de Apocalipsis. Todos los esfuerzos que hacemos no serán en vano, la meta será alcanzada.

Aclaraciones Escatológicas De La Teología de Dios (Apocalipsis 1; 1-2)

Esta comparación la comprensión y figuras contemporáneas. Porque en tal caso nadie, hasta la fecha podría haberlo entendido. Al contrario, dirían que es un delirio Incomprensible. Por eso Apocalipsis fue escrito en idioma simbólico. O sea. Con la mentalidad y figuras de entonces, son presentados hechos de Siglos pasados lejanos

(La revelación que Dios le hizo a Jesucristo)
Apocalipsis 1; 1-2)

Los trinos afirman en su interpretación, de la explicación del libro de Apocalipsis, que esta es la revelación de Jesucristo que Dios le dio y ellos se preguntan ¿acaso Jesucristo necesitaba alguna revelación? ¿Acaso él no sabía todas las cosas? ellos no hayan como contestar a esta pregunta, ellos se basan en el texto de (Marcos 13; 32) que dice que a Jesús le fue, oculto, El, Regreso de su venida, ellos dicen que cuando Jesús resucitó a su gloria anterior el Padre quitó la limitación revelándole todos los misterios divinos, y dicen que Jesús, volvió tornarse Omnipotente como el padre, esta es la teoría de los trinos, ellos ven al padre y al hijo. Pero nosotros los Apostólicos no creemos así, porque tenemos el Espíritu Santo y él nos ha dado a conocer al Dios verdadero, y estamos en él verdadero Dios, (Juan 5;20); Dios significa poder. Y Dios era, la palabra y no es nombre propio; (Juan 1; 1), en el principio ya existía la palabra y la palabra era Dios. Estaba con Dios y era Dios, o sea, era él poder. Este poder hizo a Jesucristo revelar por medio de su ángel a su siervo Juan. Dice, (Apocalipsis. 19; 13) Iba vestido con ropa teñida de sangre, y su nombre era la palabra de Dios; y su interpretación es su nombre era él poder, y esta interpretación es así esta es la revelación que él poder hizo a Jesús. Revelar a su Iglesia sus secretos, por medio de su ángel le fue revelado a Juan, y Juan escribió en este libro de Apocalipsis a las siete Iglesias, de la provincia de Asia, y las otras Biblias dice así esta es la revelación de Jesucristo que Dios le dio. Y se entiende así esta es la revelación de Jesús que él poder le dio, para revelar, a, loa suyos O sea a su Iglesia, Y él ángel me dijo estas son palabras verdaderas y dignas de confianza. El

Señor el mismo Dios que inspira a los profetas, ha enviado a su ángel para mostrar a sus siervos lo que pronto va a suceder, (Apocalipsis. 22; 6) yo, Jesús he enviado a mi ángel para declarar todo esto a las Iglesias, yo soy el retoño que desciende de David, soy la estrella brillante de la maña. (Apocalipsis 22; 16); En esto que dicen los trinos, que Jesús recibiendo el cuerpo humano recibió ciertas limitaciones esto sí es una verdad, pero Jesús tenía las dos naturalezas la divina y la humana. Como hombre él estaba limitado (Filipenses 2; 6-8); él, cual aunque era de naturaleza divina, no insistió al ser igual a Dios, sino que hizo a un lado lo que le era propio. Y tomando naturaleza de Hombre nació como Hombre, y se humillo así mismo, y por obediencia fue a la muerte, a la vergonzosa muerte de la cruz Hebreos 2; -8). Por un poco lo hiciste menor que los Ángeles. En la naturaleza divina, él era el Dios verdadero, el todopoderoso (Deuteronomio 32; 39) Colosenses 2;9) (1 Juan 5; 20) en esta revelación se nos muestra toda la historia de la Iglesia. La grandeza de Jesús el recogimiento de la Iglesia al cielo (Filipenses 3; 20-21; 1 Tesalonicenses 2; 1- 4);

(El, poder que hizo a Jesús)
Apocalipsis 1; 1-2)

Esta es la revelación que el poder hizo a Jesucristo, para que él mostrara a sus siervos lo que pronto ha de suceder. Jesucristo lo ha dado a conocer enviando su ángel a su siervo Juan él cual ha dicho la verdad de todo lo que vio, y es testigo del mensaje de poder confirmado por Jesucristo. La palabra confirmación significa la evidencia, lo que se ve ó sea, lo visible, y este era Jesús (Colosenses 1;15); Jesús es la imagen visible del poder que. Es invisible. (Colosenses 2;9); porque todo lo que Dios es se encontraba en la persona de Jesús. O sea, todo el poder estaba en Jesús, porque eso es lo que Dios es, poder. Los amantes de la trinidad. O sea, los trinos, ellos ven aquí a dos personas, al padre y al hijo. Pero los Apostólicos somos Monoteístas creemos en un solo Dios verdadero, y esto es porque él poder nos ha dado entendimiento para conocer a, Dios verdadero y estamos en él verdadero Dios Jesús (1 Juan 5; 20) Romanos 9;5). San Pablo nos dice son descendientes de nuestros antepasados; y de su raza, en cuanto a lo humano, vino el mecías él cual es Dios sobre todas las cosas, alabado por siempre así sea; (Colosenses 2;3); pues en él están encerradas todas las riquezas de la Sabiduría y el conocimiento,

(Colosenses 2;9) porque todo lo que es Dios se encuentra en la persona de Jesús, para que en él nombre de Jesús doblen la rodilla todos los que están en el cielo y en la tierra y debajo de la tierra, y para que todos reconozcan que Jesús es el Señor (Filipenses 2;10); Jesús es la plenitud de todas las cosas (Efesios1;23); pero no hay necesidad de intermediario cuando se trata de una sola persona y Dios es uno solo, (Gálatas 3;20); pero no hay más que un Dios; él Dios que libra de culpa a los que tienen fe, sin tomar en cuenta si están, Circuncidados o no (Romanos 3;30); El nombre de Jehová no fue escrito por los escritores sagrados, o sea, los profetas. Ni los Apóstoles. Sino por los Masoretas en la Biblia judía no, se encuentra este nombre. Ellos tenían las consonantes YHWH. Los Hebreos pronunciaban Adonay y que significa Señor. Yaveh. Que también significa Señor. Cuando él Señor se presentó con Moisés él no le reveló. Ningún nombre, él le preguntó por su nombre y él le dijo yo soy él que soy. Y esto dirás que yo soy él que soy. Me ha enviado a ustedes. (Éxodo 3; 14); así que el Señor no le dio ningún nombre el nombre de Jesús si fue revelado por el Ángel del Señor (Mateo 1:21): María tendrá un hijo y le pondrán por nombre Jesús porque él salvara a su pueblo de sus pecados (Mateo 1; 21); la virgen quedará encinta y tendrá un hijo al que le pondrán por nombre Emanuel. Que significa el poder con nosotros. Este nombre también es circunstancial. Periódial; por un período de tiempo (Zacarías 14; 9); en ese día reinará él Señor en toda la tierra, él Señor será el único. Y único será también su nombre. (Apocalipsis 3; 12); y en ellos escribe el nombre de mi poder. Él nombre nuevo, con estas palabras él Señor quería dar a entender que él es el Dios verdadero el Dios todopoderoso él único Dios, él creador de todas las Cosas, en (Juan 8; 24, 28); por eso morirán en sus pecados; porque si no creen que yo soy él que soy, morirán en sus pecados. Por eso les dije cuando levanten en alto al hijo del hombre reconocerán que yo soy él que soy. Con estas referencias y muchas otras más nos damos cuenta que Jesús es el Dios verdadero, y la vida eterna, (Juan 11; 25); Jesús le dijo entonces; yo soy la resurrección y la vida, él que cree en mí, aunque muera vivirá, (Juan 14; 6); Jesús le dijo yo soy el camino y la verdad y la vida, solo por mí se puede llegar al padre, Jesús le dijo a Felipe tanto tiempo hace que estoy con Ustedes y todavía no me conocen, él que me ve a mí, Ve al Padre ¿por qué me dicen que les deje ver al Padre? no creen que yo soy, y estoy en él padre y él padre está en mí, las cosas que yo les digo no las digo de mí mismo, él padre que vive en mí, es él que hace su propio trabajo. Esté libro de (Apocalipsis), es un libro maravilloso porque revela la. Historia de, la Iglesia.

(La Unicidad de Jesús)
(Un ser Teoantrópico hombre y Dios)

Jesús tenía las dos naturalezas. La divina y la humana. Como hombre él estaba limitado. (Filipenses 2; 6-8); él cual; aunque era de naturaleza divina, no insistió al ser igual a Dios. (v7) sino que hizo a un lado lo que le era propio. Y tomando naturaleza de siervo nació como hombre. Y al presentarse como hombre, v, 8 se humilló a sí mismo. Y por obediencia y fue a la muerte. A la vergonzosa muerte en la cruz, (Hebreos 2;7); por un poco de tiempo lo luciste algo menor que los ángeles. (Juan 11; 35); y Jesús lloró, (Mateo 4; 2); como hombre sintió hambre, (Juan 4; 6); Jesús, como hombre se cansó, Jesús como hombre oraba. (Mateo 14; 23); Jesús como hombre no sabía el día ni la hora (Mateo 24;36); Jesús como hombre estaba sujeto a las leyes climatológicas de la naturaleza. Pero como el Dios todopoderoso que es, lo adoraron (Mateo 2; 11; Hebreros 1; 6); que todos los ángeles de Dios le adoren. (Filipenses 2; 10); los apóstoles se pusieron de rodillas ante Jesús. (Mateo 14; 33; Juan 11; 32); María se puso de rodillas ante Jesús; (Mateo 14; 1-31); como Dios les dio de comer a mas de cinco mil, personas. Con dos pescados. Y cinco panes. (Colosenses 2; 9; 1 Juan 5; 20); como Dios le obedecían los vientos. Él mar. Él es el resplandor glorioso de todo lo que Dios es. La imagen misma de Dios él que sostiene todas las cosas con su poder glorioso, con Su palabra, (Hebreos 1; 3; 6) Jesús es el verdadero Dios y la vida eterna, Jesús es él yo soy. (Juan 8; 24, 28). Jesús es (11; 25); Jesús le dijo entonces; yo soy la resurrección y la vida, él que cree en mi aunque este muerto vivirá, (14; 6); Jesús le contestó; yo soy el camino la verdad y la vida, (Colosenses 2; 3); pues en él están encerradas todas las riquezas de la sabiduría y él conocimiento, Cristo es la plenitud de todas las cosas. (Efesios 1; 23);

(El texto dice que Jesús)

Envió a su siervo Juan, un ángel, para que le mostrara todas las cosas que tienen que suceder pronto. Este ángel no sabemos su nombre porque no se revela su nombre. Pero las palabras que le dijo a Juan. Yo soy siervo de Jesús, lo mismo que tú y tus hermanos los profetas. Y todos los que hacen caso de lo que está escrito aquí en este libro, adora a Dios, (Apocalipsis 22; 6:16); nos revela ciertos misterios hallamos que los siervos de Dios tienen Ángeles, los cuales. Los asisten y les ayudan en la obra de Dios, es una referencia muy alentadora. Que los siervos de Dios no estamos solos, porque la misma palabra de Dios nos lo confirma, que todo hijo de Dios tiene un Ángel (Mateo 18; 10; 2 Reyes 6; 16); Eliseo le contestó no tengas miedo porque son más los que están con nosotros que los que están con ellos, y oró Eliseo. Al Señor diciendo; te ruego, Señor, que abras sus ojos, para que vea, el Señor abrió entonces los ojos del criado. Y este vio que la montaña estaba llena de caballería de carros de fuego alrededor de Eliseo, porque todos los ángeles son Espíritus al servicio de Dios, enviados en ayuda de quienes han de recibir la salvación. (Hebreos 1; 13-14); nos damos cuenta por estas referencias de la misma palabra de; Dios, que es la actividad Angelical, de gran provecho en los asuntos Espirituales, es probable de que este ángel haya sido uno de los Ángeles principales, al servicio de Dios, ya que a este Ángel Jesús le encomendó un asunto muy importante, a su siervo Juan. El Señor Jesús le reveló todo lo necesario concerniente a su segunda venida, por lo tanto, cualquier añadidura a esta revelación es una profecía falsa, y prohibida por el Señor Jesús (Apocalipsis 22; 18-19); los hechos están relacionados con la segunda venida de Cristo, y sucederá en breve, en lo cual, en este libro de Apocalipsis se declara hasta siete veces con las siguientes palabras; Porque el tiempo está cerca (Apocalipsis. 1; 3;2) He aquí, yo vengo pronto, (Apocalipsis. 3; 11); Él mostró a sus siervos los profetas las cosas que deben suceder pronto. (Apocalipsis., 22; 6;4) He aquí vengo pronto. (Apocalipsis. 22; 7; 5) Porque el tiempo está cerca. (Apocalipsis. 22; 10; 6) He aquí yo vengo pronto. (Apocalipsis. 22; 12; 7) Ciertamente vengo en breve. (Apocalipsis. 22; 20); De esto nos damos cuenta de que es amplia la actividad angelical, de gran alcance en los asuntos. Espirituales.. Este testimonio de que el tiempo está cerca y su venida en breve, llena los corazones de los creyentes de gran gozo, sobre todo con la seguridad de que él no nos abandona, sino que él estaría con nosotros todos los días. (Mateo 28; 19-20); y que los Ángeles son los servidores en ayuda de aquellos que serán salvos, (Hebreos 1; 13-14); Debemos añadir aquí que el tiempo está cerca debemos entender según Dios y no según los hombres. Para nosotros. Pronto puede significar un día, pero no para Dios esto significa mil años (2 Pedro 3; 8); El Autor quien escribió este libro fue el Apóstol Juan. Y las palabras quien ha dicho la verdad, de todo lo que vio y es testigo fiel del mensaje recibido de Dios, confirmado por Jesucristo, nos recuerda su evangelio (Juan 1;1-4; 1 Juan 1;1-3); Esta es una grande revelación y un grande privilegio para Juan.

(El saludo de Jesús a las Iglesias)
(Apocalipsis 1; 4-6;)

Este saludo de Jesús a su Iglesia, que se encontraba en Asia; aunque en Asia menor, no debemos deducir, que en el Asia menor. No hubiera más Iglesias. O que Jesús no se interesaba por otras iglesias. Al contrario en aquellos días ya había muchas iglesias. Pero no era posible mencionarlas a todas ya que esto nos demandaría mucho tiempo. Jesús escogió a siete Iglesias qué fueran tipos característicos, no tan solo de la Iglesia existente de entonces. Sino de toda la Iglesia cristiana a través de los siglos, Estas siete Iglesias eran patentes retratos, proféticos. De la iglesia a través de la historia, es por eso que al dirigirse a las iglesias Jesús saludó a toda la Iglesia en nombre de "ellas" a toda la iglesia de Jesús, atravesó de los siglos. Con este saludo Jesús nos ha enseñado su educación, su amabilidad, su ejemplo, de su cortesía, su amor por esta razón todos los cristianos tenemos que ser amables con delicadeza. No groseros. El saludo fue expresado reciban ustedes gracia y paz de parte del que es y era y ha de venir. Este es nuestro Señor Jesús él es el verdadero Dios. Y de parte de los siete Espíritus que están delante de su trono este es el símbolo de la plenitud de Jesús porqué Jesús es él Espíritu (Juan 14; 26; 4; 24); la palabra. O sea,1.- la cifra siete significa, plenitud. O número completo, y esta es la plenitud del Espíritu que todo lo llena. (Salmo 139;7); 1 Corintios 2;10; Hechos 4;2;2;1-13); Apocalipsis 5;6; 3;1); plenitud de Jesús (Efesios 1;23); aquí es los que los amantes de la palabra de la santa trinidad, ellos aquí ven a tres personas él padre, él hijo, y él Espíritu Santo, Tres, personas, coherentes. Omnisciente. Omnipotente. Omnipresentes los Apostólicos no creemos así nosotros creemos que, como ya dije Jesús tenía las dos naturalezas. La humana, y la divina. Él cual aunque era de naturaleza divina, no insistió al ser igual a Dios, (v.7), sino que hizo a un lado lo que le era propio. Y tomando naturaleza de siervo nació como hombre, y al presentarse como hombre. Se humilló a sí mismo y por obediencia fue a la muerte. A la vergonzosa muerte en la cruz, Salta a la vista aquí el hecho de que la venida de Jesús. Aquí por su

Iglesia, él que es. Y él que debe venir es Jesús, en (Mateo 16; 27); porque él hijo del hombre va a venir con la gloria de su Padre y con sus Ángeles. Ya dije que Jesús y Dios es uno, (Colosenses 1;15); Cristo es la imagen visible de Dios. Que es invisible (1;19); pues Dios quiso habitar plenamente en Cristo. 2; 9) porque todo lo que Dios es, se encuentra en la persona de Jesús. Jesús es él juez de vivos y muertos. (Hechos 10; 42; 17; 31); y él es el Señor de todos; (Romanos 14; 9; 2). (Timoteo 4; 1); por esta razón todos los escritores. Sagrados hablan. De la venida de Jesús (Mateo 26; 64); Jesús le contestó; tú lo has dicho, y yo les digo también que ustedes van a ver al hijo del hombre sentado a la derecha del poder, y venir en las nubes del cielo, él vendrá con todos sus ángeles. Mateo, 25;31;y, como, ya, dije, la, Iglesia, vendrá; También (1Tésalonicens, 3; 13; Judas 1; 14; Colosenses 3:4); Aquí tenemos otro pensamiento más, de que Jesús es el primero resucitar, el primero que resucitó en cuerpo. Incorruptible de entre los muertos, (1; Corintios 15; 20; 23); la tierra tuvo que devolverlo. Porque él fue el creador de todas las cosas, el texto dice que él Jesús nos amó, (Apocalipsis. 1; 5); y esto es una realidad. Porque lo demostró en una forma maravillosa, que, nuestra, mente. No puede comprender su amor tan grande (Juan 3; 16; Efesios 3; 18-19); lo Ancho, y lo largo. Lo alto y lo profundo. Que es más grande, que lo que nuestra mente puede pensar o entender, el amor de Dios. No ha menguado, sino que, por el contrario, va en aumento. Por cuanto él lo mostró en el sacrificio de Jesús, que mostró hacia sus enemigos Romanos 8; 5; 5; 8-10;) ¿Cuál será el amor de Dios hacia sus amigos? aquel amor fue expresado a todos los que están lejos de Dios, viviendo en el pecado, mientras que el actual amor es para aquellos cuyos pecados han sido perdonados, por la sangre del cordero el Salvador del mundo, Merece nuestra atención el hecho de que el Señor Jesús pone en alto a su Iglesia, es una dicha sin precedente, que el Señor Jesús considere a su iglesia, Reyes y Sacerdotes. Con esto Jesús no se rebaja a nuestra estatura, sino que nos eleva la suya, ya que los Reyes en el mundo ocupan el más alto sitial político, como los Sacerdotes en el Espiritual. Esto significa que el Señor Jesús nos eleva a sus hijos al más alto nivel mundial. Los hombres del mundo se burlaran de esto. Pero quienes de entre los creyentes pierden el sentido de su llamamiento eterno, real y Sacerdotal. Él tal no se interesa en las realidades de Apocalipsis, concerniente a la segunda venida de Jesús. Nuestro amigo y salvador quien es él Rey de Reyes, Señor de Señores, y sumo Sacerdote sobre los Sacerdotes. Quien asimila y se apropia de esto, se interesa del reino de Jesús, como suyo propio, y de la vida Espiritual como él mejor Sacerdote

(Hebreos 7;1-Aquí viene con las nubes) (Apocalipsis 1; 7-8;)

Esta es una expresión simbólica y significa que Jesús vendrá del cielo. Juan fue testigo de la Asunción de Jesús, y vio como la nube lo cubrió de sus ojos y, oyó de los mismos ángeles, qué Jesús vendría exactamente igual como ascendió (Hechos 1;9-11); y él mismo Jesús enseñó que él vendría en las nubes (Mateo 24;30; 26;64); por esa razón él Apóstol usó las mismas palabras. La esperanza en la venida de Jesús constituye la fuerza vital de la Iglesia de Jesús, de modo que si alguna iglesia dejara de creer en la venida de Jesús, desde ese momento dejaría de ser de Jesús. Igualmente, los miembros de la iglesia, como individuos. Si ellos no creen en la venida de Jesús, no son cristianos, ignorar el retorno de Jesús es ignorar gran parte de la fe en las enseñanzas de Jesús. Pero por más que los hombres combatan las enseñanzas de la venida de Jesús por más que rechacen y se burlen de la enseñanza, permanece de pie la afirmación que él evangelio registra diciendo que aquel Jesús. Él cual ascendió al cielo, y se sentó en el trono, en el poder. Y vendrá nuevamente para juzgar a vivos y muertos. Y todo ojo le verá, esto será en la segunda venida de Jesús, cuando. Venga con gran poder y gloria. Acompañado de sus ángeles. Y de su Iglesia, a reinar por todos los siglos. Cuando inicie el reinado milenial, aquí en la tierra, (Daniel *2; 4;)* *(*Apocalipsis. 20:1)--- y esto es una realidad todos lo verán este será el pueblo, Hebreo (Zacarías 12; 10); llenare de Espíritu de bondad y oración a los descendientes de David y a los habitantes de Jerusalén. Entonces mirarán al que traspasaron, y harán duelo y llorarán por él como por la muerte del hijo único, o del hijo mayor. Ese día reinará él Señor en toda la tierra, él Señor será el único. Y único será también su Nombre, (Zacarías 14; 9); este pueblo mirará al Señor con arrepentimiento, pero los demás pueblos llorarán de terror y espanto. Ya que con frecuencia de nuevo crucifican a Jesús menospreciándolo con su conducta Anticristiana, la desobediencia, la negligencia mezquindad. Y él liberalismo, sin embargo, no será este un llanto de arrepentimiento. Sino que será el comienzo de los sufrimientos eternos en el infierno.

(El alfa y omega)
(Apocalipsis 1; 8)

El alfa y omega, son la primera y última letras del abecedario griego, esto significa que el Señor Jesús debe ser el primero y el último en todos los asuntos. También en la salvación. El mismo la inició y él personalmente la concluirá, con este nombre del Señor Jesús. Desea dar prueba en el sentido de que, habiendo logrado un buen comienzo, él mismo llevara la obra a buen fin. Este nombre se refiere a Jesús, lo que podemos comprobar de Muchos textos (Apocalipsis 1; 17; 1; 8; 2; 8; 21; 6; 22; 13;) **¡esa alfa y Omega! ¡O sea, el primero y el último! ¡Dice de sí mismo que es él Señor Dios todopoderoso!** Significa que Jesús es él Dios todopoderoso; este es uno de los muchos textos que confirman esta verdad. De que Jesús es Dios todopoderoso, hay enseñanzas de propagares que se consideran cristianos, pero no creen que Jesús es Dios todopoderosos.

(La isla de Patmos)
(Apocalipsis., 1;9;)

Según los historiadores esta Isla de Patmos esta aproximadamente a unos 35 km. del puerto de Éfeso, aún permanece esta isla hasta la fecha, pero la ciudad de Éfeso fue destruida. Hasta la fecha se conserva ahí una cueva, es probable que en esa cueva se albergara el Apóstol Juan, para protegerse de las leyes climatológicas de la naturaleza. El frío, el calor, la lluvia. En los días de la persecución de los cristianos por el emperador. Domiciano por los años 95-96 D. D. C. El Apóstol Juan fue enviado a esa isla. Era algo difícil para el Apóstol., pero esto era la voluntad de Dios. Porque estaba en su plan. Porque mediante su exilio en esa isla. El salvador llevó a cabo aquello que había dicho a Pedro acerca de Juan; si quiero que él quede hasta que yo venga, ¿qué a ti? (Juan 21;22); y en efecto, Juan vio la venida de Jesús, detalladamente la venida de Jesús en visión como si esta fuera real. Para esta fecha ya él Apóstol Juan era un Anciano, probablemente él era el único sobreviviente de los testigos oculares del Señor Jesús, y sobre esto recibió, una muy grande revelación. He aquí sus palabras de Juan. Yo, Juan soy, hermano de ustedes, y por la unión con Jesús. Tengo parte con ustedes en el reino de Dios en los sufrimientos y en la fortaleza para soportarlos. Por haber anunciado el mensaje de Dios confirmado por Jesús. Juan se considera nuestro hermano. Por la unión con Jesús y también era participe de los sufrimientos, y de la fortaleza. Para soportar todas las artimañas del enemigo. Y con la unión que tenía con Jesús era heredero del reino de Dios. Y esto hacia a Juan tener gozo y alegría. Fue una experiencia difícil. Pero también fue una bendición para él Apóstol Juan, darse cuenta de todas las cosas que van a suceder aquí, Jesús le reveló todo lo que tiene que suceder en el futuro. Todos los secretos, Dios se los reveló.

(El día del Señor)
(Apocalipsis 1;10)

Dice el Apóstol Juan. Me encontraba yo en la isla llamada Patmos. (v. 10) y sucedió que un día deI Señor. Quede bajo el poder del Espíritu. Yo creo que este día era el día domingo, el día que el Apóstol recordaba, los días del culto, cuando se reunía con la Iglesia para alabar a Dios. Y él estando solo también hacia su culto. Y era el momento adecuado. Para quedar bajo el Espíritu Santo. Y fue el momento cuando Jesús le reveló todo el futuro. Al Apóstol Juan, los profetas y los Apóstoles llaman al día del Señor a su Venida. (Isaías 2;12; Joel 1;15; 2 Corintios 1;14; 1 Tesalonicenses 5;2); y esto que estaba viendo Juan era el símbolo del día del Señor Jesús, cuando Dios empiece a actuar y que lo primero que hará el Señor es levantar a su Iglesia al cielo. (Filipenses 3; 20-21; 1 Tesalonicenses 4; 16-17); la frase que quedó bajo el Espíritu Santo, esto significa que fue saturado del Espíritu Santo lleno del poder del Espíritu Santo, (Hechos 24. 1 Corintios 2; 10); cuando el, Ser, o el cristiano tiene la bendición del Espíritu Santo es cuando podemos ver la realidad. De las verdades de Dios, y el cristiano se encuentra en inspiración. Arrebatamiento, iluminación del Espíritu Santo, (Apocalipsis. 4; 2; 17; 3; 21; 10); El domingo es el primer día de la semana. Y por ser el primer día de la semana es el día apropiado para darle gracias a Dios. Porque lo primero debe ser para Dios. El Señor Jesús no tan solo resucitó el primer día de la semana sino que también en ese día se aparecía a sus discípulos (Juan 20; 19. 26). Por eso este día quedó como el día del Señor Jesús para conmemorar la resurrección de Jesús (Hechos 20;7; 1 Corintios 16;2) día santificado para siempre por el evento más trascendental de toda la historia. Así como se había guardado el día séptimo, en conmemoración de la creación, Así ahora se celebra la resurrección de Jesús. Que tiene un grande significado para todos los cristianos, porque fue el triunfo con la muerte y es nuestra garantía para la Iglesia, la resurrección de Jesús,

(Siete candelabros de oro)
(Apocalipsis 1; 12-20)

La expresión del texto, es que Juan nos dice y oí una fuerte voz, de tras de mí: como un toque de trompeta, que me decía; escribe en un libro todo lo que ves, y mándalo a las siete iglesias de la provincia de Asia a Éfeso, Esmirna, Pergamo, Tiatira, Sardes, Filadelfia y Laodicea. Me volví para ver de quien era la voz que me hablaba; y al hacerlo vi siete candelabros de oro. Juan vio siete candelabros de oro, en la tierra con el oro se evalúa todo, esos candelabros significan siete Iglesias. Las que simbólicamente significan toda la iglesia del Señor Jesús. El Señor Jesús compara a la Iglesia: con siete candelabros de oro en una forma metafórica, para ilustrarnos el valor de la Iglesia, y, su, luz. Para, alumbrar, al, mundo. Los, candelabros, Se usaban, para, alumbrar. Para, alumbrar, al mundo. Los, candelabros se usaban para alumbrar. Y poder ver las cosas. Así la Iglesia tiene que estar pletórica de la luz de la verdad del evangelio. Ardiendo y alumbrando en las tinieblas de este mundo para iluminarlo. (Mateo 5; 14-16; Filipenses 2; 15); Esta es la verdadera Iglesia del Señor la que practica la verdad del evangelio. la que está edificada en el fundamento de Jesús y de los Apóstoles y profetas, siendo Jesús la principal piedra que corona el edificio, (Efesios 2;20; 1 Corintios 3;11-13); la que saluda con la paz de Cristo, (Juan 20;19); la que bautiza en el nombre de Jesús (Hechos 2;38); la que obedece la voz de Dios,. Y todo lo que hagan o digan háganlo en él nombre de Jesús, la que ora en él. Nombre de Jesús, la que sana a los enfermos en él nombre de Jesús, (Hechos 3; 5); esta es la Iglesia verdadera. La que obedece la orden divina, de Dios, la Iglesia es Apostólica porque practica la doctrina Apostólica. (Efesios 2; 20; Terapéutica porque es la que tiene la medicina preventiva para el mundo. Profética porque es la que declara las cosas futuras de la Teología de Dios. Universal porque está compuesta de toda raza, nación y pueblos. Y lengua. (Marcos 16; 17-18); y estas señales acompañarán a los que creen; en mi nombre expulsarán demonios; hablarán nuevas lenguas 18 tomarán en las manos serpientes; y si beben algo venenoso, no les hará daño; además pondrán las manos sobre los enfermos. Y estos sanarán. (Hechos 5;12-16; 4;10; 2;5-8; 2;38-41); esta es la Iglesia de

Jesús la que practica la doctrina Apostólica la que permanece acogida al nombre de Jesús. Porque este es el único, nombre que salva (Hechos 4; 12); En ninguno otro hay salvación. Porque en todo el mundo Dios no nos ha dado otro nombre por la cual podamos ser salvos. (Gálatas 3; 20); pero no hay necesidad de intermediario cuando se trata de una sola persona, y Dios es uno solo. Romanos 3; 30; pues no hay más que un Dios; el Dios, que libra de culpa a los que tienen fe. Sin tomar en cuenta si están o no están circuncidados. Esta es la verdadera Iglesia que es comparada con siete candelabros de *oro.* Y por cuanto está pletórica de la luz, de la sabiduría de Dios (Mateo 5; 14-16; Filipenses 2; 15); Juan vio a Jesús en medio de estos siete candelabros, es decir en la Iglesia esto es maravilloso, el Señor, no abandona a la Iglesia, sino que permanece con ella. Y en ella. Aunque Jesús ascendió al cielo, sin embargo Jesús no. ha abandonado a su Iglesia. En su ascensión al cielo él claramente prometió que no abandonaría a los suyos, he aquí sus palabras; he aquí yo estaré con ustedes todos los días hasta el fin del mundo, (Mateo 28; 20); además. El Señor Jesús prometió que él estaría en todas. Y aún en la congregación más pequeña que en su nombre se congreguen. Porque en donde estén dos o tres congregados en mi nombre. Ahí estoy en medio de ellos (Mateo 18; 20); es por eso que la iglesia de Jesús no necesita de otro intermediario alguno. O representante de Jesús aquí en la tierra, siendo que él mismo habita en ella. Los Ancianos u Obispos, no son representantes de Jesús. Sino siervos de él y pastores de la Iglesia. De este rebaño de Jesús. (Hechos 20; 28; 1. Pedro 5; 1-4). Quiero aconsejar ahora a los Ancianos de las congregaciones de ustedes, yo que soy Anciano como ustedes, y testigo de los sufrimientos de Jesús. Y que lo mismo que ellos, voy a tener parte en la gloria que ha de manifestarse, cuiden de las ovejas de Dios que han sido puestas a su cargo; háganlo de buena voluntad. Como Dios quiere, y no por obligación ni por ambición de dinero. Realicen su trabajo de buena gana no como ustedes fueran los dueños, de los que están a su cuidado, sino procuren ser un ejemplo para ellos así cuando aparezca el pastor principal ustedes recibirán la corona de gloria una corona que jamás se marchitará. (Hechos 20; 28) ; por lo tanto, estén atentos y cuiden de la congregación, en la cual el Espíritu Santo los ha puesto como pastores para que cuiden de la Iglesia de Dios, que él compró con su propia sangre, la iglesia es el cuerpo de Jesús la plenitud misma de Jesús; Y Jesús es la plenitud de todas las cosas. (Efesios 1; 23;3; 10); sucedió así para que ahora. Por medio de la Iglesia, todos los poderes y autoridades en el cielo lleguen a conocer la sabiduría de Dios en todas sus formas.

(La cifra siete)
(Apocalipsis 1; 11, 12, 20;)

Aún en el antiguo testamento la cifra siete jugó un papel muy importante significando plenitud o conclusión de algo, no se trata de una plenitud aritmética. Sino que es la plenitud divina de las profecías, el mundo fue creado en siete épocas. Así también el castigo del mundo en el juicio final se llevará a cabo bajo la ley de la cifra siete. La causa del significado particular de la cifra siete radica en los siete Espíritus de Dios. Son estas siete raíces o siete fuentes que originan todos los fenómenos. Mundiales. Veámonos algunos ejemplos;

1.-   Siete días de Dios en la creación del mundo (Génesis 2;2); aquí vemos la plenitud y la terminación en la creación.

2.-   Dios encomendó a Noé llevar en el arca siete pares de cada especie animal (Génesis 7; 2, 3). Se manifiesta aquí la plenitud de la salvación de la creación viva. 3.- El rey Ramsés faraón vio en sueños a siete vacas, gordas y luego flacas, siete espigas al comienzo llenas y luego vacías (Génesis 41)---José interpretó ese sueño como plenitud de abundancia, seguida de completa escasez y hambre.

4.-   Siete veces se rociaba con sangre el sacrificio ofrecido por el pecado (Levítico 4; 6); significando la plenitud de la limpieza,

5.-   Siete veces tuvieron que recorrer los hebreos la ciudad de Jericó (Josué 6; 1-5); aquí se reflejó la plenitud de la victoria por la fe, del pueblo de Dios. Sobre sus enemigos.

6.-   Naamán el sirio tuvo que zambullirse siete veces en el río Jordán 2 reyes 5; 14; para obtener la plenitud de la sanidad.

7.-   Se dice acerca del justo que aunque siete veces caerá, volverá a levantarse proverbios 24; 16; esta es la plenitud de la gracia de Dios que levanta al justo. Teniendo ahora estos ejemplos, pasaremos al libro de Apocalipsis veremos también ahí la cifra siete significando una plenitud simbólica.

8.-   Siete Iglesias (Apocalipsis. *la* Iglesia es la plenitud Jesús (Efesios, 1;22, 23;2),

9.-   Siete, Espíritu Apocalipsis. 1 a; es el símbolo de la plenitud del, Espíritu de Dios que todo lo llena. (Salmo 139; 7; Hechos 2; 4; 1 Corintios 2; 10;3)

10.- Siete candelabros (Apocalipsis. 1; 12); es el símbolo de la plenitud de la luz de la Iglesia en este mundo (Mateo 5; 14-17; Filipenses; 2; 15;4)

11.- Siete estrellas. (Apocalipsis. 1; 16); las estrellas simbolizan a los oficiales de la Iglesia (Apocalipsis. 1; 20; Daniel 12; 3); significan la, plenitud del servicio de ellos en la iglesia Efesios 4; 11-13;).

12.- Siete sellos (Apocalipsis. ; 5;1); es la plenitud del misterio divino de Dios (Deuteronomio 29;29; Daniel 12;9; Romanos11;33; 1Corintios13;1; Apocalipsis. 10; 4;6)

13.- Siete cuernos del cordero (Apocalipsis, 5; 6); es la plenitud del poder, de Jesús (Salmo 91;10); (Miqueas 4; 13;7)

14.- Siete ojos (Apocalipsis. 5;6); esta es la plenitud del que todo lo ve (Juan 2;24-25; Proverbios 15;5; Hebreos 4;13; Jeremías 23;24;8)

15.- Siete trompetas (Apocalipsis. 8; 2); es la plenitud del aviso del Señor para el castigo (Josué 6; 20; Levítico 26; 28;9).

16.- Siete truenos Apocalipsis 10;3; es la plenitud de la acción de Dios, Éxodo 19;16; 20;18-19; 1 Samuel 7;10;10).

17.- Siete copas llenas de la ira de Dios. (Apocalipsis. 15;7); es la plenitud de la ira de Dios (Zacarías 14; 12; Apocalipsis 14; 19;11).

18.- Siete cabezas del dragón (Apocalipsis 12; 3); es la plenitud de la Sabiduría satánica, (Ezequiel 28;13); Con esta referencia se entiende que de todas estas cifras podemos ver que la cifra siete, en la Biblia, significa realmente plenitud de aquel evento en relación al cual está, por lo tanto. Las siete Iglesias también ilustran. La historia plena del cristianismo, de todos los tiempos y en todo y en todos los lugares.

(El hijo del hombre)
(Apocalipsis 1; 11-18)

Este con apariencia humana era nuestro Señor Jesús, pero este cuadro era muy diferente a Jesús que estuvo aquí en la tierra., cuando Jesús estuvo aquí en la tierra. Era un hombre tranquilo, pero aquí. De pronto, aparece una gráfica terrible en grandeza real y gran poder por cierto, que aunque esta visión es verídica. El personaje no deja de ser simbólico. De manera que vayamos examinando el símbolo de esta gran visión.

1.- Ropa larga que le llegaba hasta los pies (Apocalipsis. 1; 13); semejante a las usadas por los sumos sacerdotes y reyes. Simbólicamente nos enseña que Jesús es nuestro sumo sacerdote y rey (Hebreos 4; 14-15;) (Apocalipsis. 19; 16;2) 2.- Un cinturón que le llegaba hasta el pecho (Apocalipsis. 1; 13; que significa alta dignidad los hombres laboriosos se ciñen por la cintura significando la inteligencia y el conocimiento (Job 12;12); los Ancianos tienen sabiduría; la edad les ha dado entendimiento. ((Proverbios 16;31); las canas son una digna corona. Ganada por una conducta honrada. Símbolo de la eternidad antiguo. (Daniel 7; 9;3)

3.- El cabello blanco tiene un grande significado con estas referencias nos Damos cuenta que Jesús es el Dios eterno. El único Dios es lo Que nos muestran los cabellos blancos su eternidad, él que es y era ya de Venir (Apocalipsis. 1; 5;4)

4.- Sus ojos como llama de fuego (Apocalipsis. 1; 14); es el símbolo de la ira de Dios. Y también nos muestra el furor de su ira, para muchos; estos es incompatible, que en los ojos de Jesús, arda la ira. Nos hemos habituado ver a los ojos de Jesús llenos de amor. De ternura, de tristeza y no de ira. Pero vendrá el tiempo cuando en ellos arderá la ira. Y será como llama de fuego, (Apocalipsis. 6; 16-17); para aquellos que no tienen. Amor.

5.- Sus pies semejantes a bronce pulido. (Apocalipsis. 1;15); esto indica que los pies de Jesús pisarán el lugar de la ira de Dios. (Apocalipsis. 19; 15); en esos pies habrá una grande fuerza para soportar el fuego con ellos él hallará a los impíos y ateos enemigos de Dios. Jesús nunca ha hecho comparaciones imprecisas. El bronce es un metal resistente al fuego. (v6) Voz como de trompeta, como estruendo de muchas aguas, de una tempestad marítima; (Apocalipsis. 1;10;15); estos símbolos nos dan a entender la extraña poder de la voz de Jesús, con la cual despertará aún a los muertos (Juan 5;28-29); la misma voz que pronunciara el veredicto del juicio cuyo mandato ejecutara con premura Mateo 25;41-46;7 Siete estrellas en su mano son ángeles; son los siervos de Jesús los pastores obispos. Y maestros. (Apocalipsis 1; 16; 20); que tienen a su cargo la Iglesia de Jesús, a esas estrellas amenaza un gran peligro de parte de las fuerzas tenebrosas, por eso Jesús las tiene en un lugar seguro, en su mano, hagamos referencia también al hecho de que Jesús anda. En medio de los siete candelabros, es decir, que él está presente en la iglesia. Pero a los oficiales de la iglesia en los tiene en su mano. Esto indica que la posición en la Iglesia de los ancianos pastores difiere de los demás de la Iglesia. Ellos son responsables ante Jesús del buen funcionamiento de la Iglesia. El los sostiene en su mano, de modo que nadie, ni ángeles. Ni los hombres. Ni nadie, los puede arrebatar de su mano. Si permanecen fieles y verdaderos siervos de Jesús, nadie podrá apagar sus candelabros, si por lo contrario, no Permanecen fieles. Nadie podrá salvarlos del castigo quienes los desobedecen. Desobedeces a Jesús. Y quienes los desechan a Jesús, (Lucas 10; 16;8) Espada de dos filos. (Apocalipsis. 1; 16); es el emblema. De la autoridad ejecutara. (Romanos 13; 4); el hecho de que salía de la boca queda claro por cuanto la espada Espiritual es la palabra de Dios. (Hebreos 4; 12); la cual juzgará y castigará a los incrédulos (Juan 12; 4-8) Su rostro era como el sol cuando resplandece en su fuerza (Apocalipsis. 1;16); es el símbolo de la gran gloria. Y referencia al hecho de que Jesús es el sol de justicia (Malaquías 4;2); él es la fuente de toda la luz, lo que significa el sol para la naturaleza, así es Jesús para la vida Espiritual como la naturaleza, no, Podría existir sin el sol. Ni tendría vida alguna así tampoco hay vida Espiritual alguna en aquellos donde Jesús no vive. Esta gráfica de Jesús era tan admirable y severa que aún aquel discípulo que en su oportunidad se recostará sobre el pecho de Jesús ahora cae como muerto al verlo, (Apocalipsis. 1;17); este sentimiento de temor ante los Espíritus con los humanos confirma la realidad de aquel mundo con el cual estamos en contacto sin verlo. Pero también nos confirma que la cortina que nos separa de él, es muy débil, en su debido tiempo dicha cortina será levantada, y entonces la humanidad verá aquello, de lo cual al verlo, la generación rebelde y pecadora quedará como muerta de terror. Si hombres Santos como el profeta Daniel (Daniel 10; 5-11;) y el Apóstol Juan, al ver esas visiones caían presos de un temor mortal. ¿Qué impacto tendrán estas realidades de visiones sobre los ateos? los ateos siempre tratan de engañarse de que Dios no existe. Y que la vida más allá de la tumba no es real. Repentinamente verán con sus propios ojos que sí; existe todo según está escrito en la palabra de Dios fácil es suponer cuan inimaginable será el terror que hará presa de todos aquellos que sin Jesús se sienten, En las. Sagradas escrituras se hace mención de unas llaves. Por ejemplo:

1.- Las llaves de la ciencia. Dadas a las personas espirituales Lucas 11; 52; 2)
2.- Las llaves del reino dadas a la Iglesia. (Mateo 16; 19; 18; 17-18; 3)
3.- Las llaves de la muerte y el infierno, Jesús las tiene en su poder. ¿Por qué? es porque abrir el conocimiento ciencia, en cualquier momento y para todos es permitido, no hay peligro de que los cristianos estén adquiriendo o recabando demasiado conocimiento, por eso Dios confió esas llaves a la Iglesia., la cual tiene derecho de abrir al reino de Dios, para que alcancen la salvación ya que el mismo Jesús dijo que esas llaves las tenían los escribas y fariseos. O es, decir, los sacerdotes los levitas que fue la tribu que escogió Dios para que tuviera estas llaves (Mateo 23; 13; Lucas 11; 52); Así ahora Jesús confió estas llaves de la ciencia, y el reino de Dios a la Iglesia. Esto es al cuerpo ministerial que son todos los oficiales de la Iglesia, Pastores, Obispos, Presbíteros, Maestros, (Efesios 4; 11-13) así también toda guía espiritual tiene derecho de hacer uso de esas llaves de la ciencia. Pero no para cerrar el reino de Dios delante de los hombres, sino para abrirlo. En cualquier momento se puede abrir el reino de Dios para todos aquellos que generalmente se arrepienten y desean morar en el reino pero al abrir para alguien la muerte y el infierno solo Jesús lo puede hacer. Únicamente él sabe quién y cuándo debe morir, como así también quien debe y quien no debe ir al infierno, por eso Jesús a nadie dio esas llaves, solo él las tiene, matar a una persona es un acto criminal. Contrario a la ley de Jesús, a la vez que condenar a alguien como digno, del infierno, es pecado, es de vital importancia recalcar que, teniendo las llaves de la muerte y el infierno, Jesús en absoluto no hizo mención del purgatorio. Donde dicen hallarse los católicos. Purificándose antes de entrar al cielo. Jesús no hizo mención de esto por lo tanto, es claro que es un invento de la Iglesia católica, no teniendo ninguna base escritural, él Señor Jesús por medio del ángel le dice a Juan que escriba lo que has visto; y lo que ahora hay, y lo que va a haber después. El pasado. Y el presente y el futuro.

(La epístola a la Iglesia de Éfeso)
(Apocalipsis (2; 1-7)
La ciudad de Éfeso

El significado de la palabra Éfeso equivale a deseo ardiente, no sabemos porque se le ha dado este nombre. Pero es probable que él mismo responda al carácter de sus habitantes. Evidentemente ellos eran ardientes, es decir fervorosos (Hechos 19; 13 34); o tal vez. El nombre de la ciudad deriva de su belleza, había ahí un maravilloso puerto, centro comercial de la rica provincia. Junto al mar y a la vez centro cultural y popular. Por lo tanto, muchos con un deseo ardiente trataban de establecerse ahí. Era una ciudad rica y orgullosa de su maravillosa arquitectura la más de la gente de esa ciudad era idólatra ellos adoraban a la diosa Artemisa. Antigua divinidad griega de la caza de la luz nocturna. La que luego fue confundida con la diosa selenita, diosa de la luz lunar. La que tenía cincuenta hijas, semejante concepto acerca de dicha diosa nos muestra el carácter del culto pagano que se rendía en honor de Artemisa, probablemente aún de este culto se deriva de su nombre, deseo ardiente. En esta ciudad. Pues mediante la obra del apóstol Pablo. Surgió un grupo de creyentes, el cual también, ardientes. En Amor hacia Jesús (Hechos 18; 18-21; 19; 1-20); y de Apolos (Hechos18; 23; 26); Resultó en la iglesia de Éfeso, dice la historia que ahí se radico el Apostol Juan. Pués de su regreso de la isla de Patmos. Donde también falleció. María la Madre de Jesús Existe una tradición en el sentido de que María. La madre de Jesús fue sepultada ahí. Un desierto cubierto de ruinas es todo lo que actualmente se encuentra en el sitio donde fue la ciudad de Éfeso, con una extensión de unos seis km. de diámetro. El silencio y un escalofrío palúdico en el mismo sitio donde otrora hervía la vida. Este hecho testifica que la Iglesia de Éfeso no fue obediente a la advertencia del Señor Jesús, no se arrepintió. Y su ardiente deseo del primer amor no la dirigía hacia el Señor Jesús, por esa razón Jesús quitó su candelabro de su lugar.

El ángel de la iglesia)
(Apocalipsis 2; 1;)

Este ángel es el que dirige la Iglesia, es decir el anciano, de la Iglesia, este no era un ángel celestial, porque a los ángeles no es necesario escribirles, porque ellos son seres perfectos, y no necesitan escritura. El

Señor Jesús les comunica todo sin tener que escribirles. Pero alguien podría objetar, que ¿porque él les llama ángeles y no ancianos? por cuanto para la Iglesia ellos son pastores, pero para Jesús son ángeles. Porque la palabra ángel significa enviado, o mensajero Jesús. Los escogió y los envió; por eso ellos son sus enviados. Juan el bautista se llamó ángel porque él era enviado o mensajero de Dios. (Malaquías 3;1; Mateo 11; 10-11 Hageo 1;13); significa en el original y en la traducción alcmana; ángel del Señor. También la expresión mensajero del Señor. He aquí, porque los ancianos de la Iglesia son también mensajeros de Dios, pastores de la congregación de Jesús. Obispos, que significa el que vigila. Protector. Por eso se llaman ángeles hasta el grado que cumplen con su deber de mensajeros. Hay también Espíritus que no se llaman ángeles, sino querubines. Serafines. Y sencillamente Espíritus. Por eso el anciano. Si es realmente un enviado por Dios de la Iglesia. Es un ángel. Es decir, mensajero.

(El autor de la carta)
(Apocalipsis 2; 1)

El que tiene las siete estrellas en su mano derecha. Es nuestro Señor Jesús el salvador. Las siete estrellas son ángeles. Esto es, ancianos de siete Iglesias. Estos ángeles tienen el nombre de Estrellas. O sea. Que son comparados con las Estrellas. Alguien pudiera objetar, ¿por qué? es evidente que Dios no hace comparaciones imprecisas. Las estrellas brillan, disipan las tinieblas (Génesis 1;16; Salmo136;9); también proclaman la gloria de Dios (Salmo 8; 4; 19; 2); traen a los seres humanos a Jesús (Mateo 2;9); todos los Ancianos tienen estos mismos deberes. por eso llevan el nombre de Estrellas. Aún en el antiguo testamento, el Señor compara a todo obrero de Dios. Que es prudente y fiel, a los que enseñan la justicia a la multitud, con las Estrellas (Daniel 12;3). Motivo de gozo, es imaginar que los ángeles de las Iglesias se hallan en un lugar seguro, como es en las manos de Dios. Por lo tanto, es obvio que a ninguno de los miembros de la Iglesia el enemigo ataca tanto como a los Ancianos y pastores. Muchas veces el Satanás tiene sus agentes en la misma iglesia, quienes se ocupan exclusivamente en maldecir y en ennegrecer la vida de los pastores y Ancianos. Esforzándose por provocarlos a que obren inconsecuentemente. El Señor Jesús sabe del peligro en el que se encuentran y por eso les ofrece un cuidado adecuado, teniéndolos en su mano. El autor de la carta a la iglesia de Éfeso es aquel que anda en medio de los siete candelabros de oro, es el Señor Jesús. Quien sustenta su promesa; porque donde hay dos o tres congregados en mi nombre, ahí estoy yo en medio de ellos (Mateo 18-20); he aquí yo estoy con ustedes todos los días (Mateo 28; 20); Es un hecho muy alentador el saber que Jesús está siempre en la Iglesia. Lamentablemente, muchas Iglesias ignoran su presencia, manifestándole indiferencia. Y frialdad, o cuando menos, han, perdido su primer amor, no obstante. El no abandona a su bien amada Iglesia, aún anda en medio de los siete candelabros de oro.

(Escribe él ángel)
(Apocalipsis 2; 1;)

Esto debemos entender que estas siete cartas que fueron dirigidas a las Iglesias, fueron por medio de los ancianos de las Iglesias. Esto muestra que los pastores y ancianos ocupan un, lugar muy especial en la Iglesia, con lo cual tiene que ver el mismo Jesús, por eso está claro que nadie en la Iglesia tiene derecho de impedir al Anciano el cumplimiento de sus deberes. Para no. Entorpecer la obra de Dios él que ignora al Anciano, ignora la institución de Dios. Desafortunadamente ahora abundan estos miembros que deshonran a los, Ancianos de Jesús, no cabe duda que tales creyentes están todavía lejos del conocimiento de la verdad. Pero debemos aún destacar lo siguiente; que una incorrecta interpretación de esta enseñanza por los ancianos, los condujo a complicados malos usos y no siendo fieles al Señor Jesús, esto ha llevado a los creyentes a subestimar a los Ancianos constituidos por Dios. La posición del Anciano no tiene en sí ningún elemento, ni poder de gobierno ni señorío sobre los demás miembros de la congregación, el Anciano tiene el deber de servir a la iglesia. Deber que no le fue impuesto por los hombres, sino por Dios, el siervo Sacerdote; es el dirigente pastor y guarda de su rebaño, pero el Anciano debe primeramente recibir en su corazón la palabra del Señor Jesús y luego tramitarla a la congregación. Velando que la misma sea observada, he aquí porque el Señor no se dirige a la congregación cristiana posteriores directamente sino a los Ancianos pastores.

(Las características de la Iglesia de Éfeso)
(Apocalipsis 2; 2-3, 6;)

De las palabras de Jesús yo sé todo lo que haces; conozco tu duro trabajo y tu constancia, y sé que no puedes soportar a los malos. El Señor Jesús tuvo en mente el trabajo de esta Iglesia, y en realidad esta Iglesia era muy trabajadora. Y no sólo un día sino todos los días porque Jesús le dice a esta Iglesia y conozco tu constancia. Era constante en el trabajo, y el Señor le dice a esta Iglesia yo sé todo lo que haces para Jesús no hay secretos él sabe todas las cosas; todas las Iglesias se darán cuenta de que yo conozco hasta el fondo la mente y el corazón. (Apocalipsis. 2; 23); nada de lo que Dios ha creado puede esconderse de él; todo está claramente expuesto ante aquel a quien tenemos que rendir cuentas, (Hebreos 4; 13); Jesús le mencionó a esta iglesia, sé que no puedes soportar a los malos. Él pudo descubrir que esta iglesia ya no podría soportar, esto es grave, cuando los cristianos pierden el poder la fuerza, para soportar esto es un grave peligro. Esta Iglesia también tenía sabiduría porque ella puso a prueba a los que decían ser Apóstoles y descubrió que eran mentirosos, esta también es una virtud de esta Iglesia, descubrir el mal que había ahí en la Iglesia, los falsos Apóstoles que pretendían aparentar con su conducta, ser Apóstoles de Jesús, de verdad y ellos se dieron cuenta que eran mentirosos falsos. Y otra de las cualidades de Jesús mencionó fue; (v,3); has sido constante. Y has sufrido mucho por mi causa, sin cansarte. Esta es una virtud que esta Iglesia tenía, el Señor Jesús hace resaltar toda una línea de virtudes extraordinarias, tales como el trabajo. Y constancia. Todo esto pertenece a las buenas cualidades de esta Iglesia en otras palabras era una Iglesia activa. Hay mucha gente que trabaja y trabaja día y noche pero no sabe para que trabajan, todo trabajo tiene que tener un propósito, porque se trabaja ¿con que fin? Esta Iglesia tenía otra virtud. Más aborrecía las obras de los; Nicolitas; (Apocalipsis 2; 6) ¿esas obras acaso, es, una, virtud? indiscutiblemente todos los sentimientos del hombre son de Dios. pero todo depende la dirección que se da a los, sentimientos, por ejemplo, está escrito; los que amáis al Señor aborrecen el mal (Salmo 97;10); esto es, odio hacia el mal, odio al pecado es virtud, por el contrario, está escrito además amaste el mal más que el bien. La mentira más que la verdad, prefieres, lo malo a lo bueno, (Salmo *52; 3-4);* prefieres. Las palabras, destructivas. De manera que esta Iglesia de Éfeso

no toleraba el mal, no se había comprometido con el mal. Lo aborrecía
y esa. Era una virtud. Esa virtud descomprometida de la iglesia, con el
mal, era del agrado de Jesús porque está Iglesia aborrecía las obras de los,
Nicoláitas. Esta Iglesia no aborrecía a los Nicoláitas, si no a las obras que
ellos hacían, muchas personas se ofenden con los creyentes cuando ellos
aborrecen el mal piensan que los aborrecen a ellos, pero no es así, los
creyentes aman a las personas y sólo deseamos que se salven, he aquí, el
Señor Jesús: conocía todas esas virtudes, de la Iglesia de Éfeso, conocía
cada detalle. Cada, Experiencia, es algo que todos debemos captar bien,
el Señor todo lo ve, conoce todo y nos ayudará en el bien, pero castigará
por el mal. Esto es muy alentador saber que Jesús conoce todos nuestros
secretos, por esa razón él nos valora. Y resalta a la vista todo lo que
hace cada uno de nosotros, y él es quien dará el premio a cada uno de
nosotros porque él sabe valorarnos a cada uno, conforme a lo que haya
hecho, (Apocalipsis. 22; 12); la gente no sabe, porque no sabe Distinguir
entre el mal y el bien porque esto indica que a Dios no se puede engañar
ni con la más persistente exteriorización. Aún esta Iglesia de Éfeso, no
logró alcanzar la estatura necesaria delante de Dios, aunque la falta de esa
Iglesia ningún hombre podría descubrir,

(Pecado de la Iglesia)
(Apocalipsis 2; 4-5;)

¿En qué consistía ese pecado? cual era esa maldad de la cual el Señor
Jesús demandaba que se volviera de su pecado, he aquí el pecado; has
dejado tu primer amor. Muchos no pensarán que este sea un pecado
tan grave, pero el enfriamiento del amor significa traición. Cuando el
Amor va desapareciendo, todas las buenas obras, tales como el trabajo,
la constancia y la lucha contra el mal, podrían por algún ir llevándose
a cabo aún como por inercia, o bien por hábito, pero paulatinamente
todas ellas van desapareciendo por carecer de su poderoso móvil, el
Amor. Se puede distinguir claramente la verdad de la mentira. Puede
uno consagrarse al bien y practicar la justicia. Distinguir claramente y
con rapidez a los falsos apóstoles y evitar la comunión con los impíos
y aun así carecer de ese limpio primer Amor, que se manifestaba en los
corazones de los verdaderos Nuevos convertidos, el verdadero Amor
no consiste en recordar el Amor pasado, sí; no en mantener el mismo
Amor de Jesús, esa actitud reverente hacia el pan puesto sobre la mesa

de oro. En el templo debía ser fresco, no pasado, así debe ser el Amor del cristiano, siempre nuevo. Porque el Amor es el alma del cristiano cuando el cristiano carece del Amor hacia Jesús se torna sin alma. Muerto. Cuando el Señor Jesús no tiene el corazón, eso es, una persona como individuo o una Iglesia local, él nada aceptaría en reemplazo, supongamos que una mujer diga a su marido; tú sabes que por la ley estoy atada a ti, y por eso debo estar contigo, por lo tanto, yo estaré cumpliendo todo cuanto me incumbe, yo te preparare la comida, lavare la ropa, mantendré limpia tu casa. Pero te advierto que. Mi corazón no está contigo, ¡yo amo a otro hombre! ¿Estaría contento ese hombre con semejante esposa? ¡No! cualquier hombre, al descubrir que el corazón de su. Esposa pertenece a otro hombre. La abandonaría inmediatamente. De la misma manera, el Señor Jesús. El Señor no solo espera algo de lo nuestros, sino a nosotros mismos. Todo nuestro ser, nuestro corazón no dividido, si de todo corazón nos hemos entregado al Señor con toda nuestra alma lo amemos, entonces todo lo nuestro resulta agradable a él, pero mientras tanto, de estos creyentes hay muchos, hoy día que son semejantes a aquella mujer para con su marido, ellos dicen; lo que pertenece a Dios debemos cumplir, pero no más, hay muchos que viven así sin Amor trabajan mucho haciendo templos, y muchos otros trabajos, pero carecen del verdadero Amor. ¿Podría el Señor Jesús estar satisfecho de tales cristianos? si él Señor rechazó a la iglesia de Éfeso, por la falta de Amor, ella no podría soportar a los malos. Porque ya no tenía Amor, el Amor todo lo soporta, tener Amor es saber soportar; es ser bondadoso; es no tener envidia, ni ser presumido ni orgulloso, ni grosero, ni egoísta. Es no enojarse, ni guardar rencor; es no alegrarse de la injusticia sino de la verdad, tener Amor es, sufrirlo todo, lo cree, todo, espera, todo, lo soporta todo lo, espera. Jesús nos dejó el ejemplo (Lucas 23; 34); Jesús dijo, padre. Perdónalos. Porque no saben lo que hacen. El Señor Jesús pudo expresar estas palabras, porque estaba lleno de Amor, a pesar; de todas las injurias que le decían, su expresión fue de ternura de misericordia y de Amor, para aquella gente que estaba ciega, no pudieron ver la luz verdadera de Dios, pero yo les digo; Amen a sus enemigos. Y oren por quienes los persiguen. Así ustedes serán hijos de su padre que está en el cielo; pues él hace que su sol salga sobre malos y buenos, y manda la lluvia sobre *justos* e injustos, porque si ustedes Amán solamente a quienes los Amán, ¿qué premio recibirán? hasta los que cobran impuestos para Roma se portan bien. ¿Si saludas solamente a sus hermanos, que hacen de extraordinario? hasta los paganos se portan así, sean ustedes perfectos como su padre que está en el cielo. Es perfecto, (Mateo 5; 44-48). Apenas los efesios abandonaron el Amor, aparecieron entre ellos los falsos apóstoles, estos eran aquellos lobos advertidos por el apóstol Pablo (Hechos 20; 17, 28-30); es cierto que el mal siempre aparecía en la Iglesia, porque donde el Señor siembra la buena semilla. Satanás trata de sembrar la cizaña, aún entre los mismos apóstoles estaba Judas. Y entre los cristianos primitivos hubieron falsos hermanos, incluso entre los primeros pastores se cuentan personas tales como Diofretes, (v3). (Juan 9. 10) a través de la historia de la Iglesia de Jesús al lado de él, trató siempre de hallar lugar el anticristo. Parece que los primeros grupos constituidos y enseñados por los mismos Apóstoles, y luego asistidos por otros de sus discípulos, tendrían que haber sido excluidos de toda herejía y extraviados, pero descubrimos que las enfermedades espirituales existen en nuestros días en la iglesia, ya abundaban en los antiguos grupos cristianos. Así por ejemplo en la Iglesia de Éfeso aparecieron los Nicolaitas a los que el Señor Jesús aborrecía (Apocalipsis. 2;6); ¿quiénes son? hoy resulta difícil identificarlos. Algunos piensan que los Nicolaitas vienen del diacono Nicolás (Hechos 6;5); quienes algunos suponen, que cayó de la verdad y estableció luego una secta de disolútos. Pero la Biblia no habla de su caída ni de haber él organizado tal secta, algunos teólogos piensan que está palabra, como proviene de dos palabras griegas tienen el siguiente significado. Nico. Significa dirigir, y laos gente, pueblo, de modo que en él griego, nikolaos significa ejercer autoridad sobre pueblo, de ahí que nikolaitas significa secta de súper inteligentes, quienes pretendieron que ningún otro. Sino únicamente ellos eran los llamados para ocupar el cargo de dirigir la iglesia, o sea, ser nikolaitas. En el período de Éfeso este, movimiento no era secta, ú organización, era únicamente el esfuerzo de algunos individuos, como por ejemplo Diógenes; (3 Juan 1;9-10); que pretendía autoridad sobre los hijos de Jesús (1 Pedro 5;1-4); y dirigir al pueblo nikolaita, estas personas que pretendían saberlo todo ellos pensaron que por medio de la religión, sería un método muy bueno para organizar a la gente ellos vieron como los hombres por medio de la religión son dóciles, humildes, y esto les agradó. A estos nikolaitas por eso muchas de estas personas se hicieron cristianos en una forma; hipócrita. Astuta. Para poder gobernar al pueblo nikolaita, ese era el comienzo de las actuales Iglesias herejes llamadas cristianas, los creyentes en Éfeso presentían por intuición el esfuerzo de ciertos individuos por la primacía y con toda decisión los combatían, y el Señor Jesús aprobó esto, y por esta razón los alabó. Pero todo esto era poco una labor concluida; sin el ferviente Amor no satisface a Dios, conviene recordar que Jesús, al reprender, a la Iglesia de Éfeso, primeramente enumero todos sus aspectos buenos; la alabó, y luego la reprochó. Es un ejemplo maravilloso de acercarse, con toda delicadeza, a una situación difícil.

(El periodo de Éfeso)

Este es el período apostólico que nuestro Señor Jesús organizó compuesto por doce Apóstoles que puso el fundamento (Efesios 2; 20); está fue la primera Iglesia. Que comenzó con un Amor poderoso llenos del poder de Dios con milagros y maravillas, algunos teólogos dicen que este período es hasta la primera persecución por el emperador Nerón. Hasta el año 64 de nuestra era, yo no estoy de acuerdo con esta interpretación ya que él Apóstol Juan fue deportado a la isla de Patmos, aproximadamente por los años 95-96; D. de C. y el Apóstol Juan y él en esta epístola nos cuenta la caída de la iglesia de Éfeso yo creo que este período tiene que contarse hasta que la Iglesia cayo que fue aproximadamente por el año 262. D. D. C. que fue destruida por los godos, según la historia. En ese tiempo fue destruido el templo y la ciudad de Éfeso, según los historiadores, él Apóstol Juan ahí se radicó hasta su muerte también se dice que la virgen María también murió ahí en Éfeso,

(Recompensa para los Efesios Vencedores) (Apocalipsis 2; 7)

Existieron. Existen y existirán vencedores. En todas las épocas existieron vencidos al igual que vencedores, para todos los vencedores de todos los tiempos, Jesús promete galardón seguro, es claro que no tenemos en mente disputas políticas o militares, sino Espirituales, he aquí en el primer período. Al comenzar la era cristiana, Jesús prometió dar a los vencedores derechos al beneficio de árbol de la vida. El árbol de la vida nos recuerda el principio del mundo, el paraíso en la tierra.

Sus primeros habitantes y la pérdida por el derecho de comer de él. Pero el salvador Jesús dio origen a la nueva creación, a la Iglesia, a la cual también devolvió, también el derecho de entrar al paraíso, esto será cuando los vencedores entren al cielo, y entren al paraíso celestial, porque el paraíso fue transportado al cielo. A la nueva Jerusalén. (Apocalipsis 22;2) Mientras tanto nosotros estamos beneficiándonos del árbol de la vida por la fe, es decir, estamos beneficiándonos de las bendiciones y ayuda de Jesús, porque en realidad Jesús es él árbol de la vida, (Juan 15; 1-5); Pero la Iglesia de Éfeso habiendo perdido el primer Amor. Evidentemente no triunfó sobre si y no se volvió hacia Dios, por eso Jesús quitó su candelabro de su lugar. Y ahora no puede hallarse ni siquiera el lugar donde se congregaban, esa Iglesia, como las rocas lisas y los pastizales secos de la tierra prometida mostraron la caída y el corazón no arrepentido, pero el Señor Jesús entrega. Al mundo y bajo su autoridad. Aquello que al mundo pertenece, y aquello que a él pertenece, guarda como la niña de sus ojos. Y naturalmente, aquellos que se entregan a la voluntad de Dios. Saldrán vencedores y tendrán derecho al árbol de la vida,

Epístola a la iglesia de Esmirna
(Apocalipsis 2; 8-11)

La ciudad de Esmirna significa amarga, y efectivamente era amarga la suerte de la Iglesia de Jesús que estaba en esa ciudad, esta ciudad estaba situada a orillas del mar, Egeo, al norte de Éfeso, pero Éfeso desapareció de la faz de la tierra y Esmirna (en torno Emir), existe hasta la fecha y cuenta con unos 250, 000 habitantes. Esta ciudad se destacó por su fuerte oposición a los cristianos. En sus alrededores murió mártir, por el año 160. D. C. él Anciano Obispo de la Iglesia, Policarpo. Cuando trataron de obligarlo a que blasfemara el nombre de Jesús, y él dijo; ochenta y cuatro años he servido al Señor Jesús y nunca él me ha faltado en algo, ¿cómo puedo yo subestimarle? Decidieron. Entonces quemarlo vivo, pero cuando prendieron la hoguera fue consumida y Policarpo quedó intacto. El verdugo lo mató entonces con un hacha, más tarde, en ese mismo lugar, fueron sacrificados 1, 500 cristianos, y luego otros 800 fueron también muertos, por eso Esmirna, en verdad, era amarga para la Iglesia.

(El Autor de la carta)
(Apocalipsis 2; 8;)

Sabemos que ha sido. El Señor Jesús el autor verdadero de las cartas a las siete Iglesias, pero. En cada carta a cada Iglesia él subraya ciertas características y aún experiencias distintas. He aquí la Iglesia de Esmirna, el Señor se auto recomienda como el primero. Sabemos que ha sido el Señor Jesús el autor verdadero de las cartas a las siete Iglesias, pero en la carta a cada Iglesia él subraya ciertas características y aún experiencias distintas. He aquí a la Iglesia de Esmirna, el Señor se auto recomienda "él primero. Y él postrero"… ¿por qué? Qué significado tenía para la Iglesia perseguida el hecho De que él sea el primero y él postrero tiene gran importancia. Cristo. Fue el primero con el que se levantó el enemigo de las almas humanas… el diablo además de eso, leemos en la palabra de Dios (1 Pedro; 20;) (Apocalipsis 13; 8) que Cristo fue destinado desde antes de la fundación del mundo como sacrificio *por* nuestros pecados. y desde entonces él fue sacrificado en cierto modo él fue sacrificado de manera que él fue el primer mártir en el mundo pero él también él es el último, es decir a él le pertenece la última palabra y la decisión de cada persona en el mundo por eso, con estas palabras, el Señor dice a la Iglesia: no tengan temor de lo que van a sufrir pues el diablo meterá algunos de ustedes en la cárcel, para que todos ustedes sean puestos a prueba; y tendrán que sufrir durante diez días, yo he sido el primero. Perseguido, pero he aquí estoy vivo, juzgan y matan pero este juicio no es el último. Yo juzgare el último juicio, incluso. A los jueces, yo les daré a cada uno según sus obras. Corroborando este pensamiento Jesús dice de sí mismo; estuve muerto y vivo, con estas palabras él Señor Jesús hace una referencia que aún que la maten vivirán.

Características de la Iglesia de Esmirna
(Apocalipsis 2; 9)

Dirigiéndose a esta iglesia, él Señor Jesús, no *hizo* mención de algún mérito de ella, pero, evidentemente, lo que el Señor Jesús mencionó habla claramente a favor de esta Iglesia. Por ejemplo. Yo conozco tus obras, y tus tribulaciones, y tu pobreza, aun que en verdad eres rico, esa Iglesia era pobre, no porque sus miembros fueran perezosos o negligentes, eran pobres porque durante las persecuciones fueron confiscadas, sus bienes, y fueron despedidos de sus trabajos, fueron ignorados los derechos de las uniones. Y otras desgracias les fueron propinadas, pero aún dentro de todo esto. Tanta desgracia y pobreza, esa Iglesia permanecía fiel a Jesús y a su palabra, y aún practicaba las buenas obras la fe el Amor, o porque servir a Dios, cuando todo marcha normalmente, no significa un servicio particular, más bien cuando se sirve a Dios dentro de semejante desgracia, significa algo grande, esta es una de las dos Iglesias, entre las siete, a las cuales él no reprende. Esto nos muestra que a los pobres no se les exigen muchas cosas, la misma desgracia y tribulación es dura palabra de Dios, de manera que no hay necesidad de acumularles más cargas, una Iglesia pobre, sufrida, perseguida, hasta la muerte. No podría exteriorizarse con algo extraordinario, pero por dentro esa Iglesia era rica, durante dos persecuciones esa Iglesia perdió 23,000 personas como pues, podría continuar creciendo después de eso. Por eso el Señor nada reclamaba de ella, conocía su pobreza,

(Congregación de Satanás)
(Apocalipsis 2; 9)

¿A quien calificó el Señor con estas palabras? a los mismos guías religiosos que decían que eran fieles a Dios y hacían todo lo contrario. Ellos decían que tenían la ley de Moisés pero no la cumplían ni entraban ni dejaban entrar a los que querían entrar (Lucas 11; 52). Los judíos, y esto parece extraño ya que la palabra judío significa aquel que alaba a Dios. Semejante a la palabra ortodoxa, en aquellos días Israel estaba muy corrompido la parte norte de Palestina o sea, Galilea se había corrompido a gran manera (Mateo 4; 15) La parte central Samaria, estaba completamente corrompida (Juan 4; 9); (2 Reyes 17; 24); quedaron unas cuantas reliquias. Que eran fieles a Dios, porque siempre en todos los tiempos hubo creyentes de Dios. Esta era la mujer de Dios o sea la descendencia de la mujer y los sacerdotes ellos pensaban que.Eran los guías de la ley de Moisés y el pueblo, (Lucas 11; 52); pero Dios ya les había quitado las llaves de la ciencia. Porque no entraban ni dejaban entrar a los que querían hacerlo y los judíos de Esmirna ellos eran ricos por eso tenían influencias, bajo la influencia de ellos fue enjuiciado Policarpo. Ellos mismos le prepararon la hoguera, considerándose así los protectores de las profecías de Dios. Constituyéndose así los promotores de las persecuciones, no es extraño, pues que el Señor les haya dado este calificativo, congregación de Satanás. En la vida corporal del salvador en la tierra, los. Llamó hijos del diablo, (*Juan* 8;44); este hecho nos muestra hasta qué grado los hombres pueden equivocarse cuando pierden el hilo de la verdad acerca de Dios, tratan de demostrar que si la religión que ostentan tiene su origen histórico verdadero, consecuentemente Dios debe recibir en el cielo a todos aquellos que están dentro de esa religión así pensaban los judíos, y los levitas. Que eran los sacerdotes que si ellos descendían de Abraham, poseían la ley de Dios dada por Moisés, sin importarles el mal que practicaban, no obstante, siendo judíos ortodoxos, pero el Señor responde a ellos así, hablan de sí mismos como si fueran Judíos, pero no lo son, sino una congregación de Satanás, para nuestros ortodoxos el siglo XX, que no se comportan mejor que aquellos hebreos, encuentra por ejemplo. Hoy un Judío, a un creyente evangélico y pregunta ¿cuántos años hace que practican su religión? Contesta el creyente a la nuestra desde Cristo, y nosotros nunca hemos cambiado ni cambiaremos nunca nuestra religión, en una palabra. Somos judíos es decir, Ortodoxos, somos los que alaban a Dios, y a la vez esos Ortodoxos. O verdaderos creyentes, aborrecen, aborrecen a los demás, llenos de toda maldad, odio, perversión, incredulidad y borrachera ellos no, solo a los demás sino que practican una religión falsa.

(La tribulación de diez días)
(Apocalipsis 2; 10).

Ya dijimos que esta Iglesia sufrió dos grandes tragedias, muchas veces fue perseguida y cada vez parecían creyentes en menor y mayor número, una sola vez perecieron 1,500 personas y en otra ocasión 800. es muy probable que en una de estas veces hayan durado diez días, el prendimiento y aniquilación de tantas personas pudo haber requerido diez días, el Señor Jesús previó todo esto y anticipó a sus Iglesias de la gran tribulación que vendría. Quizá por esta, advertencia la Iglesia pudo sobrellevar valerosamente todo sufrimiento tan indescriptible, la Iglesia ya estaba preparada,

(El período de Esmirna)

Las experiencias de esta Iglesia corresponden a las tribulaciones de toda la Iglesia a través de la historia desde Nerón hasta Constantino. Entre los años 64, a 313, D. D. C. En, este, período. Los historiadores cuentan diez grandes persecuciones, la última de ellas duró diez años, partiendo desde el decreto de Constantino, hasta el año 313. Se destacó este período por crueldad. Es obvio que entre las diez persecuciones, hubiera otra de menor intensidad, en este período la Iglesia sufrió bastante, alguien pudiera pensar porqué Dios permitió tanto sufrimiento, es comprensible entender que cuando todo marcha. Bien, como que nos descuidamos de las cosas, de, Dios pues sabemos la historia que, apenas cesaron las persecuciones, entonces la iglesia comenzó a caer espiritualmente, evidentemente, la Iglesia hubiera sufrido esta decadencia aún antes, de no haber permitido Dios tales experiencias, en los comienzos de la Iglesia. Dios usaba, como generalmente se dice en la Iglesia la vara de la buena voluntad, pero cuando la iglesia comenzó a decaer. Dios hizo la vara del castigo y esto, en definitiva, resulto útil. No cabe duda de que si la Iglesia primitiva no hubiera sufrido estas persecuciones, no se habría. Sostenido por tanto tiempo en un nivel espiritual tan elevado. La persecución era necesaria para el cristianismo se arraigara. En los comienzos de los hombres se abriera camino, se hiciera sentir, en una palabra, la disciplina para el cristianismo encontrará. Su lugar. Cuando todo esto se cumplió, cuando el imperio romano supo de la fuerza real del cristianismo, entonces Dios aparto por algún tiempo la vara del castigo.

Recompensas para los victoriosos de Esmirna (Apocalipsis 2; 10-11).

Corona este es el pedestal más alto, de los seres romanos, he aquí en el mayor peligro, sufrimiento y muerte, Dios contrapone la mayor recompensa, la corona de vida, no tan solamente la vida, aunque se trata de vida eterna, sino corona he vida, eso es vida de la aurora de la vida de la gloria eterna, no sufrirán daño de la muerte segunda, se puede soportar una vez, pero si fuera necesario volver a sufrir, los mismos sufrimientos, de seguro que se desanimaría el mejor y más fiel cristiano, por eso el. Señor Jesús señala una mejor recompensa. aclara a todos aquellos que hayan sufrido por él, un sufrimiento que sería una sola vez, cada mártir cristiano es un vencedor, por eso, aunque la primera muerte acarrea al cristiano cierto agravio, quitando la vida a veces en la juventud, la muerte segunda no tendrá sobre él ningún poder. porque el cristiano vencedor, aunque perezca una sola vez físicamente, resucitara nuevamente para una vida gloriosa y eterna completamente fuera de todo peligro de la muerte segunda, la que será eterno tormento para los infieles,

(Carta a la Iglesia de Pergamo)
(Apocalipsis 2; 12-17)

Pérgamo es la ciudad que está establecida, o que fue construida por los griegos y estaba a 12 km. al norte de Esmirna, pero la palabra Pergamo significa compromiso matrimonial, y altas cerraduras. Si estos símbolos tienen un significado Espiritual en sí, lo veremos más adelante. Por ahora Recordamos que esta ciudad era rica y pintoresca. Los cultos paganos en la ciudad se practicaban bajo toda clase de desenfrenos, en cuanto a la reacción de los purgamos hacía otros cultos, era totalmente. Por eso no hubo ahí persecución de los cristianos, al ser retirada la pena capital de Antipas, pero aparte de eso leemos que en la ciudad, estaba, el trono de Satanás, en la ciudad estaba el templo del dios de la medicina. Esculapio. El cual presentaban como una persona con una serpiente, que daba poder curativo, la adoración a esta serpiente consistía la unión de brujerías y desenfrenos, era un símbolo visible del invisible reinado diabólico. La falsa gloria de Esculapio se extendió mucho y atraía multitudes de todas las partes. Incluso algunos emperadores romanos fueron en busca de sanidad. Antipas era un miembro muy renombrado. De la iglesia. Según el testimonio de Tertuliano, fue el Obispo de esa Iglesia sin hacer caso de los decretos del emperador, él no quiso tomar parte en los sacrificios A; Esculapio, por eso fue arrojado a un horno ardiente, ocurrió esto bajo el imperio de Domiciano, en el; Momento preciso cuando el Apóstol Juan fue deportado a la isla de Patmos. Hoy esa divertida ciudad de otros tiempos solo quedan ruinas, en medio de las cuales salen humildes ruinas de construcciones de los griegos turcos,

El autor de la carta;
(Apocalipsis 2; 12;)

Él tiene la espada de dos filos, este es el Señor, Jesús pero ¿porque al dirigirse a esta Iglesia, él se refiere a su espada? es evidente que al referirse a su espada, la espada sirve para el castigo, significa amenaza, (Romanos 13; 4) esto quiere decir que el Señor Jesús no estaba contento con esta Iglesia, y por eso la amenaza, se dice que cuando alguien saca la espada, significa amenaza. Aún que la Iglesia no había caído del todo.

(Las características de la Iglesia de Pergamo)
(Apocalipsis 2; 13)

El Señor Jesús elogió a esta Iglesia de Pergamo, porque ella, sin tener al Anciano en la Iglesia, y a pesar de tener el trono de Satanás en la misma ciudad, permanece acogida al nombre de Jesús, lo que parece oponerse a la Amenaza anterior. Pero en vista de las tentaciones que le sobrevendrían a través del trono de Satanás, no era muy fácil no tener ningún problema. Un segundo elogio obtuvo esta Iglesia, porque a pesar de lo difícil que le era dar buen testimonio, habiendo perdido al fiel siervo de Dios, la Iglesia no se apartó de la fe, no obstante aparte de estos elogios, en esta Iglesia había problemas tales que merecían la amenaza de la espada,

(La enseñanza de Balaam)
(Apocalipsis 2; 13)

Balaam era un profeta de los gentiles, quien a pesar, de todo, conocía al verdadero Dios, pero el significado de su nombre es muy malo significa desviador del pueblo, y. en efecto, este profeta, por amor al dinero y para congraciarse, con el rey, Balac. y a la vez por conveniencias, matrimoniales, se desvió del camino de la verdad, (2 Pedro 2; 15; Judas 1; 11). Efectivamente él causó mucha, perdida del pueblo, de Dios, las enseñanzas de Balaam, obedecían a los consejos de Balaam de desviar a los israelitas por medio de mujeres números (25;1-3; 31;15-16); y esas mujeres paganas condujeron a los hebreos al adulterio y adoración de imágenes. Causa por la que perecieron 24, 000 personas (Números 25; 9); (Deuteronomio 23;5); los seguidores de las enseñanzas de Balaam. En el cristianismo proponían. En el nombre de enseñanzas terrenales, preparación intelectual, y carreras que estas proporcionan, no apartarse del mundo… recibir siquiera algo del mundo, a sus sistemas pomposas de su religión sin considerar el hecho, que precisamente los cristianos del mundo estaban sufriendo, su santidad se Iban, Apocando y menguando el testimonio fiel. Los seguidores de Balaam constantemente reprendían a los cristianos según el evangelio porque ellos según sus acusaciones se alejan demasiado y se privan del mundo, y no toman parte activa. Según dicen, en la vida nacional del pueblo, a la vez ellos mismos, cuantas veces, boicótean a los creyentes y a la influencia del evangelio, esto es lo que siempre ha querido el diablo, que los hombres participen de las cosas de esta vida,

(La enseñanza de los Nicolaitas)
(Apocalipsis 2; 15)

En el período de los Nicolaitas, hubo solamente las obras de los Nicolaitas, estos es, personas que obraban según sus antojos sin explicación alguna. Pero en el período de Pergamo esta era ya una enseñanza, que más tarde obtuvo su clasificación, el símbolo de la fe, y era aceptado por la Iglesia como algo legal. Hemos dicho que la palabra Nicolaita proviene de dos palabras griegas; Nico-guiar-laos-al-pueblo; Nicolaos; guiar al pueblo. Al principio. Hubo un esfuerzo para tener dominio de parte de miembros individuales, como, por ejemplo, el caso de. Diofretes (1 *Juan* 1:9-10); luego surgió la teoría que justifica este esfuerzo, posteriormente la teoría se convirtió en enseñanza y la enseñanza en dogma, la que la Iglesia aceptó sin previa revisión ni crítica. a la postre de todo eso, la curia gobierna al pueblo según su propio antojo la curia contemporánea es en gran parte Nicolaita que quiere señorear sobre la verdad de Dios (1 Pedro 5;2-4);

(El período de Pergamo

El período de Pérgamo abarca el período del 313 al año 606 D. D. C. esto es desde el edicto de Constantino hasta el establecimiento papal. Este período no es exacto más o menos según los historiadores. Lo que es exacto es lo que nos dice la palabra de Dios. Esto si lo podemos afirmar con toda seguridad porque es la verdad. (Juan 8; 32; 17; 17;). Ya dijimos ya que el significado de Pergamo. Significa compromiso matrimonial y en efecto, en este período se llevo a cabo el compromiso matrimonial entre la Iglesia, y el mundo, y el paganismo. En este período se efectuó la traición de la Iglesia. Del verdadero. Esposo Jesús. Produciéndose el adulterio Espiritual, y esto sucedió a consecuencia de la enseñanza de Balaam. La palabra Pérgamo, significa también cerradura alta. Se verificó este simbolismo, también, los Obispos. obteniendo derechos y autoridad y privilegios y riquezas, dejaron de ser sencillos y accesibles y se convirtieron en grandes, Señores, y. en efecto, comenzaron a vivir entre altas cerraduras, aún los templos de oración, llamados hoy Iglesias y monasterios, comenzaron a edificar en altas cerraduras, esto se debió a la enseñanza de los Nicolaitas, Sucedió así porque el Emperador Constantino igualó a la iglesia con el mundo o los derechos de la Iglesia con el paganismo, unió a la Iglesia con el estado. Dando privilegios a los pastores y obispos, dividiendo así a la Iglesia, he introducido la jerarquía y a un continuo Nicolaismo. Desde entonces, los reyes y poderosos encabezaban los concilios de la iglesia, cuyas decisiones confirmaban, De esta manera el Emperador Constantino proporcionó a la Iglesia lo mismo que al rey Balac de Moab. AIsrael. Es decir. Condujo a la Iglesia al adulterio Espiritual a la idolatría, pero el rey Balac indujo de esta manera a Balaam. Quien era Balaam para Constantino, no se sabe, desgraciadamente la Iglesia fue tentada por conveniencias y adquisiciones en el mundo y entró el cambio de Balaam, de ahí empezó la Iglesia a enriquecerse materialmente pero a empobrecerse Espiritualmente, decayó comenzaron a recibir en la Iglesia a conversos, gente mundana introdujeron el bautismo infantil, lo que dio a la Iglesia un ingreso constante. Pero no convertidos, existen Iglesias que llaman al emperador Constantino cristiano Apostólico. Pero sus hechos muestran todo lo contrario, según los historiadores hasta el fin de sus días adoraba a las imágenes a los dioses paganos y a la vez llevaba el título de pontífice máximos que significa sacerdote de lo alto, del culto babilónico, y al revés la imagen del paganismo, estas monedas pueden ser vistas hasta hoy en algunos museos, es por eso que Constantino, uniendo a la Iglesia con el paganismo, tal vez, mundanamente no pensó mal. Indiscutiblemente, sus aspiraciones. Sus aspiraciones eran políticas y no espirituales, hoy, a la luz de la historia. vemos que aquel Apóstol, emperador, Espiritualmente mató a la Iglesia, la contaminó y la convirtió en la gran ramera, pero Dios es misericordioso y convierte el mal del hombre en bien, las autoridades y el gobierno imperiales, quienes con palabras autoritativas reunían a los concilios para la confirmación de los derechos fundamentales de la iglesia, y obligaban a los Obispos rebeldes a someterse a esas doctrinas, según ellos protegiendo a la Iglesia de una ruina total, siendo obligados por esas autoridades a mantenerse fuertemente sujetos a la letra de la enseñanza de su religión guardados de enseñanzas y herejías torcidas, y aún que las autoridades de la iglesia contradigan esto, pero evidentemente en la iglesia entraron muchas herejías de enseñanzas torcidas, sin embargo, otros errores no entraron de golpe. Sino paulatinamente a través de los siglos, por ejemplo, el bautismo infantil, Fue motivo de discusión durante 250 años. La idolatría se introducía paulatinamente durante 300 años y la Mariolatría duró hasta 900 años. Apariciones como estas, podrían haber dividido a la iglesia, en partes fragmentarias y es imposible calcular a clase de sectas los grupos se hubieran convertido, de no haber impedido la autoridad imperial manteniendo a la iglesia unida. En efecto, la mayor parte de las herejías se anidaron definitivamente en la iglesia luego en el período subsiguiente. Pero ahora estamos considerando el periodo mientras aquellas herejías estaban en sus comienzos no habiéndose enraizado aún aparte de esa gracia de Dios. El demandaba el arrepentimiento de la Iglesia, y en caso opuesto. Amenazaba a la Iglesia, con el castigo……

(Recompensa para los vencedores de Pérgamo)
Apocalipsis 2; 17;

A los pergamos se les ofrece del maná escondido, significan el pan celestial, la comida angelical, simbólicamente significa la participación en la mesa celestial, la comunión con Dios, he aquí que los que permanecen en Pergamo sin Dios, próximos al trono de Satanás (en el tiempo de la fornicación. cuando la Iglesia se unía con el mundo, en inmunda mesa). Pero los que hacen caso de su palabra y son fieles a Dios, vencerán las tentaciones y no se contaminaron con las ofertas ofrecidas, ellos se sentarán en la mesa celestial, ante la comida angelical, la otra recompensa consiste en una piedra blanca. Evidentemente, diamante. Semejante a esta piedra hubo una en Krim. Que significa luz y Tomín. Que significa perfección, en la cual aparecía un recipiente de cristal (visión de cristal), el que podía ser visto únicamente por el Sumo sacerdote. Así será para los vencedores fieles, La piedra siempre ha significado, seguridad, constancia, y seguridad. Jesús mismo es la piedra, por eso esta piedra blanca, con el nuevo nombre sobre ella. Será como testimonio de firmeza. Y estabilidad en la fe, y esta piedra es el Espíritu Santo que es él mismo Jesús. (1 Corintios 10;4-5; Gálatas 5;2-24; Juan 16;13;1 Corintios 2;10; 1 Juan 2;20);

(Carta a la Iglesia Tiatira)
(Apocalipsis 2; 18-29)

La Ciudad de Tiatira, fue fundada por Claudio Nicanor, uno de los cuatro generales de Alejandro Magno, que dividieron entre sí su imperio, la ciudad fue habitada por colonos macedonios, actualmente en ese lugar se encuentra la ciudad de nombre Akhissar, con aproximadamente 35,000 habitantes. La palabra Tiatira significa actividad en el ofrecimiento de víctimas. Que demuestra el símbolo de este período de Tiatira del cual hablaremos más adelante.

(El autor de la carta él Señor Jesús)
(Apocalipsis 2; 18)

Él es el autor de todas las cartas de las siete Iglesias. Pero en la carta a esta iglesia él se presenta en términos singularmente severos. Él hijo de Dios. Él que tiene ojos como llama de fuego, y pies semejantes al bronce pulido (ver. 18). Al principio hemos dicho claramente que la visión de Jesús para Juan tenía significado simbólico, por lo cual tenemos que interpretar y entender estas palabras a la luz de esta verdad, he aquí los ojos como llama de fuego, es el símbolo de la visibilidad de Jesús, pero también es símbolo de ira. Y también su ira apunta hacia el poder de abajo, eso lo; *Demuestran los pies semejantes* al bronce. Pulido, *todo esto demuestra que Jesús estaba airado contra aquella Iglesia, y recordándole sus ojos, le hacía ver que nada. Se le ocultaba y hablarle sobre sus pies. Le recordaba y le daba a entender que* el juicio se avecinaba,

(La característica de la Iglesia de Tiatira)
(Apocalipsis 2; 19)

Esta característica de esta iglesia era maravillosa, porque tenía obras buenas como son, el Amor. Y gozo, todo lo que haces, conozco tu Amor, tu fe. Tu servicio y tu constancia, y sé que ahora estás haciendo más que al principio. Todo esto representa tan grandes honores que el Señor Jesús elogió a esta Iglesia. Y realmente eran dignos de que el Señor Jesús les reconociera sus hechos, porque el Amor, es el móvil del cristiano. Y la fe estos son los elementos importantes en el cristiano, sin estos él ser no es nada. No importa cuánto trabaje, no importa cuánto regale si tiene todos los dones pero si no tiene Amor, no es nada, el Amor es el Alma del cristiano. Dicen algunos historiadores. Que una Iglesia con semejantes honores. El Señor Jesús muestra los ojos como llama de fuego, y esto nos muestra que el Señor Jesús no estaba muy contento con esta Iglesia. Y esta iglesia estaba cometiendo el pecado de. Permisión, Hay tres pecados, el pecado de comisión, y el pecado de omisión. Y el pecado de permisión. Y al Señor Jesús no se le pasa *nada* él sabe todas las cosas (Hebreos, 4; 14; Proverbios 15; 5: Salmo 139; 7); Para Dios no hay secretos, ni de noche para él lo mismo es el día que la noche.

La enseñanza de Jezabel;
(Apocalipsis 2; 20-21).

Vemos que en la Iglesia de Tiatira se encontró a una mujer de nombre Jezabel. De esta palabra vemos que esta mujer era de gran influencia. En esta Iglesia de Tiatira. No sabemos si esta mujer era su nombre verdadero, o tal vez el Señor, la llamó simbólicamente con el nombre de Jezabel del antiguo testamento. No se puede esto establecer con exactitud, personalmente me inclino a pensar que en esta mujer se concentraron y se unieron, tanto en el hecho como el símbolo. O sea, que esta mujer realmente se llamaba Jezabel, y que desempeñaba en la Iglesia exactamente igual papel como el que desempeñó la Jezabel del antiguo testamento en Israel. ¿Quién fue Jezabel del antiguo testamento, del, rey de Sidón, pero casada con el rey de Israel, Acab (1 reyes 16; 31). De modo que ella era la Reyna y por eso es que tenía oportunidades y derechos para influir en el gobierno según sus antojos. 1.- En segundo lugar, ella era una prostituta y hechicera, según está escrito de ella que comete fornicaciones y muchas hechicerías. (2 de Reyes 9; 22); Es notable que aún su nombre signifique deshonesta, perjura.2.- En tercer lugar ella instruía es decir, inducía al mal. Tanto a su Esposo como a los demás del círculo más próximo. (1 reyes21; 25). 3.- Ella influía en los profetas del Señor (1 Reyes 18; 4; 13)4.- Por eso mantenía a los profetas paganos (1 Reyes 18; 19;) La influencia de Jezabel sobre Israel ha sido mucho más grave que la de Balaam. Porque Balaam sólo podía solamente aconsejar, mientras que Jezabel podía ordenar. Como quien tiene autoridad, esta es la fisonomía de la Jezabel del antiguo testamento. Una mujer semejante si se halló también en la Iglesia de Tiratira, ella se consideraba profetisa, y evidentemente muchos creían en ella, ella instruía y apartaba del camino de verdad inclusive a los siervos de Dios. Y esto nos demuestra su gran influencia enseñaba a practicar obras abominables y a comer de lo sacrificado a los ídolos, y tenía. Éxito. Existe la posibilidad de que ella era rica, de ascendencia dignataria. Por eso al comienzo la iglesia no se animaba a reprender a un miembro tan renombrado, más tarde, cuando ella tenía ya muy pocos simpatizadores era difícil hacer cualquier cosa de esta manera, a semejanza del antiguo testamento la Jezabel, ella se parecía a la Iglesia de Tiatira, cada vez más, la iglesia resulto ser descuidada por haber permitido el mal desde el comienzo. Este era el pecado de la Iglesia, pecado de permisión. El Señor Jesús reprendió. A esta Iglesia, ósea, esta Jezabel nueva testamentaria, pero ella no se arrepintió. por lo visto, él Señor, la reprendía por medio de su conciencia, y tal vez por medio de los fieles; le dio el tiempo necesario para que se volviera a Dios y no aprovechó el tiempo el momento oportuno (1 Corintios 6;2). De la gracia divina, como puede verse. Aquella Jezabel de Tiatira era demasiado orgullosa para arrepentirse. Por eso ella rechazó ese único camino como medio para su salvación, al igual que la salvación de sus simpatizantes.

(El castigo de Dios)
(Apocalipsis 2; 22-23)

Esta Jezabel fue castigada con alguna enfermedad terriblemente, y sus hijos fueron muertos, este era un doble castigo para ella. Desgracia terrible. Hallarán también sus seguidores. ¿De qué carácter sería esta desgracia? pero todas las Iglesias sabrán que este es un castigo de Dios, un castigo semejante recibió la Jezabel del antiguo testamento, fue arrojada desde la ventana del palacio y así murieron (2 Reyes 9; 30; 37); igualmente murieron todos sus hijos (2 Reyes 10; 7-9, 11). Y todos sus seguidores (2 Reyes 10; 11-17). Dios tiene mucha paciencia. Para el arrepentimiento no queriendo que nadie se pierda sino que todos alcancen la salvación. Pero cuando el hombre no quiere la salvación, Dios respeta la voluntad del ser. Y él mismo tendrá que castigar a los rebeldes. Dios les da a escoger. La muerte. O la salvación. Pero él les hace ver las ventajas y las consecuencias. De ser rebeldes el castigo será severamente grande.

(Advertencia para los fieles)
(Apocalipsis 2; 24-25)

El Señor Jesús prometió no imponerles otra carga a todos los fieles, esto significa que la iglesia cristiana comprendía la doctrina cristiana, de la verdad de la palabra de Dios. (Juan 8; 32; 17; 17). Y conocerán la verdad y la verdad los hará libres cuando se practica la verdad no son necesarias otras cargas. Los hombres les gustan poner cargas pero muchos ni las tocamos con un dedo. Pero si queremos que otros las hagan así eran los judíos, por eso Dios le dice a esta Iglesia que no le pondrá otra carga porque esta Iglesia tenía buenas obras, como el Amor, la fe. Estas son las bases importantes para los cristianos el Amor, y la fe. (1 de Juan 4; 8; Hebreos 11;6). Colosenses 3; 14); sobre todo revístanse de Amor, que es el perfecto lazo de unión. Muchas Iglesias pusieron otras cargas sobre sus miembros, y ¿qué sucedió al final? estos miembros al recibir de sus dirigentes, dejaron la carga de Dios, pero no por eso se sintieron más libres pues perdieron la paz, de Dios. (Mateo11; 29-30). Por eso esta promesa de Dios debe servirnos de advertencia, para aquellos que quieran poner otras cargas que no vienen de Dios porque todo aquello que el evangelio no enseña. Son otras cargas, que no vienen de Dios. Sino de los hombres. Por eso Jesús dijo que él no pondría otra carga, todas las otras cargas. Dios las llama profundidades de Satanás, pero los hombres piensan que son profundidades de santidad. Se debe concebir claramente, que aunque fueran los más profundos misterios. Aunque se llamen secretos de Dios, y aún que fueran los más sacrosantos servicios al Señor Jesús. Aún que fuera la más prestigiosa práctica ceremonial o ritual, aun que dicha Iglesia se jacte con milagros, pero si todo este cúmulo de cosas no conduce a los hombres a Dios, no los persuade al arrepentimiento y al nacimiento Espiritual, sino todo lo contrario a los hombres a vivir tranquilos. En sus pecados. Entonces no son sino profundidades de Satanás, por medio de los cuales el ciega a los hombres para que no. alcancen a ver la gloriosa luz. Del evangelio, de la verdad de Dios, pero Dios les dice retengan lo que tienen reténganlo hasta que yo venga, he aquí lo que tenía la Iglesia y los Apóstoles. Era suficiente para los cristianos de todos los tiempos hasta la venida dé Cristo, todas las invenciones de Jezabel son dañinas y engañosas. Por lo tanto, los cristianos deben atenerse únicamente a aquello que poseía la Iglesia cristiana primitiva, y rechazar todo aquello que inventen los hombres,

(El período de Tiatira)

Este período principió el año 606 hasta el año 1517 o sea, desde la instalación papal hasta la reforma, este período lo podemos entender por medio de la historia, no lo podemos afirmar con exactitud, porque los hombres siempre somos mentirosos. Lo que podemos afirmar con exactitud es la palabra de Dios. Esta sí es verdad, este período según los historiadores lo han llamado el período papal, porque el primer papa romano fue el 606. D. C. alguien podría objetar que este período no es correcto, pues entonces existían paralelamente, la Iglesia ortodoxa oriental, la que no reconocía al papado, pero esto no es del todo exacto, porque la Iglesia se dividió recién el año 1054 en oriental y occidental, de manera que dentro de este período por espacio de 448 años estas Iglesias eran una, después de la discusión. O sea, la división durante algunos años se llevaba a cabo pláticas para volver a unirse, lo que daba oportunidad a los papas a inmiscuirse en los asuntos de la Iglesia oriental. Cuando finalmente llegó la división completa, entonces los patriarcas de la Iglesia oriental resultaron ser, igual, que los papas, las Lastimosamente ambas Iglesias ya no eran de Dios, sino que eran esa Jezabel, que desmoralizaba a los cristianos, e igual que Jezabel. y sus seguidores, no fue separada de la Iglesia de Tiatira, así los cristianos estaban juntos con la adúltera Jezabel, con la Iglesia del, mundo sin embargo, hubo ya muchos creyentes bajo distintos nombres, que estuvieron separados de la Iglesia oficial, especialmente estaban entonces en apego, un fuerte movimiento llamado paulista, grupo al que la iglesia oficial perseguía, tratando de exterminar a muchos cristianos, pero hubieron muchos creyentes fieles a Jesús, que no desmayaron en su fe, en efecto, no existe una ilustración más exacta de la Iglesia Oficial, que la sucia mujer, se ajusta a la separación del desentendimiento y es que estamos uniendo a las dos Iglesias con la de Jezabel, la del antiguo testamento y Él nuevo testamento, por cuanto ellas, como ya se ha dicho desempeña igual papel entre el pueblo de Dios, he aquí, Jezabel era pagana, casada con un hebreo, era un matrimonio ilegal y prohibido por Dios, lo mismo sucedió entre la Iglesia y el mundo, es verdad que cuando entonces el mundo pagano, con Constantino, el emperador, al frente, se amistó con la Iglesia, no era todavía esa Jezabel, pero pronto descendió la iglesia al nivel de Jezabel, de modo que en el período de Tiatira, estaba desempeñando su papel plenamente, Jezabel dominaba a su esposo, a eso mismo llegó la Iglesia. Tratando de dominar a Los reyes, y mediante ellos al mundo entero, especialmente a la Iglesia, occidental obtuvieron grandezas reales. que los reyes emperadores le eran sujetos, Jezabel era adúltera, no es mejor hoy día la Iglesia ella no obtuvo un divorcio oficial con Jesús, he hipócritamente lo veneraba como su marido legal, pero con todo su corazón se unió al mundo y vivía con él, en lugar de vivir con Dios, y la Iglesia Oficial se hundió en la política, solamente arreglando documentos para el dominio de ciertos territorios, acordando con los gobernantes terrenales acuerdos y Pactos favorables para sí misma, ella trataba de dominar al mundo hasta la venida de Jesús, por eso, aquello que Jesús rechazó en el tiempo de la tentación en el desierto, los dirigentes de la Iglesia Oficial lo aceptaron sin titubeos, Jezabel se consideraba profetiza, así también la Iglesia Oficial hasta la fecha se considera la única portadora de la verdad de Dios, de las profecías o de las sagradas escrituras, ella se cree la portadora de la doctrina verdadera de Jesús, Jezabel también indujo la idolatría, lo mismo hicieron las dos Iglesias la occidental y la oriental, introduciendo la adoración a las imágenes, estatuas, reliquias y santos entre otras cosas es interesante notar que en este período, efectivamente Jezabel desempeñó un gran papel, en la introducción de las prostituciones, especialmente la idolatría. En el oriente, a semejanza de la Reyna del antiguo testamento, Jezabel, gobernaba emperatrices y en occidente, en Roma como la Jezabel Del nuevo testamento dirigían los ricos, y sabios, cortesanos corrompidos, quienes a los mismos dirigentes instauraban, este es el pecado de permisión de la iglesia de la Tiatira, que permitió a estos personajes influir en los asuntos de Dios, y no hizo la disciplina con esta gente, la dejó que conviviera con los santos de Dios. Y por eso el Señor Jesús reprendió a esta iglesia mostrándole el arma de su palabra, Pero llegó el momento y todos sus hijos, en el tiempo de las cruzadas cuando miles de cadáveres se extendían por el camino hacia la tierra santa. además, a causa de otras guerras con relación con la reforma, la misma Iglesia Oficial enfermó fuertemente, y decayó en gran manera, después de esa enfermedad esa Iglesia nunca más volvió a su fuerza anterior, no obstante, en esos mismos tiempos y en esa misma Iglesia Jezabel, hubieron tales luces en la Iglesia, en la primera mitad de ese período hubieron en aquellos días muchos bienhechores y hombres de proezas, personas que se identificaron con tal fidelidad con buenas obras, que se entregaron a Dios. Con todo su corazón. Y con toda el Alma, eran tan fieles a Dios, verdaderos hijos de Dios, ellos eran esa Iglesia de Jesús a la que él alaba por su Amor y fe y su servicio y que ahora está haciendo más que al principio, pero paulatinamente las enseñanzas de Jezabel, afectaron a la Iglesia, el pecado de esta Iglesia era el pecado de permisión. Que permitió que esta mujer Jezabel, que estuviera en la Iglesia, esto afectó a los cristianos, que esta hierba mala estuviera junto con el trigo.

(Recompensa para los vencedores de Tiatira)
(Apocalipsis 2; 26-29)

Autoridad sobre las naciones, esta es la recompensa, para los vencedores de Tiatira, recibirán también la vara y la estrella, que significa la autoridad del rey Números 24; 17). Y finalmente, no hay duda alguna que bajo esta estrella de la mañana. Hay que entender a nuestro Señor Jesús, de manera que la autoridad de los vencedores sobre los infieles, la tendrán aquellos que tengan a Jesús en su corazón. (2 Pedro 1; 19). Esta autoridad para gobernar serán para toda la iglesia vencedora de Jesús porque la Iglesia será la que gobierne en el milenio, Apocalipsis 3; 12-13; Daniel 7; 18, 27). Y no sólo en el milenio sino para siempre serán columnas en templo del Señor Jesús, que es la misma iglesia. Este es el premio más grande para la iglesia, Cristo es la estrella de la mañana porque Jesús es la luz del mundo 2 Pedro 1; 10; Santiago. Pedro. Juan, eran las columnas de la iglesia primitiva Gálatas 2;9; Apocalipsis 22-; 12) Lucas 19; 16-19; ustedes serán gobernadores de diez pueblos,

(Epístola a la Iglesia Sardis)
(Apocalipsis 3; 1-6)

Sardis era una ciudad maravillosa al pie del monte Temol, en la ribera del río Porta oro. Pactol. Esta ciudad era la capital del país llamado Lidia que se extendía hacia el oeste del Asia menor, y se gloriaba por cuantías de oro Lidia era una nación fuerte. Pero su bienestar fue su propia perdición. Su último rey, Creso, quien se consideraba entonces él hombre más rico, fue castigado y llevado cautivo por el rey persa Ciro. El año 546 A. D. C. más tarde, Sardis fue ocupado por los romanos, y en el siglo IV fue convertida en ruinas por Temur, guerrero Asiático Sardis se halla un Terreno desocupado cubierto de ruinas. Permanecen además algunas casas taperas cubiertas de ruinas. Esto es todo cuanto ha quedado de Sardis. Pero esta palabra, traducido su contenido a nuestro lenguaje, tiene el siguiente significado; aquellos que salieron fuera. No cabe duda que este nombre tuvo su significado simbólico, él que correspondía al período que fue ilustrado por esta Iglesia De Sardis.

(El autor de la carta)
(Apocalipsis 3; 1)

A esta Iglesia Jesús se auto recomienda como él que tiene los siete Espíritus de Dios, y las siete estrellas las estrellas son los representantes de la Iglesia y están en las manos de Jesús. Con esto. Jesús dio a entender a esta Iglesia como reconocer a los verdaderos siervos de Dios. Ellos son estrellas, tienen en sí mismos la luz de Dios, quien no resplandece como la luz no puede llevar hombres a Jesús, y por lo tanto no es estrella, porque las estrellas iluminan las tinieblas así los siervos de Dios, enseñan la doctrina de Jesús, el que no enseña a los hombres no está en las manos de Jesús. y si no está en las manos de Jesús entonces está en las manos de Satanás y hace su voluntad, si algún individuo está en las manos de Satanás y hace su voluntad entonces, aunque se cubra de la más alta dignidad Espiritual, no es Estrella de Jesús, las palabras de Jesús que tienen los siete Espíritus de Dios, Jesús dio a entender a la iglesia muerta, como buscar la vida, o sea, que Jesús le dio a entender a esta Iglesia que solo él tiene la vida, no es que el hombre busque a Dios, sino que Dios nos encontró y Dios pone todos los medios para que él ser humano entienda la verdad, o en otras palabras Dios se presenta al hombre, de diferentes maneras, con el fin que el hombre pueda identificarlo. Como él único ser, que da vida, él único que tiene luz el único Sabio, porque no puede haber vida Espiritual sino tiene el Espíritu de Dios, aunque los hombres se llamen Iglesia, y practiquen muchas cosas en él nombre de Jesús, si carecen del Espíritu Santo, no pertenecen a Jesús y todas sus obras son muertas, Daniel 12;3). Romanos: 8;9).

(Las características de la iglesia de Sardis)
Apocalipsis, 3, 1-3,

Esta iglesia había recibido buena enseñanza, pero no de todo corazón, sino más bien teóricamente Apocalipsis3, 3, comenzó cierta innovación una resurrección de su caída en el paganismo, pero no le alcanzó la fuerza para cristalizar en su plenitud las nuevas formas de vida, los odres viejos no resistieron al vino nuevo., y por eso el renacimiento era tan solo exteriormente, Apocalipsis 3, 1, muchas obras buenas fueron hechas pero no fueron perpetuadas hasta el fin Apocalipsis. 3, 2, el hecho que los sardinos hayan aceptado las enseñanzas de Cristo era sobremanera buena obra, pero no fue llevada hasta él fin porque ellos aceptaron sólo con la mente y no con el corazón. También él hecho que ellos hayan cambiado su paganismo a un punto de vista cristiano, hará una obra buena, pero tampoco esto fue llevado hasta él fin, ya que al cambiar su punto de vista, no cambiaron su corazón: no se produjo el nuevo nacimiento. Por eso la iglesia de Sardis, aunque esta iglesia presentaba piedad, pero estaba muerta, y pronto se notó el enfriamiento el decaimiento espiritual, la comprensión acerca de la verdad y se reconocimiento indiscutiblemente hubieron en esa iglesia, pero en la vida se revelaron señales claras de que en sus corazones no había lo mismo que había en sus cabezas, por eso es que esta iglesia, considerándose viva, en realidad estaba muerta, unas cuantas personas, Apocalipsis 3, 4, De toda la congregación. En todos los tiempos de la iglesia en todo el período cristiano, quedaron vencedores y por estas personas fieles a Dios, Dios pudo llevar adelante su obra o su plan de predicación del evangelio, para la salvación del mundo así en esta iglesia quedaron unas cuantas personas que no mancharon sus vestidos, de fidelidad, y amor, fe, por estos, Cristianos fieles Dios sigue llevando adelante su obra maravillosa de salvación, franquicia que está abierta para todas las razas, naciones, pueblos, en total para toda la humanidad, Marcos. 16, 16 para todo el que cree, en Dios está la franquicia, de la salvación, Juan 3, 16, pues Dios amó tanto al mundo. Que dio a su hijo único, para que todo aquel que cree en él no muera, sino que tenga vida eterna, la puerta está abierta las 24 horas, Apocalipsis. 3, 20, mira, yo estoy llamando a la puerta, si alguien oye mi voz y abre la puerta, entrare en su casa y cenaremos juntos. estimado lector que llegues a leer la palabra de Dios, no pases por alto esta voz de Cristo, Cristo te ama con todo su corazón, lo demostró con hechos visibles con obras maravillosas con milagros sin precedentes, porque nadie ha podido hacer tantas maravillas como Cristo, él es el maestro de maestros, Señor, de Señores, rey de reyes,

(El período de Sardis)
(Apocalipsis, 3; 4),

El período de la Iglesia de Sardas abarca más o menos según los historiadores, no podemos hablar con. exactitud, porque siempre los hombre somos mentirosos y el único verdadero es el Espíritu Santo, porque es la verdad, lo que dice la Biblia eso si es verdad, y eso si lo podemos afirmar con exactitud como ya dijimos abarca los tiempos de la reforma, o sea, desde el momento cuando el 31 de Octubre, del año 1517, Martín Lutero clavó sus 95 tesis en la puerta de la iglesia de Washington, hasta el año 1750 como ya hemos dicho que la palabra Sardas, significa, aquellos que salieron fuera, y, en efecto los cristianos oyeron la voz divina Apocalipsis. 18, 4, oí otra voz del cielo. que decía, salgan de esa ciudad, ustedes que son mi pueblo, para que no participen en sus pecados ni les alcancen sus calamidades, y salieron fuera de la tiranía y corrupción del catolicismo, y esto fue lo que hizo Martín Lutero y Calvino, y otros reformadores. Porque fueron algunos los que se dividieron de este sistema, de los hombres, a Martín Lutero. Cuando el Papa le dijo que se retractara, de las acusaciones, contra la iglesia católica, él le dijo al papa, que si le comprobaba, con la Biblia que estaba equivocado él se retractaba y desmentía lo dicho, pero el papa trató de matarlo y Martín Lutero, tuvo que ser escondido por algún tiempo pero Martín Lutero fue el traductor de la Biblia, del hebreo al alemán y del latín al Alemán y a otros idiomas, sacó las Biblias para que todos las leyeran, y todos conocieran, la palabra de Dios, la iglesia la tenía escondida para que nadie la leyera, al que le encontraban una Biblia se la quitaban y lo castigaban, esto fue lo que hizo este sistema religioso, ellos volvieron la Biblia al pueblo, aquella que los papas habían hecho el libro sellado, los reformadores invocaron la Biblia como única fuente que da dirección correcta a la fe cristiana, los reformadores insistieron en la justificación por la fe y no por obras que habíamos hecho, los reformadores proclamaron al Cristo crucificado como único salvador y redentor de los creyentes, y resucitado como la única cabeza de la iglesia, y él único Señor y Dios de la iglesia, Colosenses 2, 3, Jesús es la plenitud de todas las cosas, Colosenses 2, 9, 1 Juan 5, 20, Romanos 9, 5, Gálatas 3, 20, Hebreos 4, 13, Los reformadores proclamaron la adoración a Dios, fuera de todos los ritos ceremoniales, insistiendo la adoración a Dios en Espíritu y en verdad Juan 4; 23-24). pero no todos los creyentes comprendieron esta verdad los reformadores desde tiempo, ellos llevaron esta lucha por la libertad política que a la regeneración al Amor y a la fe, las discusiones y altercados interminables, muestran que los creyentes de aquellos días proclamaban más la victoria con la palabra de Dios en la mano, antes que la victoria por medio de la palabra de Dios sola en los corazones, ellos gustaban de escuchar una rica predicación tan solo por recrear su oído y admirar su elocuencia del orador pero no era para conducirse de acuerdo a la predicación por eso la reforma, en los ojos de Dios, fue considerada muerta, no fue llevada a su fin (Apocalipsis 3;1-2). en la reforma hubo creyentes fieles, estos brillaron como estrellas en el cielo, porque ellos aceptaron con gusto la palabra de Dios y fueron dignos de recordar y proteger (Apocalipsis 3;3) también a estos cuantos vencedores pertenecen todos los creyentes así como dice (Apocalipsis 3;4) sin embargo, ahí en Sardas hay unas cuantas personas que no han manchado sus ropas, ellas andarán conmigo vestidas de blanco, porque se lo merecen, los que salgan vencedores andarán así vestidos de blanco, y no borrare su nombre del libro de la vida, así que También en este período hubo vencedores, y estos andarán con Jesús vestidos de blanco.

(Recompensa para los vencedores de Sardis)
(Apocalipsis 3; 5-6)

El Señor Jesús promete hasta tres recompensas para los vencedores de este período, 1 vestiduras blancas, 2, no serán borrados sus nombres del libro de la vida, 3 declaraciones de sus nombres delante del padre celestial y de sus ángeles, la vestidura blanca es el símbolo de la Santidad y pureza, aquel que no corrompe su vestidura aquí (Apocalipsis 3; 4). No borrare su nombre del libro De la vida muy claro, esto nos da a entender que si nuestros nombres están escritos en el libro de la vida, pero si ensuciamos él, vestido el tendrá que borrar nuestro nombre del libro de la vida, y Dios tendrá que borrar muchos nombres porque fuimos infieles y no fuimos vencedores y el tendrá que borrar los nombres, del libro de la vida, Los pasajes son innumerables, la salvación de Dios es segura y perfecta, quienes se han entregado a Jesús son de él para siempre, en el momento de creer en él fueron sellados con el Espíritu Santo de la promesa, que es la garantía de nuestra herencia hasta la posesión adquirida Efesios 1; 13; 4; 30) Porque todo aquel que permanece en él no peca 1 de *Juan* 3;6). Y, si alguno hubiera pecado, abogado tenemos para con él padre a Jesucristo él justo. Y la sangre de Jesucristo él justo nos limpia de todo pecado 1 Juan 1; 7; 2; 1). Ahora estamos en condición de comprenderlo que dijo Jesús *Juan* 6; 39). Y esta es la voluntad de Dios, él que me envió, que todo lo que me dio no lo pierda, sino que lo resucite en el último día. Yo confesare su nombre delante de mi padre y delante de los ángeles. al ser humano siempre le ha gustado que lo presenten, ante personalidades prestigiadas, especialmente los reformadores buscaban, esto porque a ellos les tocaba oponerse a la iglesia oficial la que disponía de todos los medios para eliminarlos físicamente, y en efecto, gracias a Dios y muchos hombres alemanes que se adhirieron al movimiento protestante,

(Epístola a la Iglesia de Filadelfia)
(Apocalipsis 3; 7-13).

La Ciudad de Filadelfia, fue fundada por el rey persa, Atalo Filadelfo. Alrededor del año 150. A. C. que llamó a la ciudad con su propio nombre. Esta ciudad sufrió constantemente movimientos sísmicos, pera esta ciudad permanece hasta ahora, es una ciudad bastante grande actualmente, en esta ciudad existen unos doce templos, de creyentes, el nombre de la ciudad y las autoridades, tienen significado y al traducirlo a nuestro lenguaje, significa Amor fraternal. Esta palabra tiene gran significado simbólico.

(El autor de la carta)
(Apocalipsis 3; 7)

El Santo. Y Verdadero, con estas palabras el Señor Jesús anima a la Iglesia, que trataba de santificarse con la verdad, en una palabra, lo que el Señor Jesús trataba de decirle a esta iglesia, ustedes que están en Filadelfia, santifíquense con la verdad, lo que están haciendo es correcto, porque yo soy el Santo y Verdadero, así son los caminos de Dios, no es posible alcanzar al Señor Jesús por caminos equivocados, torcidos, en la mentira no Hay, Salvación cualquier religión que trate de acercarse a Dios por medio de una mentira, será. Desechada de parte de Dios, Dios salva por medio de la verdad Juan 8; 32). Por medio de la verdad Juan 8; 32). Romanos 3; 3-4; Juan 17; 17). Muchas personas piensan que si una persona es fiel en lo que cree, es salvo aunque esté equivocado será. Salvo, dicen que no importa la religión. que la persona profese, y esto es falso, porque si importa la religión que usted profese, la religión, es un sistema, un sistema es un conjunto de elementos que se relacionan y se ordenan de acuerdo a ciertas reglas, o normas y la religión significa un conjunto de doctrinas, que se dedicada a Dios, y en esto o sea, la religión Apostólica toda la doctrina cristiana, o los, puntos 14 doctrinales esto es lo que compone la religión, como nos dice el Apóstol, 9; 9;2). Cuando nos habla en la Biblia, Habla de camino. O camino de Dios, se quiere dar a entender el modo de proceder de Dios, o como quiere que los hombres vivan, o sea la conducta religiosa, del nuevo camino, que Dios ha, trazado Para la humanidad, o sea la nueva religión, por esta razón Dios se presenta como el Santo y verdadero. Por esta razón tenemos que conservar la Santidad, 2 Corintios 7: 1).

(El autor de la carta de Filadelfia)
(Apocalipsis 3; 7)

Autor de la carta era nuestro Señor Jesús él en cada carta autor recomienda. De una forma diferente, a esta Iglesia el Señor Jesús esto dice, él Santo y Verdadero, él que tiene las llaves del. Rey David, David fue un prototipo de nuestro Señor Jesús, él era la sombra de Jesús, cuando el Señor Jesús hace mención de las llaves de David, que ya se está cerca el tiempo de los judíos, el día de la salvación para Israel, porque Dios les había cerrado la puerta a los judíos, pero él tiene la llave para abrir Oseas 2;4; por eso cerrare con espinos su camino y pondré una cerca a su alrededor para que no encuentre sus senderos, Miqueas 5;3; ahora el Señor deja a los suyos, sólo hasta que de luz la mujer que está esperando un hijo, entonces se reunirá con sus compatriotas los israelitas que están en el destierro, Oseas 3;4; por mucho tiempo los israelitas estarán sin rey ni jefe, sin sacrificios ni piedras sagradas sin ropas sacerdotales ni ídolos familiares después de esto se volverán, los Israelitas y buscarán al Señor su Dios, y a David su rey, en los últimos tiempos acudirán con reverencia al Señor y a los bienes que él concede, Oseas 2;14, 19;Yo la voy a enamorar, la llevare y le hablare al corazón, Israel. Yo te hare mi esposa para siempre. Mi esposa legíta conforme a la ley Oseas 2;14, 19: Romanos 11; 25, Isaías 22;22). En sus hombros la pondré, la llevare de la casa de David, nadie puede cerrar lo que él abre ni abrir lo que él cierra, esto es lo que hará el Señor Jesús, porque él tiene las llaves del rey David, o sea, de Israel.

(Las características de la iglesia de Filadelfia) (Apocalipsis 3; 8-10;)

Esta Iglesia tenía buenas obras, practicaba la palabra de Dios, no se apartó del nombre de Dios, y guardó la palabra constancia, aún las palabras aunque tienes poca fuerza, esta iglesia tenía poca fuerza, esta poca fuerza consistía en el aspecto económico en la poca influencia, con el mundo. Para exteriorizarse, pero era constante, no desmayó en la fe, y esta Iglesia tenía fuerza Espiritual, porque cuando el hombre es más débil, Dios se manifiesta poderosamente, 2 Corintios 12; 9-10.

(Congregación de Satanás) (Apocalipsis 3; 9):

Esta Iglesia se componía la mayoría de judíos. Y era muy perseguida por los judíos la que calificaban a los cristianos de apóstatas rebeldes a la ley de Dios, traidores de su pueblo, y ellos pensaban que ellos eran los privilegiados de las promesas de Dios, una de las ideas de los judíos es que Dios siempre estuvo en contra de los sacrificios humanos. Como es posible que Dios haya dado a su hijo para que fuera sacrificado, porque la palabra judío significa, aquellos que alaban a Dios, pero Dios los calificó congregación de Satanás, y Dios le dice a esta iglesia mira yo he puesto delante de ti una puerta abierta, y en este período o sea, tiempo de Dios, ha abierto muchas puertas, porque la iglesia ahora tiene una preparación más culta, en el aspecto secular. Está más preparada. Tiene la Biblia, y otros libros, como son manuales, diccionarios bíblicos, concordancias bíblicas, y hay más Teólogos de la Biblia, y hay muchos medios para evangelizar folletos, por la radio, por la televisión. Y ahora los hermanos tienen carros de transporte, no es como antes que tenían que transportarse a pie, en fin hay muchos medios y es Dios quien ha preparado estos medios para la honra y la gloria de su nombre.

(Promesas de Jesús)
(Apocalipsis 3; 10)

Ahora también tenemos el apoyo de las autoridades, que nos apoyan en todo si alguien quiere hacernos daño. o nos maltrata en el culto, tenemos el apoyo de la autoridad, hay libertad de culto, y podemos hablar con libertad porque tenemos el apoyo de la ley, y este es el plan de Dios, y por esta razón afirmamos que estamos viviendo, en el tiempo del rapto de la iglesia. Y este período corresponde a nuestro tiempo, te guardare de la hora de prueba que va a venir sobre el mundo. Entero, y el Señor Jesús efectivamente protegió a esta iglesia, en el tiempo de la persecución general de los cristianos bajo el imperio, de Trajano; en el siglo primero, todas las iglesias sufrieron fuertemente, excepto la iglesia de Filadelfia, más tarde: cuando todas las iglesias del Asia menor prácticamente fueron exterminadas por los mahometanos. Entonces para sorpresa de todos, la iglesia de Filadelfia quedó intacta. y permaneció adelante cual torre de guardia en el desierto. Cuando más tarde. En el siglo 14. Tambarlan (conquistador tártaro borró totalmente de la faz de la tierra todas las Iglesias del Asia menor, en aquel tiempo la pequeña Iglesia de Filadelfia nuevamente fue protegida realmente como en milagro, aún los mismos mahometanos no podían comprender esto, porque nadie molestó a la iglesia de Filadelfia y la llamaron Alaxir, es decir; Ciudad de Dios, para muchos este era un pensamiento, equivocado, quizá algunos pensaron que Dios era parcial, porque protegió a esta iglesia, y no a las demás iglesias del Asia menor, pero estos son los planes de Dios, son los misterios de Dios Deuteronomio 29;29). Daniel 12; 4, 9). Romanos 11;33; (Apocalipsis 10;4; estos son los planes de Dios, se cumplen aquellas palabras de Dios, que él tiene misericordia del que quiere, estos son los misterios de Dios, en este tiempo eran los hebreos los que perseguían al pueblo de Dios, y como ya dije esta iglesia se componía, los más eran de los judíos, yo creo porque eran judíos, había una relación más estrecha entre esta iglesia y los demás judíos, porque los judíos más o menos respetaban la ley de Moisés, y por esta razón ellos respetaron a esta iglesia de Filadelfia y esta iglesia corresponde a este tiempo, porque el Señor Jesús le dice a esta iglesia yo te protegeré de la hora de prueba que va a venir sobre el mundo entero. estas palabras son en términos generales, en todo el mundo, (Apocalipsis 3:1o: por esta razón entendemos que esta Iglesia de Filadelfia corresponde a nuestro tiempo, esa Iglesia no fue perseguida y no sufrió en ese lugar. de toda el Asia menor, pero si ponemos atención a nuestro texto que habla de todo el mundo, y todo el mundo se dará cuenta que Dios la va a proteger porque en este tiempo estamos esperando al Señor Jesús que vendrá por su iglesia tenemos dos textos que nos dan la clave Mateo 24-32-34), aprendan la ensenanza de la higuera cuando sus ramas se ponen tiernas, y brotan sus hojas se dan cuenta que ya viene el verano, versículo v, 33. de la misma manera cuando vean todo esto, sepan que el hijo del hombre está a las puertas versículo v, 34: cuando vean todo esto ya está cerca, y les aseguro que todo esto pasará, antes que muera la gente de este tiempo, y también nos damos cuenta que está definitivamente es la iglesia del Señor, porque en este tiempo se han abierto todas las puertas a la iglesia, y las características de nuestro tiempo 2 Timoteo 3;1-5) y hay muchas otras profecías que nos hablan de este tiempo, porque ya se acerca el tiempo de los Israelitas Porque Israel es el Símbolo, de la Higuera. El 1948; el 14; de Mayo, Israel se Convirtió en Nación por las. Naciones unidas, por esta razón ellos tendrán que humillarse ante la iglesia de Jesús porque la iglesia será la que gobierne con Jesús en la tierra; y a los mismos judíos que sean salvos en la semana de prueba, porque la iglesia es la verdadera Jerusalén celestial. Los verdaderos hebreos, los hijos de Sara los legítimos hijos de la promesa, Gálatas 4; 21-31 la Jerusalén celestial, es libre, mujer estéril tu que no podías tener hijos grita de alegría Tú que no conoces los dolores de parto, porque la mujer que fue abandonada tendrá más hijos que la mujer que tiene esposo, esta es la madre de estos judíos que serán salvos en la semana de prueba, porque la Iglesia es la que no está estéril, la que tiene la verdad del evangelio esta Iglesia es la que está preparada, y no pasará por la gran tribulación Lucas 21; 36) (Apocalipsis 3; 10).

(Advertencia)
(Apocalipsis 3; 11:)

Yo vengo pronto… con estas palabras, el Señor Jesús despierta a la Iglesia. A estar alerta. Estar en vela y en espera de la venida de Jesús y él indiscutiblemente vendrá, y vendrá pronto. Por eso los creyentes deben saber lo que les corresponde hacer, reten lo que tienes, ¿qué es lo que tenía esta iglesia? esta iglesia tenía los valores Espirituales de Dios, la gracia de Dios dada por medio del Espíritu Santo. Hebreos 12; 15; esta iglesia era rica porque tenía oro que es el símbolo de la fe. 1 Pedro 1; 7; las

vestiduras blancas que la recta conducta (Apocalipsis19:7-8; Colosenses
3; 10; Efesios 4; 24: Gálatas 3; 27; la medicina para los ojos. este es el
Espíritu Santo 1 Juan 2; 20; 1 Corintios 2; 10;Y el Amor que es el móvil
del cristiano. El Alma del cristiano es el Amor el arma para triunfar y
vencer todas las artimañas del enemigo, 1Juan 4; 8; estos son los valores
de esta Iglesia, para que ninguno tome tu corona. La corona es el símbolo
de autoridad que tendrán los vencedores, a la Iglesia siempre se le han
prometido coronas, porque es el símbolo de autoridad, (Apocalipsis 2;
26-28; 3; 12; Daniel 7; 18, 27).

(El periodo de Filadelfia)

Este período de esta Iglesia, algunos piensan que este período
corresponde entre el año 1750 al 1800 pero yo no estoy de acuerdo
con esta interpretación. V-1, en primer punto nos habla de las llaves
del rey David y estas llaves pertenecen al Señor o sea, a Israel el Señor
Jesús. Porque es el tiempo de los judíos, también la puerta abierta. Para
esta iglesia, y realmente en nuestro tiempo se han abierto las puertas o
sea, las oportunidades que tenemos en nuestro tiempo son claras y
precisas. Que no nos deja al vandalismo, este tiempo corresponde a
nuestro tiempo al comienzo de este siglo, porque en este tiempo tenemos
muchas oportunidades, para adorar a Dios aquí estuvo la mano de Dios.
Hay más libertad para anunciar el evangelio. Los gobiernos han dado
libertad de culto, a todas las religiones para que se predique a Cristo, y
la salvación para los perdidos, hay mucha literatura, muchas Biblias, una
preparación intelectual, conocimiento de la Biblia. El medio de transporte
todos los pastores tienen sus camionetas o carros. Y los miembros que
trabajan en fábricas tienen más oportunidades para hablar de Cristo,
este período como ya dijimos es hasta. La venida de Cristo. o sea, hasta
el recogimiento de la Iglesia por lo que nos dice el texto (Apocalipsis
3;10-12; haz cumplido mis mandamientos de ser constante, yo te
protegeré de la hora de prueba que va a venir sobre el mundo entero para
poner a prueba todos los que viven en la tierra, o sea que la iglesia no
pasará por la gran tribulación, porque la Iglesia será recogida antes, de la
gran tribulación Lucas 21 ;36) estén ustedes preparados, orando en todo
tiempo para que puedan escapar de todas estas cosas que van a suceder,
y para que puedan presentarse delante del hijo del hombre, Ve pueblo
mío entra en tu casa cierra la puerta, detrás de ti. Escóndete un poco de

tiempo hasta que pase la ira del Señor Jesús, o sea, hasta que pase la gran tribulación o los siete años Isaías 26;20; Daniel 9;27).

(La recompensa para los vencedores de Filadelfia) (Apocalipsis 3; 12-13)

Ellos serán columnas en el templo, columna es algo muy grande, que con varilla y cemento. La columna es la que sostiene el templo, y en esto tiene un significado simbólico, que significa autoridad, líder Gálatas 2;9) Santiago, y Juan. Y Pedro, eran las columnas, de la Iglesia, o sea, las autoridades de la Iglesia, así también la iglesia gobernará a todos los que serán salvos en la gran tribulación, porque sólo a la iglesia se le han prometido, coronas y una vestidura como el sol Mateo 13;43; entonces. Aquellos que cumplen lo que Dios. Exige, brillarán como el sol en el reino de mi padre, los que tengan oídos oigan lo que dice el Espíritu Santo a las. Iglesias Mateo 19; 28; y todos los hebreos irán y reconocerán a la iglesia, por eso dijo Jesús hare que los de la congregación de Satanás vayan y se arrodillen a tus pies los mentirosos los que dicen ser judíos y no lo son, sino que una congregación de Satanás, para que sepan que yo te he Amado (Apocalipsis 3; 9); cuando Israel vea a la iglesia y a Cristo que viene en las nubes, con gran poder y gloria. (Apocalipsis 1;7; (Zacarías 12;10); llenare de Espíritu de bondad y oración a los descendientes de David, y a los Levitas de Jerusalén, entonces mirarán al que traspasaron y lloran con gran lamento como por el hijo mayor. y Jesús dijo en Juan 8;24;28; cuando levanten en alto al hijo del hombre sabrán que yo soy él que soy, Éxodo 4;14;Juan 19;37) y en otra parte de la escritura dice, mirarán al que traspasaron Apocalipsis 1;7; o sea, todos los israelitas. Verán al que traspasaron, con gran poder y gloria, cuando venga con los Santos, porque Jesús se mostrará como lo hizo con Tomas, cuando no creía que el Señor Jesús había resucitado. El Señor tuvo que mostrarle sus manos, y su costado, que le traspasaron con la lanza, y él se mostró y Tomas creyó en Jesús. Y así pasará cuando el Señor Jesús venga, y yo estoy seguro que si Jesús no busca a Tomas, Tomas. se, hubiera perdido, pero esta es la misericordia de Dios, que no quiere que nadie se pierda, sino que todos procedan al arrepentimiento, y esto mismo sucederá en aquel día, con los hebreos les va a mostrar. Las heridas, y entonces reconocerán al que traspasaron, y reconocerán al Señor Jesús como él único Dios verdadero Juan 8; 38; y como ya dije la iglesia vendrá con Jesús Judas 1;

14; Colosenses 3; 4: porque la iglesia gobernará con Cristo en el mundo Daniel 7; 18; 27 (Apocalipsis 2; 26-28; 3; 12; 13; este es el papel que desempeñará la iglesia en el futuro, por eso debemos. Animarnos unos a otros con más Amor y fe, será un maravilloso momento un gozo muy grande, y dice que nos presentará delante de los ángeles, y de su padre, esto será maravilloso presentarnos ante estas, personalidades angelicales, y nos dará la estrella de la mañana, que es él mismo Jesús, y una piedra blanca que significa seguridad, el pan de vida, el árbol de la vida que simboliza al mismo Jesús nos librará de la muerte segunda pero esto es para todos aquellos cristianos, que como él Apóstol Pablo no hizo uso de su derecho 1 Tesalonicenses 2;5; y ustedes son testigos que nos hemos portado de una manera limpia y recta con los creyentes Filipenses 3;17; sigan mi ejemplo, y fíjense en el ejemplo que nosotros les hemos dado a ustedes v, 6);2:Timoteo 6;3; enseña y predica esto si alguno no enseña conforme está escrito no sabe nada y si alguien enseña ideas extrañas y no está de acuerdo con la sana enseñanza, de nuestro Señor Jesús ni con lo que enseña nuestra religión, es un orgulloso que no sabe nada, que toma la religión como una fuente de riqueza 1 Timoteo 3;5;10; porque el Amor al dinero es raíz de todo lo malo, Pablo llama a los Ancianos y Pastores de Éfeso, a Mileto Hechos 20;17-35; y les dijo como tendrían que comportarse en la iglesia del Señor Jesús, y les dijo; ustedes saben cómo me he comportado entre ustedes que no les he escatimado nada, tocante. Al plan de Dios les he hablado todo él plan de Dios, no he tenido secretos para ustedes, tocante a lo financiero no he querido para mí ni el dinero ni la ropa de nadie, al contrario bien saben ustedes que trabaje con mis propias manos para conseguir lo necesario, para mí y para los que estaban conmigo, siempre les he enseñado a ustedes que así se debe trabajar, y ayudar a los que están en necesidad, recordando aquellas palabras del Señor Jesús que hay más dicha en dar que en recibir, también tenemos el ejemplo de Nehemías 5;14-19; que tampoco hizo uso su derecho, como gobernador, ni yo ni mis colaboradores hicimos uso de la pensión que me correspondía como gobernador, en cambio los gobernadores que estuvieron antes que yo, fueron una carga para el pueblo, pues diariamente cobraban cuarenta monedas de plata, comida y vino, y además su empleados oprimían al pueblo, pero yo no lo hice así, por respeto a Dios, Nehemías fue. Un gobernante ejemplar, honesto, y Sincero Integro. y cumplió con todo su trabajo, estos son los líderes que necesita Dios, desinteresados en cuanto al dinero Mateo 6;24; 1 Pedro 5;1-4). Estas serán las columnas en el templo de Dios Honestos. Fieles. Que amen a los siervos de Dios, a toda la congregación que se preocupen por la oveja descarriada, por la quebrada, y por todos los perdidos, no los ambiciosos, hambrientos de dinero, que no les importa si los hermanos se pierden, estos pastores y obispos se quedarán a sufrir la gran tribulación, por su conducta, irreverente y faltos de érica cristiana. Y deshonestos, la mayordomía es aprobada por Dios; pero tiene que ser con toda la delicadeza, no demostrando ambición, sino con Amor, platicar con el hermano en una forma de Amor, pero no como lo hacen algunos de los dirigentes en una forma grosera, déspota, arrogante, brusca, tiene que ser con toda delicadeza, con sabiduría de Dios, como nos dice el Apóstol Santiago 3;13; 17-18 1 Corintios 13;1-8). 1 Juan 4; 8; Si hay un Sabio entre ustedes que lo demuestre con su buena conducta, y con la Sabiduría que. Le da el Espíritu Santo.

(Carta a la iglesia Laodicea); Apocalipsis 3; 14-22;

La ciudad de Laodicea fue construida por el rey sirio de la descendencia de Seluco Antico II. Alrededor del año 250 A. D. C., el la llamó Laodicea en honor de su esposa, del mismo nombre la que más tarde lo envenenó, esta Ciudad era muy comercial, en el tiempo de Jesús cuando Siria fue ocupada por los Romanos, esta Ciudad sirvió de residencia del procónsul romano. Comenzando en el sigo v, 4, en ese tiempo, los Obispos de Roma se adueñaron de los derechos eclesiásticos. Esta ciudad era una de las residencias de los Obispos, ahí se celebraban concilios de la iglesia. Y esta Ciudad fue destruida por el guerrero asiático Temor por los años 1042 D. C. los historiadores nos cuentan. Las ruinas y los templos. Los teatros y otros edificios testifican de la grandeza, pasada de esa Ciudad, pero en la actualidad, no quedó nada, solo un montón de ruinas, el nombre de esta Ciudad tiene su significado simbólico. Y significa juicio de las naciones. Este significado nos muestra claramente este tiempo de Laodicea; cuando Dios actúe como él rey, en el Monte de Sion, Todopoderoso. Para juicio a las naciones. Porque el Señor Jesús: mostró a Juan la pobreza de esta iglesia. Aunque ella. Se consideraba rica, pero Dios la vio desnuda, ciega y pobre

(El autor de la carta): Apocalipsis 3; 14;

A esta iglesia Jesús se presenta como él verdadero, él testigo fiel que dice la verdad, el origen de todo de lo que Dios creó. Yo sé todo lo que haces. Sé que no eres frío ni caliente. Ojalá y fueras frío o caliente. (V1), pero como eres tibio. Y no frío ni caliente, te vomitaré de mi boca. Con estas palabras, el Señor. Jesús nos da a entender que había dudas de las promesas divinas, y en cuanto a la palabra de Dios, dudas en las por las cuales vino el enfriamiento general. Pero las promesas de Dios. Siempre han sido así, Amen. (2 Corintios 1; 19-20; Números 23; 19); Dios no es como los mortales; no miente ni cambia de opinión, cuando dice una cosa, la realiza, cuando hace Una promesa, la cumple. Y el Señor Jesús contestó porqué en Jesús no hay sí y no sino sí. Amén. Porque él es Amén. Como quien dice verdaderamente sí. También le recordó que él es el testigo fiel verdadero. Esto nos da la garantía de que en su testimonio se puede confiar pero podemos ver que en las cartas anteriores el, Señor Jesús les. Hacía mención de falsos apóstoles. Maestros judíos, y ahora en esta carta Jesús menciona a la falsa iglesia. Ciertamente aquí los hombres pueden hacer cualquier acomodo, pero el Señor Jesús y su palabra. Permanecerán siempre fieles. Con la expresión, el origen de todo lo que Dios creó; el Señor Jesús con estas palabras, dio a entender que él dio origen a toda la creación. A todas las criaturas. Visibles e invisibles. Físicas y espirituales es él principio, de las revelaciones divinas, a la humanidad. La salvación y el principio de toda acción espiritual, es por eso que cuando se deja de hacer una obra sin Jesús deja de ser obra de Dios, con estas palabras Jesús claramente nos da a entender que la iglesia de Laodicea, abandonó aquello, que era desde el principio, se alejó de la línea desde el comienzo. Por eso esa Iglesia, al igual que cualquier iglesia. Si desea la salvación debe de volver al principio de todos los principios. y comenzar su obra desde Jesús y con Jesús, por eso los testigos de Jehová aprovechan esta expresión del principio de la creación de Dios, para cimentar su herejía diciendo que él mismo Jesús fue creado, pero, dicen ellos, él fue creado al principio por eso él es el principio, pero. Estas palabras no dicen que él fuera el principio de la creación. Sino que él es el creador de la creación. *(Juan 11-3;* Colosenses 1; 16; él es la razón de todas las cosas. El principio de todos los principios, él es el creador de todo. Cuanto existe, él solo comenzó a crear, pero él mismo no fue creado, sino que nació de Dios. O sea, del poder. Porqué Dios significa poder, Juan 1; 1—14:

(Las características de la iglesia de Laodicea)
(Apocalipsis 3; 15-17)

El texto, nos dice que él sabía todo lo que hacía esta iglesia. Las personas también hacían obras y -¿como se hacían estas, obras, que, ni eres frío, Ni caliente Eres tibio, estas palabras vienen del Señor Jesús y nosotros le damos a estas personas este significado indiferentes, negligentes, perezosas. Esta Iglesia era Incrédulos. Esta iglesia cometió el pecado de Omisión; de no creer, en las promesas de Dios. Y este es el pecado que genera todos los demás pecados, él de comisión. Y el pecado de permisión. Esta Iglesia hacía obras pero a la fuerza. Esta Iglesia no tenía voluntad hacia el Amor era tibia, no tenía la sabiduría de Dios, (Santiago 3; 17-18; Santiago 3; 13); El Señor Jesús en su expresión le dijo a esta Iglesia por cuanto no eres frío ni caliente te vomitaré de mi boca; porque todo lo que es tibio, es desagradable al paladar no se puede tomar por ejemplo el agua tibia no se puede tomar, igualmente el agua caliente, si es agradable es más agradable un pecador sincero, que un hipócrita estos hermanos son los que conviven con los cristianos fieles, cantan, oran. Y confraternizan en todo pero era descuidada incrédula indiferentes. La expresión yo soy, rico, vemos que esta iglesia estaba completamente enceguecida con la autosuficiencia. Con las migajas, no con el pan verdadero, que es el verdadero alimento. Espiritual, y el agua, viva que Jesús le prometió a la mujer de Samaria, que es el Espíritu Santo, ninguna cosa tenemos necesidad. Estas personas, creen tener todo. Porque todos los que tienen dinero, tienen estudio, carros para pasear, dinero para ofrendar diezmar, para pagar las cuotas, en fin son influyentes en la iglesia, ellos no necesitan de los demás porque tienen dinero con que comprar libros. Para estudiar. Yo soy rico, y me he enriquecido, y de ninguna cosa tengo necesidad, Pero el Señor dice a la iglesia de Laodicea; y no sabes…. Con estas palabras el Señor Jesús reveló la ignorancia de esta Iglesia. La ignorancia viene cuando los hombres no ven su condición Espiritual es una cosa descabellada pensar. Que el ser humano no vea su situación. Y es que el Dios de este mundo Los ha engañado 2 Corintios 4-4; El profeta Jeremías dice en el capítulo 17; 9; nada ha y tan engañoso y perverso. Como el corazón humano, ¿quién es capaz de comprenderlo? 10 yo, el Señor. Que investigo el corazón y conozco a fondo los sentimientos; que doy a cada uno lo que se merece. De acuerdo con sus acciones, solo Jesús pudo desenmascarar a esta iglesia, porque. El Señor Jesús conoce lo más profundo de las personas, Para Dios, no hay secretos Hebreos 4;13; nada de lo que Dios ha creado puede esconderse de él, todo está claramente expuesto ante aquel a quien tenemos que rendir cuentas. De este modo esta iglesia delante de Dios. No sólo era necesitada, sino también miserable. O sea, digna de misericordia. La palabra miserable, significa digno de misericordia. Desamparado, evidentemente, este último significado hay que entenderlo en el presente caso, esta iglesia de Laodicea Exteriormente parecía complacida, esto es. No parecía ni necesitada ni miserable. Pero su Alma era tal que si se pudiera ver con los ojos humanos, toda persona se atemorizaría. De semejantes Almas. Hay un gran número dentro del cristianismo cristiano contemporáneo; Es debemos subrayar que la Iglesia de Laodisea que no veía su miserable imagen Espiritual era mucho mejor comparativamente con las iglesias oficiales actualmente. Aunque esta iglesia era miserable, pobre, ciega, desnuda. Ella conocía la verdad. De Dios. Ellos eran incrédulos por alguna razón ellos no creen pero las demás iglesias son completamente ignorantes. No conocen la verdad y es muy imposible que se vuelvan a Dios, y se conviertan a Jesús esta gente va a aceptar a Jesús. En el tiempo de la gran tribulación, esta gente es la que encontraremos en el libro de Apocalipsis 7;

(El consejo de Jesús)
(Apocalipsis 3; 18-19)

Que de mi compres oro refinado en el fuego, para que seas rico. Es una expresión simbólica y no significa el oro. El oro, de Dios es la fe que nos enriquece espiritualmente 1 Pedro 1; 7; el cristiano que tiene fe. En Dios tiene todo lo que quiera por la fe tenemos. La salvación. Por la fe tenemos que comer, que vestir y también salud, y muchas cosas tenemos por la fe por eso la fe es oro, vemos, Todos los que tuvieron fe lo que nos dice el libro de hebreos 11; 1-Realizaron muchas cosas por la fe. Este oro ahorita es regalado Dios lo regala por oír. La palabra de Dios Romanos 10;17- 18; por la oración Lucas 17; 5; por el bautismo del Espíritu Santo 1 Corintios 12; 9; quien pose este oro de la Fe. Aunque materialmente sea pobre. Es rico espiritualmente porque es heredero del reino de Dios Santiago 2; 5; todos los dones espirituales y las bendiciones, nosotros las tenemos en Dios por medio de la fe; por eso la fe Nos enriquece.

(Vestiduras blancas)
(Apocalipsis 3; 18)

Estas vestiduras blancas, significa la recta conducta de los Santos. (Apocalipsis 19;8-9; Gálatas 3;27; Colosenses 2;12; Colosenses 3;12, 14); vergüenza de tu desnudez, esto es lo que ha hecho el enemigo con muchos de los nuestros, les ha robado el oro y el vestido. Y los ha dejado a la vergüenza la burla de todos. El Señor le dice a esta Iglesia compra una medicina para los ojos. Y verás. Esta medicina corresponde al Espíritu Santo, que es el que nos hace ver para que podamos ver las cosas Espirituales. (Efesios 1; 17-18; 1 Juan 2; 20-27; 1 Corintios 2; 10); el Espíritu Santo es el maestro, es el que nos hace ver las cosas Espirituales. Esta Iglesia es la misma Iglesia, de este período. Pero esta es la Iglesia que no estaba preparada Lucas 21; 36; y se quedó cuando la Iglesia fiel fue recogida al cielo. Esta se quedó a la gran tribulación. Mateo 25; 1-13; Las diez vírgenes. Cinco eran previsoras. Y se fueron con el Señor Jesús Mateo 24; 40-41; Lucas 17; 34; dicen estas citas Bíblicas. Sea Dos escritos del evangelio, que dos estarán durmiendo en una cama. Y uno será dejado y otro será levantado al cielo. Esto representa el uno por ciento se irá con el Señor y otro 50 por ciento se quedó aquí en la tierra. Las diez eran vírgenes conservaban la pureza. Pero 5 eran incrédulas vivían una vida metódica. No eran personas perversas. Pero para estar con Jesús no basta eso sino que tenemos que convertirnos de todo corazón una entrega de todo nuestro ser. Con toda nuestra Alma. Esta gente tendrá que pagar un precio por la salvación. La muerte. Porque el anticristo les quitará la vida, porque la. Puerta seguirá abierta Apocalipsis 3; 20; la semilla quedará sembrada y nacerá cuando la iglesia preparada se vaya con su esposo. Al cielo. A las bodas Apocalipsis 19; 8-9; ahorita la salvación es regalada. Apocalipsis 21; 6; 22; 17-18; las 10 vírgenes oyeron la voz del novio. 1 Tesalonicenses 4; 16-17; porque se oirá una voz de mando el sonido de la trompeta de Dios. Estas cinco no, Apagaron el Espíritu Santo. Efesios 4; 30; no hagan que se entristezca el Espíritu Santo de Dios, con el que ustedes han sido sellados para distinguirlos como propiedad el día que él les dé completa salvación; Esta Iglesia rechazó el regalo de Dios porque hast*a* ahora la salvación es regalada, desde el momento que el creyente es bautizado en agua y con el Espíritu Santos, estos creyentes son salvos Juan 3;5; Lucas 3;16; Apocalipsis 22:17-18; Isaías 55;1; Juan 7;37; Romanos*4;4;*ahora bien, si alguno trabaja. El pago no se le da como un regalo. Sino como algo merecido. En cambio, si alguno cree en Dios. Que libra de culpa al pecador. Dios lo acepta como Justo10 por la fe. Aunque no haya hecho nada que merezca su favor, el trabajo que la iglesia está realizando, es por todos los perdidos. Por su papá, por su mamá. Por su hermano. Hermana. Su hija, su hijo, su primo prima su amigo amiga, en fin por todos los perdidos. Pero este trabajo que la iglesia está alistando no perderá ni un cinco, porque el Señor Jesús le pagará todo y aún el cien por ciento y por fin la vida eterna, Apocalipsis 2 22:12 de las Crónicas 15;7; hubo un hombre que quiso comprar con dinero el don de Dios. Hechos 8; 20; entonces Pedro contestó. Que tu dinero se condene contigo. Porque has tratado de comprar con dinero lo que es don de Dios, es un regalo de Dios. Porque los frutos del Espíritu son el Amor, la fe, La paz, la felicidad, La buena conducta, la honestidad.

(Estas son las vestiduras blancas)

Las que solo el Espíritu Santo puede dar porque es la fuente de todas las riquezas de Dios. Apocalipsis 19; 8; Gálatas 3; 26-27; Efesios1; 17-18; Colosenses 3; 12-14; tenemos por ejemplo a los apóstoles antes de ser bautizados con el Espíritu Santo había incredulidades no creyeron en la resurrección de Jesús, en el tiempo que Jesús les habló les dijo muchas veces que él tenía que resucitar y no creyeron. Y es porque no tenían todavía el Espíritu Santo. Pero cuando Jesús los bautizó con el Espíritu Santo recibieron Amor fe, gozo, valor paz, conocimiento, dominio propio, conocimiento de las cosas, Espirituales 1 Corintios 2; 10; Pedro lleno del Espíritu Santo y *Juan* le dijeron al paralítico en él nombre de Jesús levántate y anda no tenemos oro ni plata, pero lo que tenemos te damos, en él nombre de Jesús levanta y anda. Y él paralítico al instante camino sano y salvo. Este es el regalo de Dios, para todos los que creen él dijo este don es para todos los que están lejos y los que están cerca. Para los que creen. Vengan a tomar agua gratuitamente Juan 7; 37-38; Isaías 55; 1-- a esta iglesia también le dice el Señor mira yo corrijo y castigo a todos los que. Amo. Por lo tanto se fervoroso y vuélvete a Dios; Dios no aborrece al pecador, Dios manda la vara.

Del castigo para que el hombre viva, y no se pierda, este castigo que sufrirá esta gente, es para bien. Muchos serán salvos, esta es la sabiduría de Dios. El grande Amor de Dios. El mismo lo expresó que él al que. Ama corrige, y el Señor amaba a esta iglesia. Por esta razón él le habla con estas palabras,

(Jesús está en la puerta)
(Apocalipsis 3; 20)

Dice nuestro Señor Jesús mira que yo estoy en la puerta llamando si alguien oye mi voz y abre la puerta. Entraré en su casa y cenaremos juntos. El Señor Jesús en esta iglesia está en la puerta. Llamando. En la iglesia fiel él está en el corazón. Por medio de su Espíritu Santo porque él es el Espíritu Juan 4; 24; 14; 26; pero en esta iglesia él está en la puerta llamando este es el grande. Amor de Dios. Que no se agota sino que es cada día más grande, esta gente rechazó al Señor fue incrédula y él sigue llamando. Y ahorita el Señor está llamando por todas partes y en todas formas Job 33; 14-30; Dios habla de muchas maneras. A veces lo hace en las noches en sueños en una visión cuando los hombres ya duermen cuando el sueño los domina. Dios habla a los oídos de los hombres; los reprende y la llena de miedo para apartarlos de sus malas obras, y prevenirlos del orgullo, así los libra de la tumba los salva de la muerte. Otras veces Dios corrige al hombre con enfermedades. Con fuertes dolores en todo su cuerpo todo alimento aún el más delicioso le resulta entonces insoportable, Dios primeramente le da muchas bendiciones al hombre para que él se dé cuenta de su misericordia de su. Amor tan grande Efesios 3; 18; Juan 3; 16; pero el hombre no ve, que todas las bendiciones vienen de parte de Dios. El piensa que es su sabiduría su inteligencia. La que lo ha prosperado. Pero es Dios, el que derrama todas las bendiciones, pero como Dios, no quiere que el hombre muera, sino que pone otros medios, para salvarlo, y es lo que va hacer con esta iglesia tibia e indiferente. Incrédula. El sigue en la puerta llamando. Si alguien oye mi voz y abre la puerta entraré y cenaremos juntos. Dios respeta la voluntad del hombre, él quiere que el hombre comprenda, y sea su voluntad. Dios no quiere a nadie a la fuerza, y Dios les mandará un grande castigo en este tiempo, pero mucha gente abarcará la, fe y serán salvos por la sangre de Jesús que todavía está en la puerta llamando. Apocalipsis 3; 20 7; 9-14;

(El período de Laodicea)
Apocalipsis 3; 21;

Este período de esta Iglesia es más o menos este período. Porque esta Iglesia no es la Iglesia fiel la que estaba preparada Lucas 21; 36; no esta Iglesia es la que no estaba preparada y por eso se quedó a la gran tribulación. Dios en esta Iglesia no vio nada bueno vio que esta iglesia estaba desnuda, ciega, pobre, las diez vírgenes representan a toda la Iglesia. Mateo 25; 1-13; pero cinco eran previsoras. O sea, estaban preparadas y se fueron con el novio. Y cinco eran descuidadas no estaban preparadas, y se quedaron a la gran tribulación. Todas oyeron la voz, cuando vino el novio y todas tenían lámparas. pero cinco no tenían aceite, el aceite, significa y representa al Espíritu Santo, cinco apagaron, al Espíritu Santo, Gálatas 4;30; 5;27; Romanos 8;9 estos eran los que vivían con los cristianos convivían en el partimiento del pan, y la sal, y lo compartían, pero cinco representan un 50% por ciertos, de los que serán salvos, y él otro cinco serán los que se quedaron Mateo 24;40-41; Lucas 17;34; el uno representa igual el cincuenta por ciento de los que se salvarán por eso estaban en una misma cama, porque es toda la iglesia, pero muchos no estaban preparados esta será la razón por la cual se quedaron. Pero estos alcanzarán la salvación pero tendrán que comprarla, Con la muerte. Pero serán salvos por la gracia de Jesús. Por la sangre derramada Apocalipsis 7; 14;Laodicea significa juicio de las naciones, y el juicio será en el período de la gran tribulación, cuando Jesús venga con gran poder y gloria con todos los ángeles y su iglesia. Judas 14; Mateo 16; 27Colosenses 3; 4; 1 Tesalonicenses 3; 13;El Señor Jesús es él juez justo Hechos 10;42; 17;31; Romanos 14;9; 2 Timoteo 4;1; él juzgará a todos los presidentes y gobernadores. Y les quitará el gobierno y lo entregará al pueblo de Dios Daniel, 7; 17:27. Isaías 24; 21Apocalipsis 16; 16;

(Las recompensas para los vencedores de Laodicea)
(Apocalipsis 3; 21-22)

En todos los tiempos. Hubo y hay vencedores en este período también hay vencedores estos creyentes tendrán que pagar un grande precio para poder vencer ellos pagarán con la vida. Y no les van a quitar la vida, así nomás, no este monstruo tratará de torturarlos. Para que renieguen y puedan flaquear en la fe. Y no va hacer tan fácil alcanzar la salvación aquí se necesita mucho valor y mucha fe. En Dios. Pero todos los que venzan serán premiados. Y se sentarán con Jesús en su trono. Estos son los que serán salvos en la semana de prueba. En la gran tribulación. Juntamente con Israel Romanos 11;25; Zacarías 12;10; Miqueas 5;1-5; Oseas 3;4-5; 2; 14; 19; Ezequiel 37;12-13; Apocalipsis7;9-14; ellos tendrán que comprar el oro, y las vestiduras blancas, y la medicina, para los ojos, y puedan ver la brillantez del evangelio de Dios. Para que puedan alcanzar la gloria eterna el oro, es la fe. 1 Pedro 1; 7; las vestiduras blancas es la recta conducta de los santos Apocalipsis 19; 8;La medicina para los ojos es el Espíritu Santo que nos da la sabiduría y el conocimiento Efesios 1; 17-18; 1 Juan 2; 20, 27; esta es una figura literaria de la retórica, una metáfora. La metáfora es la que indica la relación entre dos cosas de similares declarando que la una es la otra, por ejemplo Juan 15; 5;Pero el Señor Jesús le reveló a el apóstol Juan la cifra de los que serán salvos Apocalipsis 7; 9-14; de toda raza, y pueblo. Y nación. y lengua, que nadie podía contar, que era una grande multitud, por el texto que dice la expresión del anciano que le dijo a Juan cuando le preguntó quiénes son estos, y Juan no los pudo identificar. Juan conoce a la iglesia porque él es parte de la iglesia, pero el Anciano le dijo estos son los que han pasado por la gran tribulación, los que han lavado sus ropas en la sangre del cordero. Por esta expresión nos damos cuenta que estos creyentes ya tenían el vestido pero lo había ensuciado. Pero ellos lo lavaron en la sangre del cordero Apocalipsis 7; 14; porque el vestido se da por el bautismo y ellos y ya eran bautizados Gálatas 3; 27; y por el bautismo han venido a estar unidos con Cristo y se encuentran revestidos de él Colosenses 2; 12; al ser bautizados, ustedes fueron sepultados con Cristo, y fueron también resucitados con él. Porque creyeron en el poder de Dios. Que lo resucitó. Romanos 6; 4; dichosos los que lavan sus ropas para tener derecho al árbol de la vida y poder entrar por las puertas de la ciudad, (Apocalipsis 22; 14;)

(Después de esto miré)
Apocalipsis 4; 1;

Esta visión de Juan fue después de recogida la iglesia. O sea. Después que hayan entrado todos los gentiles. Ya dije que las siete iglesias son retratos característicos, Idénticos de toda la historia. De la iglesia, incluyendo la semana 70 o sea, la última semana porque los judíos alcanzarán la salvación en la semana 70 después de la gran tribulación de todo el período de la salvación de los gentiles Miqueas 5; 3-5) ahora el Señor Jesús deja a los suyos. Pero sólo hasta que dé a luz, la mujer que está esperando un hijo. Entonces se reunirá con sus compatriotas los israelitas. Que están en el destierro. ¿Quién es esta que viene del desierto? ¿Recostada en el hombro de su amado? bajo un manzano interrumpí tu, Sueño. Ahí donde tu madre tuvo dolores de parto. Ahí donde tu madre te dio a luz Oseas 2; 6; Cantares 8; 5; por eso cerraré con espinos su camino y pondré una cerca a su alrededor. Por mucho tiempo los israelitas estarán sin rey y jefe. Sin sacrificios y piedras sagradas sin ropas sacerdotales ni ídolos familiares. Después de esto se volverán los israelitas y buscarán al Señor su Dios y a David su rey. En los últimos tiempos acudirán con reverencia al Señor su Dios y a los bienes que él concede. Oseas 3; 4; pero después que se cumpla el período de los gentiles. Entonces vendrá el período de los hebreos. O sea es decir. Después que pase la semana de la gran tribulación. Dice Dios, yo la voy a Enamorar. La llevaré al desierto y le hablaré al corazón. Israel yo te hare mi Esposa para siempre. Mi, Esposa legítima. Conforme a la ley, Oseas 2; 14;19; Dios salvará a todo Israel. Hablando en términos generales. Y él Apóstol san Pablo nos dice quiero que sepan un secreto, del plan de Dios. Los israelitas se han endurecido en parte. Pero solo hasta que hayan entrado todos los que no son de Israel. Entonces todo Israel será salvo. Cuando la Biblia habla de un secreto; es porque no hay evidencias claras y precisas. Pero el apóstol Pablo fue una. Eminencia en las cosas de Dios. Se profundizó en la sabiduría de Dios. Y por esta razón él hace esta declaración con toda seguridad. Y con toda verdad. Romanos 11; 25-Miqueas 5; 3; ahora el Señor deja a los suyos. Pero sólo hasta que de luz la mujer que está esperando un *hijo.* Entonces se reunirá con los Compatriotas los israelitas. Sus compatriotas que están en el destierro. Miqueas 5; 5; el traerá la paz cuando los Asirios invadan nuestro país, y entrenen nuestros palacios. Este es un secreto como dice Pablo en Romanos 11; 25- un secreto es algo desconocido para muchos, pero el Señor Jesús le dio al Apóstol Pablo la sabiduría de las cosas espirituales. Y le dio a entender los secretos de Dios. Lo mismo que a Daniel, que todo Israel será Salvo. Efectivamente todo Israel será salvo. Yo también estoy de acuerdo con el Apóstol Pablo. En este Secreto. Ezequiel el profeta dice háblales en mi nombre. Y diles esto dice el Señor todo poderoso. Pueblo mío. Voy a abrir las tumbas de ustedes voy a sacarlos de ellas y a hacerles volver a la tierra de Israel.

Ezequiel 37; 12-14). Después de esto miré y vi una puerta Abierta en el cielo; y la voz que yo había escuchado primero, y que parecía un toque de trompeta, me dijo; Sube

(Acá y te mostraré las cosas que tienen que suceder después de estas. Verde significa vida, y esta es vida para siempre)

Juan vio al alrededor del trono. Vio 24 Ancianos sentados en tronos. Vestidos de blanco y en sus cabezas tenían coronas de oro. Y estos 24 Ancianos representan a la iglesia. ¿Cómo sabemos que estos 24 ancianos son la iglesia? la misma Biblia se contesta sola sabemos por lo que dice por el canto que alababan a Dios (Apocalipsis 5; 8-10; por el canto. Y en efecto a la iglesia le fueron prometidos tronos y coronas Mateo 19; 28 (Apocalipsis 3; 11-12; 20; 4; 1 Pedro 5; 4; (Apocalipsis 2; 28; y los calificativos de reyes y sacerdotes. también pertenecen a la iglesia. las coronas simbolizan la autoridad. que va a tener, la Iglesia. en el Milenio, y en esto. Consisten, las coronas, de los creyentes. que. tendrán coronas, en la cabeza y esto significa, la autoridad que tendrá la Iglesia. Simbólicamente la autoridad que va a tener la iglesia para gobernar a las naciones 1 Pedro 2;5-9; (Apocalipsis 1;6;20;6; por eso no cabe duda de que en los 24 ancianos, estaba representada la iglesia. y aún esa cifra es también simbólica y apunta al llamado de la iglesia al sacerdocio, y a semejanza del sacerdocio israelita que se dividía en 24 turnos. 1 crónicas 24;1-19; esta cifra. además. corresponde a las doce tribus de Israel y a los doce apóstoles que representan. a la iglesia tanto a los hebreos como a los gentiles. que es una misma iglesia las vestiduras blancas de esos ancianos significan la justicia de los Santos la conducta recta. (Apocalipsis 19;8-9; y las coronas de oro significan la honra y la gloria y la dignidad. real (Apocalipsis 5;10; de ellos hiciste un reino. Hiciste sacerdotes para nuestro Dios. Y reinarán sobre la tierra con Cristo mil años. Y Cristo tenía también una corona (Apocalipsis14; 14 ;). De manera que como reyes ellos permanecen en los tornos, pero como sacerdotes ellos sirven a Dios, se hallan cerca del Señor Jesús y le rodean y se sacian de su presencia su voz y su gloria, este privilegio espera a todos aquellos que aman sinceramente al Señor Jesús y le sirven fielmente *Juan* 12;26). Relámpagos y truenos y voces los que *Juan* vio y oyó eran predecesores del juicio y castigo, ellos nos recuerdan el Sinaí Éxodo 19; 16-19; la grandeza de su poder, la plenitud de la acción de Dios Hebreos12; 29; porque nuestro Dios es como un fuego que todo lo consume 2 Corintios 5; 10; siete antorchas. Que son los siete Espíritus de Dios. Que significa la plenitud de la viabilidad de Dios que todo lo ve. Que todo lo llena que es la plenitud del Espíritu de Dios. Que todo lo llena1 Corintios 2; 10; Hechos 2; 4; Salmo, 13; 7; Hebreos 4; 13). Esto se cumplirá cuando venga el Señor Jesús, con gran poder y gloria a reinar aquí en la tierra en el período de la última Semana. O sea. En la Semana 70 será salvos todo el pueblo hebreo. Y una gran multitud de los gentiles Apocalipsis 7; 9; 14;) el texto nos dice de una gran multitud de todas las naciones y pueblos y razas y lenguas. Estos como ya dije serán muchos, de los que confraternizaban con la iglesia. De los que compartían el pan y la sal. Ellos conocían al Dios verdadero a Jesús. Pero por su incredulidad se quedaron en la semana de prueba. Porque no estaban preparados Mateo 25; 1-12; Lucas 21; 36; Apocalipsis. 3; 10; yo creo que también habrá muchos de las religiones falsas. Que al darse cuenta de que la iglesia del Señor se fue al cielo. Van a creer de todo corazón. Muchas de estas personas son sinceras en lo que creen pero como no están dentro de la línea de la verdad. No podrán ser arrebatados Juan 8; 32; Romanos 3; 3-4; pero el milagro del levantamiento de la iglesia. También como dice el texto que lavaron sus vestiduras por esto nos damos cuenta que ya tenían el vestido. Porque ya eran bautizados en el nombre de Jesús. Pero mancharon el vestido y esta es la razón por la cual no se fueron con el Señor Jesús al cielo pero especialmente serán los israelitas. Miqueas 5; 1-5; ahora el Señor deja a los suyos, pero solo hasta que dé a luz la mujer que está esperando un hijo, entonces se reunirá con sus compatriotas los israelitas que están en el destierro, el rey se levantará para pastorear a su pueblo con el poder y la majestad del Señor su Dios, y ellos podrán vivir en paz, porque el Señor será engrandecido hasta el último rincón de la tierra. El traerá la paz cuando los Asirios invadan nuestro país y entren en nuestros palacios, Zacarías 12;-10- 14; 9; Amos 9;15; Oseas 3;4-5; 2;14, 19; Ezequiel 37;12;26;Romanos 11; 25-25-29; algunos, no están de acuerdo conmigo en esta interpretación de que el Señor Jesús va a salvar a todos los israelitas pero yo sí creo, que Dios salvará a todo Israel en Mateo 27; 52-53) tenemos otra evidencia. De que algunos de los muertos volvieron a la vida, dice y los sepulcros se abrieron; y hasta muchos hombres de Dios, que habían muerto, volvieron a la vida, entonces salieron de sus tumbas, después de la Resurrección de Jesús. Y entraron en la santa ciudad de Jerusalén, donde mucha gente los vio esta es una evidencia o un símbolo de todos aquellos que van a resucitar para poder estar en Jerusalén. Así que serán los hebreos y una gran multitud de los gentiles, que aceptarán al Señor Jesús. El anciano le dijo a Juan estos son los que pasaron por la gran tribulación Apocalipsis7; 14; y lavaron sus ropas con la sangre del cordero, por estas referencias nos damos cuenta que estos ya estaban bautizados y eran parte de la iglesia tenían el vestido pero lo habían manchado. Y ellos conocían la doctrina verdadera de Dios, pero eran incrédulos y su corazón se volvió rebelde como nos dice el escritor del libro de Hebreos 3; 13; dice el apóstol Juan vi tronos y en ellos estaban sentados los que habían recibido autoridad para gobernar esto sí es la iglesia, pero luego Juan vio las almas de los que fueron sacrificados, esta si es la gran multitud de los que fueron salvos en la semana 70. Apocalipsis 7; 9-14; 20; 4;

(Después de esto)
(Apocalipsis 4; 1;)

Después de esto. Esto es después que la iglesia sea llevada al cielo, miré y vi una puerta abierta en el cielo. Y la voz que yo había escuchado primero. Y parecía un toque de trompeta. Me dijo; sube acá. y te mostraré las cosas que tienen que suceder después de estas. Es decir después de ser arrebatada la iglesia.

(Puerta abierta)
(Apocalipsis 4; 1;)

De manera que al principio de los acontecimientos descritos en el Apocalipsis. La iglesia será recogida de la tierra es por eso que cuando nos Acercamos al análisis de estos acontecimientos, tengamos esto en mente. Que la iglesia ya no estará en la tierra, Fueron llevados al cielo; pero el apóstol Juan veía este cielo todavía abierto. Esto nos da una evidencia clara, de que la salvación aún no es acabada, durante esa semana difícil. En el tiempo de la gran tribulación, la salvación aún será posible, pero para obtener la salvación. Será necesario pagar un precio muy alto será con la vida Mateo 24; 21, 22; Apocalipsis. 13; 15; 20; 4;

(Vista desde el cielo)
(Apocalipsis 4; 1)

Jesús llamó a Juan al cielo, y desde ahí le mostró todos los acontecimientos futuros. No sabemos. Al igual que el apóstol Pablo. Dice de sí mismo que no sabía, si Juan fue llevado físicamente al cielo, o si lo era en espíritu 2 Corintios. 12; 2-4). Pero sabemos que cuando los tiempos de prueba, haya llegado. Entonces, no solo Juan, sino que toda la iglesia del Señor será arrebatados al cielo. Y desde ahí verán lo que estará sucediendo en la tierra, Juan es miembro de la iglesia. Y aún más él es uno de los pilares de la iglesia Gálatas 2;9) y parte de los cimientos de la iglesia Efesios 2;20;Apocalipsis. 21; 14; por eso él no puede ser separado de la iglesia. Su llamado al cielo para divisar desde ahí los acontecimientos de la semana de prueba, él apóstol Juan es un símbolo de toda la iglesia. Es un Sinégdoque Tomando una parte de la iglesia. Por toda la iglesia. Y significa que al tiempo de esos acontecimientos todos los hijos de Dios, serán llamados al cielo. De lo que ya hemos hablado al principio de este capítulo. Este hecho no será precedido por ninguna aparición. Especial, en cualquier momento puede prorrumpir este llamado. ¡Sube acá! realmente será en un abrir y cerrar de ojos. 1 Corintios 15; 51-56; como un relámpago, Mateo 24; 27; será un día o una noche. Mientras la vida siga su curso acostumbrado. Y toda la gente esté en su rutina diaria, sucederá algo, Insólito. En toda la faz de la tierra, desaparecerán en todo el mundo personas y grupos enteros. Pero el mundo no sabrá a donde se han, Ido serán arrebatados en un momento en abrir y cerrar de ojos, serán, arrebatados en las nubes para recibir a Jesús en el aire, 1 Tesalonicenses 4; 17).

(En ese momento quede bajo el poder del Espíritu)
Apocalipsis 4; 20

El apóstol Juan estuvo cuatro veces en espíritu. La primera fue en el primer capítulo, cuando Jesús le aclaró las siete iglesias, que estas siete iglesias simbolizan a toda la iglesia que nos muestra toda la era cristiana (Apocalipsis. 1; 10;La segunda vez, es precisamente ahora, cuando él fue invitado para subir al cielo y desde ahí mirar todos los acontecimientos que estarán sucediendo aquí en la tierra Apocalipsis. 4; 2;La tercera vez fue cuando Jesús le mostró el juicio sobre la gran ramera, la que, según veremos más adelante, es la iglesia oficial, Apocalipsis. 17;3). La cuarta vez fue cuando Jesús le mostró la nueva Jerusalén en todo su esplendor Apocalipsis. 21; 10). Esto significa que las grandes visiones y revelaciones. No caben en la mente humana, pero son aceptadas por el espíritu humano cuando este es controlado por el Espíritu Santo (1Corintios 2; 10-14). Por eso él no puede ser separado de la iglesia. El apóstol Juan no se habría elevado al cielo sino fuera levantado por el Espíritu Santo Apocalipsis. 4; 1; De manera que solo desde el cielo se puede tener un acertado punto de vista hacia todas las cosas. Que suceden sobre la tierra, solamente desde ahí son conocidos todos los orígenes y los secretos, guardados en la, Sabiduría de Dios.

(Sentado sobre el trono)
(Apocalipsis 4; 2-3)

Sentado. Es Jesús. El indescriptible y todopoderoso Dios que es Jesús. El profeta Ezequiel 1; 26-28; pero Ezequiel y Juan e Isaías vieron a dos ni a tres personas en el trono. Solo vieron a una persona porque Dios es uno solo. Gálatas 3; 20; pero no hay necesidad de intermediarios cuando se trata de una sola persona, y Dios es uno solo. Deuteronomio 32; 39; yo soy el único Dios; no hay otros dioses fuera de mí. Yo doy la vida. Y la quito; yo causo la herida, y la curo, ¡no hay quien se libre de mí poder! Y nosotros sabemos esto porque él nos ha dado entendimiento para conocer al Dios verdadero. Y estamos en el verdadero Dios. 1 Juan 5; 20; Romanos 9; 5; Colosenses 2; 9;La luz celestial, vista por los profetas en su fuerza y hermosura, trataban de representarla con el brillo de piedras preciosas. 0 con el brillo del sol Éxodo 24; 10; Apocalipsis. 21; 11; entre otras cosas, Juan comparaba el resplandor de la gloria de Dios, con el resplandor de dos piedras preciosas; jaspe y cornalina. Jaspe. es una piedra blanca brillante (Apocalipsis. 21; 11; y simboliza la pureza y la santidad, en el fundamento de la nueva Jerusalén este color ocupa el primer lugar (Apocalipsis. 21; 19;Cornalina es roja y ocupa el sexto lugar en el fundamento. (Apocalipsis. 21; 20;). y significa que Jesús representa el sacrificio por la salvación el color rojo simboliza la sangre derramada por la humanidad. (Apocalipsis 19; 13;). iba vestido con ropa teñida de sangre, y su nombre era la palabra de Dios. Por esta razón el apóstol Juan vio a Jesús comparándolo con el color blanco y rojo como piedras porque la piedra siempre ha significado seguridad. 1 Corintios 10; 4; y tomaron la misma bebida espiritual. Porque bebían agua de la roca espiritual que los acompañaba en su viaje, la cual era Cristo. Esta piedra será la que destroce atodos los reinos de la tierra Daniel 2; 34; y este reino sé lo dará a su pueblo para siempre Daniel 2; 44;

(Un arco iris alrededor del trono)
(Apocalipsis 4; 3;)

Iris alrededor del trono, es el símbolo de la misericordia Dios, señal de la ofrenda aceptada (Génesis 9; 13-16) y, en efecto, tan grande era la Misericordia de Dios que nunca deja de ser. He aquí los juicios de Dios y la ira sobre vienen a la tierra, pero el arco iris continúa cercando el trono. El arco iris en las nubes no es completo, es media luna, pero este que vio *Juan* en el cielo si es redondo completo, alrededor del trono. Esto significa que Dios no remueve sus acuerdos y mandamientos, los seres humanos si los traspasan Hebreos 8;9). el arcoíris en las nubes tiene siete colores, y el que vio *Juan* es resplandeciente, semejante a la esmeralda. El color simboliza la Vida, la persona que entra en comunión con Dios y no traspasa sus mandamientos vivirá eternamente *(Juan 14; 19)*.

(Alrededor del trono)
(Apocalipsis 4; 4-7)

Alrededor del trono de Dios, *Juan* vio 24 ancianos en tronos Vestidos con ropas blancas y en sus cabezas tenían coronas de oro ¿quiénes son ellos? son los representantes de la iglesia, de esto nos enteramos por la canción que cantan y alaban a Jesús por la salvación Apocalipsis. 5 1, a la iglesia, le fueron prometidos tronos Mateo 19; 28; (Apocalipsis 3; 21; 20; 4; también le fueron prometidas coronas a la iglesia 1 Pedro 5; 4; Apocalipsis. 2; 10; 3; 11; los calificativos de reyes y sacerdotes también pertenecen a la iglesia 1 Pedro Apocalipsis. 1; 4-6; 20; 6; por eso no cabe duda de que en las personas los 24 ancianos estaba representada la iglesia. Aún también esa cifra es simbólica y apunta al llamado de la iglesia al sacerdocio, a semejanza del sacerdocio israelita que se dividía en 24 turnos1 Crónicas 24; 1-19). Esa cifra, además corresponde a las doce tribus de Israel y a doce apóstoles que representan a la iglesia de los israelitas y los gentiles. Las vestiduras blancas de esos 24 ancianos simbolizan la justicia de los Santos Apocalipsis. 19; 8; y las coronas de oro significan la honra y la gloria y la dignidad real, Apocalipsis. 5; 10; también Jesús tuvo una corona semejante Apocalipsis. 14; 14; como reyes ellos están en los tronos, pero como sacerdotes ellos le sirven a Dios se hallan los más próximos a Dios, porque están alrededor del Trono. Y se sacian de su presencia su voz y su gloria. Este privilegio espera a todos aquellos que aman sinceramente al Señor Jesús y le sirven fielmente Juan 12; 26;Relámpagos y truenos y voces, los que Juan vio y oyó es la grandeza de Dios, su poder que nuestra mente no puede entender por eso Juan quedo como muerto al ver la grandeza de Jesús Apocalipsis. 1; 17; Ellos nos recuerdan el Sinaí Éxodo 19; 16-19;). Si los hombres Santos de Dios quedaron como muertos al ver la grandeza de Dios. Qué pasará con aquellos que se muestran indiferentes a su Amor, a su misericordia, quedaron muertos por eso Juan los vio que les decían a las rocas que caían sobre ellos, Apocalipsis; 6; 16; Siete antorchas, que son los siete Espíritus de Dios, Y a dijimos que los siete Espíritus significan la plenitud del Espíritu de Dios que todo lo llena. y todo lo ve, Salmo 139;7; 1 Corintios 2; 10; Hechos 2;4) Apocalipsis 5;6) tenía siete ojos que son los siete Espíritus de Dios enviados por toda la tierra,

(Mar de vidrio)
Apocalipsis 4; 4-7;

Es el símbolo de la limpieza. Delante del trono había también algo que parecía un mar transparente como el cristal. Esto también es el símbolo de la transparencia que delante de Dios no habrá secretos, todo será claro y transparente ahí no habrá secretos ahí no habrá nada oculto guardado secretos de ninguna clase. Todo será claro. Limpio brillante. Deseos y aún Pensamientos puros 1 Corintios 13; 12;Ahora vemos de manera borrosa, como en un espejo; pero un día lo veremos todo tal como es en realidad. Mi conocimiento es ahora imperfecto. Pero un día lo conoceré todo del mismo modo que Dios me conoce a mí,

(Cuatro seres vivientes)
Apocalipsis. 4; 7;

Lo que vio Juan. Simboliza. O corresponden a los querubines que vio Ezequiel 1; 4-28; 10; 1-22). Son los que representan la tierra delante. Del trono de Dios, por eso su cifra de ellos su número es terrenal; cuatro, porque en efecto en la tierra todo se divide en cuatro; cuatro puntos cardinales. Cuatro épocas del año. Y aún cuatro elementos; tierra, agua, fuego, aire, cuatro épocas en la vida. Niñez, juventud, madurez y Senectud. Aún las plantas tienen cuatro divisiones. Raíz, tronco, ramas. Hojas. La apariencia de sus rostros es simbólica, por ejemplo el rostro del león significa, y simboliza la valentía. El león es un animal muy valiente por eso es considerado el rey de la selva. Proverbios 30; 30; El rostro del toro, simboliza la fuerza, ya que los cuernos del toro son considerados con la fuerza, Jesús también tenía siete cuernos, que simbolizan la fuerza. El poder. Deuteronomio 33; 17; Salmo 91; 10; Tú aumentas mis fuerzas como la fuerza de un toro. Miqueas 4; 13; yo te daré las fuerzas de un toro, El rostro del hombre es el símbolo de la relación que hay entre el ser humano. y entre estos seres humanos, Jesús también tuvo que humanarse para poder relacionarse con los seres humanos, Filipenses 2;7; Hebreos 2;14;El rostro del águila es el símbolo del vuelo rápido corrobora el hecho de que los seres vivientes ejecutan prontamente los mandatos de Dios Daniel 9; 21;Estos querubines pareciera que transportan el trono de Dios al cielo y luego a la tierra. Ezequiel ve este trono en la tierra. Por eso el vio bajo los querubines algo así como unas ruedas grandes, pero Juan ve ya ese trono ya en el cielo y no, vio las ruedas Estos querubines traen a la tierra cuatro hechos ocultos para principiar su ejecución Apocalipsis. 6; 1; 1-8) y pasan la copa de la ira de Dios a manos de los siete ángeles Apocalipsis. 15; 7; en una palabra ellos se encuentran más próximos a la ejecución de los planes de Dios respecto a la tierra. Ellos son los ayudantes de Dios más próximos. Ellos juntamente con los 24 ancianos que corresponden a la Iglesia, de Dios dan gracias al cordero por la salvación Apocalipsis. 5; 8-9 esto, significa que ellos tienen cierta incumbencia aun en la salvación es posadle que bajo el control de ellos trabajen Espíritus que ayudan a los que deben ser salvos Hebreos 1; 13-14. Estos seres están por dentro llenos de ojos Apocalipsis 4;8) y el profeta los vio llenos de ojos por fuera Ezequiel 10; 12) estos. Bajo del punto de vista, son simbólicos y significan que todo es visible tocante a la tierra es decir. Que ellos ven el pasado, el presente y el futuro de. La tierra y de toda la humanidad,

(El que era es y ha de venir)
(Apocalipsis 4; 8-11)

Los trinos ven aquí según ellos la santa trinidad. Con la expresión. Triple Santo, Santo, Santo, es el Señor Dios todopoderoso, él que era y es y ha De venir sólo uno y ellos confirman que este era Jesús porque ellos dicen que Dios no se puede ver porque vive en una luz inaccesible. 1 Timoteo 6; 16; es el único inmortal. Que vive en una luz a la que nadie puede acercarse ningún hombre lo ha visto ni lo puede ver. 1 ¡suyos sean para siempre el poder y! ¿El?¡Honor así sea! Ellos aceptan que este era Jesús él que estaba sentado en el trono. Y el texto declara que este Dios todopoderoso es el que estaba sentado en el trono. Cada vez que estos seres vivientes dan gloria y honor y gracias al que está sentado en el trono, Al que vive por todos los siglos. Los veinticuatro ancianos se arrodillan ante él y lo adoran y arrojan sus coronas delante del trono. Y dicen; tú eres digno, Señor Dios nuestro de recibir la gloria, el honor y el poder. Porque tú has creado todas las cosas; por tu voluntad existen y han sido creadas y por tu poder existen, estos los podemos Identificar. Por el canto. Porque tras ellos toda la iglesia a la que representan los 24 ancianos tributaban su honra y adoración a Jesús pronunciando ante él su obediencia, con el hecho de colocar sus coronas Ante el trono. Este es el único Dios porque no existe otro Dios fuera de él no hay otro. Por eso los profetas vieron uno tanto Juan como Isaías, Y Ezequiel, Deuteronomio 32;39; Gálatas 3;20; Romanos 3;30;

(El santuario celestial)

El tabernáculo celestial se asemeja al santuario terrenal Éxodo 24; 40; hebreos 8; 5;El trono en el cielo corresponde al arca en el santuario de la tierra sobre el cual el Señor aparecía Éxodo 25; 22). Los querubines del templo del arca en la tierra corresponden a los querubines en el trono de Dios. Éxodo 25; 18-20) siete candelabros corresponden a los siete candelabros en el templo Éxodo 40; 5; el mar de cristal corresponde al mar de bronce en el templo de la tierra. 1 Reyes 7; 23-45). El altar Apocalipsis. 6; 9; corresponde al altar del holocausto Éxodo 40; 10; y por Último, los 24 ancianos corresponden a los 24 turnos sacerdotales de los Levitas 1 Crónicas 24; 1-19). El santuario se dividía en tres partes; el patio donde estaba el altar y el lavatorio o el mar de bronce a ellos corresponde el altar y el mar de cristal el lugar Santo donde se encontraba el altar de oro donde estaban los siete candelabros, donde oficiaban los sumos sacerdotes a ellos corresponde el altar de oro, y el lugar Santo donde estaba el arca y sobre ella los querubines o seres vivientes. A este lugar solo entraba el sumo sacerdote. Para espiar los pecados porque ahí se manifestaba la presencia de Dios. En el lugar Santísimo. Éxodo 4O: 10;

el templo de Salomón, eran reflejos muy opacos de la grandeza del tempo celestial que vio Juan. Hebreos 9; 23).

(El Libro sellado y el cordero)
(Apocalipsis 5)

El apóstol Juan vio en el cielo un libro sellado con siete sellos en la mano de Dios, ¿qué libro es este? algunos teólogos creen que es la biblia. Pero la biblia es un libro abierto, para todos los que quieran leerlo. Otros creen que son todos los misterios de Dios, pero el ignorar ciertos misterios no debía haber entristecido tanto al apóstol Juan. Y todavía hay otros que creen que es el libro de Daniel que debía ser sellado hasta el fin. (Daniel 12; 4, 9). Pero esta es una referencia a la compra de la propiedad de Dios, los israelitas tenían una ley, que al venderse una propiedad. La carta de venta junta con la propiedad pasaba a un nuevo dueño. (Jeremías 32; 6-15) del documento se hacían dos copias, una se sellaba y quedaba en un lugar seguro. Mientras que la otra permanecía abierta a la vista para cualquier trámite, cuando Dios creó al hombre y a la mujer, en los hizo propietarios de toda la tierra. Dándoles todo el derecho sobre ella (Génesis 1, 26-28); cuando cayeron perdieron todo el derecho sobre la tierra. En el pecado. (Génesis 3; 17-19). Asi mismo perdió todo el derecho sobre el paraíso (Génesis 3; 23-24) perdió también la vida eterna (Génesis 3; 22). Se vendieron a la esclavitud (Romanos 6; 16; 22Timoteo26; 2Pedro 2; 19); la compra y de las personas. Y la propiedad cayó en las manos de un nuevo amo Satanás. El no solo apareció como dueño de la propiedad sino que de todo el mundo (2 Pedro 2; 4-7); como príncipe (*Juan* 12; 31; 16; 11). Paulatinamente entro con tal osadía que dominó todo el mundo. Hasta llegar a ser el dios del mundo pecador (2 Corintios 4; 4), (Apocalipsis 13; 2-4). Pero los planes de Dios son inmutables, ya estaba escrito en la ley. Que un familiar más cercano pagaría y rescataría la propiedad (Levítico 25; 23-25). Cuando el ángel exclamó ¿quién es digno de abrir el libro y desatar sus sellos? (Apocalipsis5; 2); debe de entenderse que él digno, de esto debería ser un familiar para rescatar a la humanidad. De la esclavitud de Satanás, y rescatar también todos sus bienes. ¿Quién sería capaz de alcanzar esto? sería digno de tomar el libro de las manos de Dios, y estudiar sus escritos, pero no se halló ninguno. Ni en el cielo entre los Santos, ni en la tierra entre los creyentes. Ni debajo de la tierra entre los muertos (Apocalipsis.

5; 3). Dios miró sobre los hijos de los hombres a alguien quien buscara a Dios y no encontró a nadie (Salmo 14; 2) que contraste que no se encontró a nadie digno, de abrir el libro y desatar sus sellos. Entre los. Santos profetas. Sacerdotes y reyes, y apóstoles. No se halló el digno. Quien pudiera acercarse y tomar el libro de la mano de Dios. Ni aún María la madre de Jesús, resultó ser la digna, y ella, según la enseñanza de la iglesia oficial permanece al lado izquierdo de Dios. Pero ni ella resultó ser digna de tomar el libro de la mano de Dios, ni siquiera mirarlo. (Apocalipsis. 5; 3); La tristeza de *Juan* era muy comprensible, porque si no se hubiera hallado uno digno, poderoso y capaz, quien pudiera rescatar a la humanidad de la esclavitud, y sus consecuencias del dominio extraño, todos estaríamos perdidos para siempre, (Apocalipsis. 5; 4). Siete sellos en el libro de copra. Significa la plenitud de la medida de crédito. Significa que quien quisiera comprarla pagaría su precio y aún grandes intereses al principio se dijo que la compra cayó en las manos de un nuevo dueño Satanás. Y aquí vemos esta compra en las manos de Dios. Pero no hay error en este particular. Porque este tipo de compra se efectuaba mediante dos copias. Una era sellada y guardada en un lugar seguro. Este era en efecto, aquel verdadero documento, la otra copia quedaba a la vista para su exanimación. De esta copia se apoderó Satanás, pero la otra copia estaba guardada;en la mano de Dios.

(Libertador familiar)
(Apocalipsis 5; 5-6)

Libertador familiar (Apocalipsis 5; 5-6). Este es nuestro Señor Jesús. Él es en efecto, nuestro inmediato familiar; es pariente nuestro por nacimiento familiar; es pariente nuestro por nacimiento en cuerpo. Por su vida en este mundo y por sus pruebas. En este mundo como hombre, pero además él es, el hijo de Dios, por eso el apareció como digno y capaz, para rescatar a la humanidad, y pagar el precio necesario. Por nuestros pecados. Nos compró con todos nuestros bienes, he aquí, como se le describe en el texto, he aquí el león de la tribu de Judá, es decir, el rey, venció al esclavizador y usurpador (Apocalipsis5; 5). Pero cuando Juan miró para ver a ese león de la tribu de Judá, advirtió que era como un cordero sacrificado (Apocalipsis 5; 6). Así es como compró para sí mismo: él fue la ofrenda de nuestro rescate (Juan 1; 29; 1 Pedro 1; 18-20;). pero cuando el cordero alude al sacrificio, sus siete cuernos indican la plenitud de su poder. y a que los cuernos siempre han sido el símbolo de la fuerza (Deuteronomio 33; 17; Miqueas 4; 13). Salmo 91; 10); los siete ojos también son simbólicos, y significan la plenitud de la visibilidad de Jesús. Esto se confirma con el mismo texto, que dice que esos ojos son los siete Espíritus de Dios, enviados a todos los creyentes (Apocalipsis 5; 6;). Esto significa que al igual que el Espíritu de Dios llena y abarca a todos, así los ojos de Jesús, siempre saben todo y abarcan todo. Hebreos 4; 13); Proverbios 15;5). Salmo 139; 7; 1 Corintios 2; 10; Juan 2; 24);

(Introducción al gobierno adquirido)
(Apocalipsis 5; 7-14)

Aquí el Señor lleva el nombre de raíz de David y en otros pasajes él lleva el nombre del hijo de David, Mateo 22; 42). De modo que como hijo de David, él tiene derecho a su trono (Lucas; 1; 30-33). Pero Jesús es también simiente de Abraham, y como tal, tiene derecho sobre Palestina y sobre toda la tierra prometida a Abraham (Génesis 15; 18; Gálatas 3; 16). El mismo Jesús se llamó el hijo del hombre, y en esto él tiene derecho sobre toda la tierra (Mateo 9; 6; 13; 37-38; Lucas 18; 8). Los seres humanos se creen dueños de la tierra, defienden sus límites y fronteras. Pero deben saber ellos que no son más que señores temporales de la tierra. El verdadero y eterno Señor es el Señor Jesús Hebreos 1;2). Por último, él es el hijo de Dios, que tiene autoridad sobre todo el mundo. Hebreros 1;6). Yél reino de Jesús comenzó cuando el vino a este mundo, porque él derrotó al esclavizador y usurpador, (Colosenses 2; 14-15). Y él triunfará cuando venga con poder y gran gloria con todos los suyos a reinar toda la tierra, entonces él tomara él libro de las manos de Dios, para esto él, cuando tome el libro de las manos del padre, y entre su gobierno por herencia, le pertenece toda la creación, agonizante en sufrimientos con temor y temblor, (Romanos8; 22-23). Entonces Babilonia, la grande y todas sus hijas, las rameras serás juzgadas (Apocalipsis 17; 1). El anticristo será Encarcelado (2 Tesalonicenses 2; 8). La serpiente antigua Satanás, será echada de la tierra y encarcelada (Zacarías 13; 2). (Apocalipsis 20; 1-3). El mal será separado de la verdad y del bien Mateo 13; 40-42; 48; 50) la maldición será retirada (Apocalipsis 22; 30). Regresará el paraíso (Apocalipsis 2; 7). En la tierra será instituido el reino de Jesús (Apocalipsis 5; 10). Entonces serán recordadas todas las oraciones de los Santos, Los que por la voluntad de Dios le eran elevadas. Serán semejantes a ese incienso en capas de oro que serán elevadas al trono de Dios. Mediante las manos de los representantes de la iglesia de Dios (Apocalipsis 5; 8; 8; 3-4; por eso todo el mundo toda la creación celestial y terrenal entraron en acción y gran arrebatamiento y prorrumpieron en alabanzas indetenibles. En alabanzas para el cordero. Por fin llegó el momento de su gobierno en la tierra por esta razón los cuatros seres vivientes y los 24 ancianos cayeron ante el cordero y le adoraron, porque este es el Dios verdadero. (Apocalipsis 8; 8-14). Los apóstoles no recibieron adoración (Hechos 10; 26 ;). Tampoco los ángeles la recibieron. Pero muchas veces los hombres se postraron ante Jesús. Porque realmente era el verdadero Dios. (1 Juan 5; 20; Romanos 9; 5; (Colosenses 2; 9); Porque es digno de la honra y la gloria (Mateo 2;11;9;19; 14;23;15;25; 20;20; 28;17); todos los ángeles alabaron al cordero (Apocalipsis 5; 11-12; y aún toda la creación del mundo. alababan a Jesús (Apocalipsis 5;13; toda esa alabanza los seres vivientes las respaldaban con las palabras amen, Apocalipsis 5;14;¿Qué nos dan a entender estas palabras? nos dan el ejemplo de respaldar con estas palabras amen. Los verdaderos testimonios de los, Santos y oraciones, en el capítulo 4; 5; Juan vieron en el cielo cierta preparación. Y le fue permitido mirar desde la principal habitación celestial. Donde se mirarán todos los sucesos en la tierra, Comenzando desde este capítulo. Vamos a mirar a los mismos hechos que sucederán en la tierra. Al tiempo de semana 70. Los sucesos descritos en este capítulo sobrevendrán repentinamente después de ser arrebatada la Iglesia, y se llevarán a cabo con rapidez, una tras otra.

(El PRIMER SELLO)
(Apocalipsis 6; 1-2)

Cuando el cordero, Jesús, rompió el primer sello. Juan oyó la voz ven y ve, y Juan miró. Un caballo blanco y un jinete con el arco en la mano, sin flechas la voz de uno de los seres vivientes, que parecía de trueno, ven y miré, vi un caballo blanco. Y un jinete con un arco en la mano no dice el texto, Nada de las flechas, el color blanco significa pureza, Santidad limpieza. Y el arco sin flechas, simboliza la paz. No es más que un instrumento de formalidad, este jinete será poderoso, y alcanzará una posición real. Cosa que deducimos de las palabras y le fue dada una corona, algunos ven a Jesús basándose en (Apocalipsis 19; 11). Pero este si es Jesús. Pero el Señor Jesús siempre aparece con la espada de su boca, y no con el arco, y el momento de su venida, su aparición será como rey, porque es lo que siempre ha sido rey, por eso él no necesita que alguien lo corone como rey. cuando venga, por segunda vez, lo primero que va hacer es castigar a los enemigos de la justicia y la verdad, de la paz, todos estos líderes y pastores, ambiciosos, que aman al dinero que practican el robo la opresión y la injusticia, serán castigados, y les quitará el poder, esto es lo que va a hacer el Señor Jesús, les quitará el liderazgo, y se los dará a la iglesia Daniel 7;18, 27);(Apocalipsis 2;26-28; 3;12-13). En ese día el Señor Jesús castigará a los seres espirituales y a los reyes de la tierra, los reunirá, y los encerrará en un calabozo, y los tendrá encarcelados y después, de mucho tiempo los castigará: cuando el Señor todopoderoso actúe como rey, en el monte de Sion. En Jerusalén. El sol y la luna se oscurecerán y los jefes de su pueblo verán la gloria del Señor Jesús. (Isaías24; 21-23); (Apocalipsis 16; 16);Dios para poder quitar el reino a todos los políticos y gobernantes de la tierra. Y a todos los que tienen autoridad, por malos líderes y todos los religiosos Pastores y sacerdotes, falsos y mentirosos los ambiciosos que no se llenaban que explotaban a los fieles, que pedían dinero sin medida ni misericordia, a todos estos líderes tendrá Dios que quitarles el poder, por malos administradores, y se los dará a los fieles, porque ellos gobernarán en el milenio, y también a los espíritus celestiales, va a encerrar en un calabozo y luego establecerá el reino de paz, en toda la tierra, y aquí vemos a Jesús mismo. Estaban rompiendo los sellos en el cielo, claro está que este jinete no es Jesús, pero cuando el apóstol Juan fue invitado al cielo, le fue dicho que él vería aquello que sucedería, después de esto (Apocalipsis 4; 1) esto es, después de aquello que le fue revelado anteriormente, en los primeros tres capítulos ¿porque? entonces, repentinamente y en contraste a las promesas le está mostrando nuevamente el comienzo de la era cristiana, la que él ya había visto, por eso es claro que este jinete. No es Jesús sino él que persigue a Jesús, hablando nuevamente. Este jinete no era Cristo, sino el anticristo, aunque en un caballo blanco, es presentado, así porque tomará el reino sigilosamente (Daniel 11; 21). Su triunfo será diplomático, sin el uso de armas, el aparecerá como el anhelado por todos, Él libertador del caos en el que entrará el mundo. Será un período muy breve de completa tranquilidad, pero cuando la gente comience a decir paz. Y seguridad, entonces, inesperadamente, vendrá la muerte o sea, que aparecerá otro jinete, montado en un caballo rojo. (1 Tesalonicenses 5; 3). Así el anticristo comenzará su señorío pacíficamente. (1 Tesalonicenses 5; 3) esta es la táctica de Satanás; al comienzo, la seducción; y luego. La fuerza, y los hombres dan mucho significado a la apariencia religiosa exterior, con la que Satanás siempre está conforme. Le extiende una cordial bienvenida al cristianismo. Más bello, con tal que no se obedezca a Jesús, él mismo es capaz de fingirse como Dios. (2 Corintios 11; 14). Por eso este jinete aparecerá montado en un caballo blanco. Él es el astuto y engañador el cambia los caballos según las circunstancias, pero el jinete es siempre el mismo, y es porque el anticristo aparecerá inmediatamente después del arrebatamiento de la Iglesia, acto que definitivamente conmoverá a todo el mundo, su responsabilidad resulta enormemente mayor para aquietar, al mundo y convencerlo de que nada extraordinario, ha sucedido, pero él apaciguará, únicamente a los incrédulos e ignorantes porque todos los entendidos se darán cuenta de lo que está ocurriendo y he aquí, se acercarán a Dios. Aún en alto precio de su vida, (Daniel 12; 10); Para ellos la biblia se escaseará porque el anticristo tratará de acabar con todas las biblias, pero muchas de estas personas ya tenían un conocimiento de la biblia. Y entonces se considerará un libro vivo, nuevo, porque el arrebatamiento de los santos. Los convencerán que todo en cuanto a ellos está escrito. Se cumplirá al pie de la letra, ellos entonces entenderán que han perdido el tiempo cuando todas las riquezas espirituales, se ofrecían gratuitamente. Mientras que ahora el reino costara un precio, únicamente por el cambio de los sufrimientos, de la gran tribulación, se podrá llegar al cielo. Por eso toda la fuerza poderosa del anticristo, su influencia diabólica del dragón, no los convencerá de que la biblia es la verdad, y que los Santos no fueron llevados por Dios. Ellos creerán de todo corazón a las sagradas escrituras, con todo su ser, y con toda la fe, vencerán al mundo y a todas sus tentaciones.

(El SEGUNDO SELLO)
(Apocalipsis 6; 3-4)

Al romper el segundo sello, Juan vio un caballo rojo y el cuadro anterior cambió drásticamente y por completo. La tranquilidad inesperada fue cambiada por la alarma, el caballo blanco se tornó rojo. Que simboliza la sangre, el desarmado jinete pacífico, armado con una espada el que pareciera un diplomático sereno, repentinamente se cambió en un dictador terrible (Daniel 8; 23-25). El cuerno pequeño, como lo vio el profeta Daniel creció en gran manera (Daniel 8; 8-9). Este nuevo jinete quitará la paz de sobre la tierra, revolucionarios juicios y destrucción general, todo esto surgirá, se matarán los unos a los otros este será el comienzo del juicio de Dios sobre el mundo y entonces se descubrirá la apariencia verdadera del anticristo, él que pondrá en acción la espada extraña y grande, de paso se mencionan aquí todos esos terribles sucesos y presiones de guerra que la humanidad está aparejando para la destrucción general, de modo que la espada grande es el símbolo de una guerra grande, donde no habrá nación neutral, algunos piensan que sería el gobierno Comunista, porque como símbolo nacional llevaba este color rojo, ciertamente, esto llega muy bien al caso. Porque el gobierno comunista es un gobierno anticristiano de manera que el dragón siempre ha querido adueñarse del mundo, su espíritu obró en el rey Nabucodonosor, Ciro, Alejandro el Grande, en Antico Epifanes, en Julio Cesar, Napoleón, en Hitler, en Stalin, y en el sentir de muchos otros, por eso todos ellos, en mayor y Menor grado se asemejan al anticristo, pero el gobierno comunista ya cayó, este no es el gobierno comunista, porque el gobierno del anticristo va a comenzar pacíficamente, y los comunistas comenzaron con derramamiento de sangre, también al explicar el capítulo cuatro nos dimos cuenta que el anticristo durará siete años, el comunismo ya tiene mucho tiempo.

(El TERCER SELLO)
(Apocalipsis 6; 5-6)

Después de romper el tercer sello, salió un jinete montando un caballo negro el color negro simboliza; El luto, la depresión, la angustia, la tristeza. Por todas las cosas que estarán sucediendo, (Lamentaciones 4; 8-9). Las guerras destructoras y otros derramamientos de sangre, destruirán todas las fábricas y la tecnología, las gentes útiles para el trabajo, los campos estarán sin sembrar, todo será destruido por la guerra. De esto surgirá el hambre (Lamentaciones 4; 9). La balanza en la mano, significa que tendrán que racionar la comida, por la falta de alimentos, (Ezequiel 4; 16-17). Pero esto ayudará muy poco, porque un denario; es el pago de un jornal o sea, de una persona (Mateo 20; 2). Mientras que la palabra libra traducido del lenguaje griego, jinikc. Significa que apenas alcanzará para una persona, así que para los demás de la familia no alcanzará, y muchos se irán debilitando gradualmente, hasta morir de hambre, el aceite y el vino, estarán por lo visto bajo cuidado especial de las autoridades, para usos médicos oficiales pero aun así fuera una persona hambrienta no buscaría aceite o vino, para comer, porque estos elementos no son de primera necesidad. Para el ser, como los demás alimentos porque el aceite para que lo quiere una persona, sino tiene los demás alimentos y el vino, por esta razón no es necesario racionarlos, estos se quedarán libres. Para la comercialización, y se le dijo a este jinete, no eches a perder el vino

(El CUARTO SELLO)(Apocalipsis 6;7-8)

Y después, del, cuarto, sello, apareció, otro, caballo, Amarillo, Cuando el Cordero rompió el cuarto sello, Oí que el cuarto de los seres vivientes decían ;Ven y mira y mire un caballo amarillo y el que lo montaba se llamaba muerte y tras de él venía él que al que representa al reino de la muerte el color amarillo siempre a significado a la muerte este jinete salió montado en un caballo amarillo el caballo siempre ha significado la fuerza Salmo 146;10;Todos los motores son calificados con los Caballos y así sucesivamente los caballos representan la fuerza ;el color amarillo representa a todos los que van a morir en la gran tribulación; por las guerras, el hambre; pestes, las fieras de la tierra, y los creyentes sufrirán en gran manera porque no les darán trabajo no podrán comprar ni vender si no tienen la marca, del dragón,.. a Dios con palabras de venganza, esto nos da a entender que estos creyentes no practicaron el amor, por que, ellos, miraban; sufrimiento angustia dolor, estaban recibiendo todo lo malo del enemigo. Ellos nunca vivieron el amor, por esta razón ellos se expresaban de esta manera, rogando a Dios la venganza, y el espíritu de la venganza, es el antiguo, (Salmo 94;1-2;) los mas de estos creyentes serán de los hebreos, y ellos conocían el procedimiento de la ley que Dios era quien vengaba, y la palabra de Dios nos dice en, (Romanos 12;19), "Mía es la venganza, yo pagare dice el señor Jesús", es posible que estos creyentes no hayan deseado venganza, porque sabían que ella vendría, si no que querían saber cuándo sucedería esto, y se les dieron vestiduras blancas, (Apocalipsis 6;11) ya dijimos que las vestiduras blancas es la recta conducta de los santos, (Apocalipsis 19;8), (Colosenses 2;12-14), y este será el nuevo cuerpo glorificado, como nos dice el apóstol pablo, en la carta a los (3;20-21), que cambiara nuestro cuerpo miserable para que sea como su propio cuerpo glorificado, y lo hará por medio del poder que tiene para cambiar todas las cosas, en este tiempo no se podrá practicar una religión como ahora por que habrá mucha persecución ; mucha maldad, odio, rencor, envidia, y todo lo que es maldad, porque estarán todas las autoridades en contra, y toda la fuerza diabólica en contra, por esta razón será imposible, practicar una religión; la que se practicara será la religión del anticristo, por esta razón los mato, por que él se proclamara como el Dios de este mundo(2 Corintios 4;4), (2 Tesalonicenses 2;4), y reclamara la adoración como nuevo Dios, y todos los que adoren a este Dios, porque no se les comprara ni se les venderá nada, ni se les dará trabajo, estos creyentes tendrán que vivir por fe, pero tendrán que morir. El anti Cristo los matara, pero este será el precio que pagaran por la salvación, por eso estas almas clamaran a Dios con fervor por justicia divina, (Romanos 12;10), mía es la venganza, dice el señor Jesús, (Apocalipsis 20;10), el apóstol Juan dice que vio las almas de los que habían de ser salvos por a ver sido fieles al testimonio de Jesús les cortaron la cabeza porque no adoraron al monstruo ni a su imagen, ni se dejaron poner su marca en la frente o en la mano derecha, y vi que volvieron a vivir y reinaron con Cristo por mil años, estas almas tenían la capacidad de pensar, recordar, y sentir, hablar y oír, la sangre no tiene estas capacidades, de esta manera la aparición de estas almas martirizadas, sus oraciones, sus realmente, existentes. Por, eso, algunos, sectaritas, equivocadamente, enseñan, que el alma del hombre está en la sangre, al igual que a los animales, y que después de la muerte no tiene sentido ni conocimiento.. El hecho permanece hecho, en sentido de que, el apóstol Juan vio las almas. De manera que se les puede ver, y oír el apóstol las vio y las oyó clamar a gran voz, de manera que estas almas tenían capacidad para clamar el apóstol Juan, las, entendía, de, manera, que, el, idioma, de, ellos, le, era, conocido. ¡Concluidos que estas palabras, que estas almas eran vivas! Y las visito el Señor Jesús con un ropaje blanco este es el símbolo de la justicia divina; y significa que, aunque ellos eran mártires de Jesús, que no por eso fueron justificados por sus sufrimientos; sino por los sufrimientos de Cristo. Así que los meritos sin de Jesús.

(El sexto sello)
(Apocalipsis 6, 12-17)

Después de romper este sello. Tendrán lugar acontecimientos tales que aunque fueron provistos por los profetas y predichos por el mismo

Cristo. No obstante son difíciles de entender, he aquí los predicciones; terremotos Isaías 29;6; comparados Lucas 21;11; oscurecimiento del sol Isaías 13;9-10;Joel2;31;3;15 comparados Lucas 21;25-26; caídas de las estrellas desde los cielos Isaías 34;4). Los terremotos son sucesos comprensibles aunque espantosos. A través de la historia los hubo muchos. Y ellos destruyeron a muchos miles de personas. Por ejemplo, hubo un terremoto de tal intensidad el año 1556 D. D. C. que arrojó una cifra de 830, 000 personas muertas, no obstante por más terribles que hayan sido esos terremotos, se limitaban a ciertas zonas territoriales, pero este terremoto será mundial, ningún país o pueblo, ninguna ciudad ni provincia podrá escapar, por eso este terremoto no será comprensible para la esto sucede a raíz de acontecimientos normales no produce sorpresa alguna ni temor, y siempre es de corta duración. Cuáles serán las causas del obscurecimiento del sol al comienzo del señorío del anticristo no se sabe por qué no se menciona en la biblia, deducimos que tal vez sea a consecuencia de las grandes explotaciones volcánicas, por ejemplo el surgimiento del volcán Krakatoa entre las islas Java y Sumatra cerca de Australia. Llenó el aire de una masa de polvo que hasta Europa palideció el sol y caía una fina lluvia sucia, también tenemos en Babilonia evidencias en la biblia. Hubo una oscuridad de tres días en Egipto Éxodo 10; 21-23; y luego cuando murió nuestro señor Jesús, hubo oscuridad por tres horas Lucas 23; 44-45; estos fenómenos no son comprensibles para la ciencia, el 19 de mayo de 1980 no hubo causa natural de obscurecimiento, tampoco hubo nubes, pero todo este día estaba tan obscuro que no se veían las estrellas, y hasta el día los científicos no Pueden explicar las causas naturales de obscurecimiento, así tampoco el oscurecimiento en la venida de Jesús, será inexplicable, queda entendido cuando oscurece el sol la luna queda roja porque la luna no tiene luz propia, sino que refleja la luz solar, bajo la expresión de las estrellas cayendo sobre la tierra; debe entenderse, no al sol o planetas, sino meteoritos, el 13 de noviembre de 1833. Sobre el continente americano y durante tres horas caía una verdadera lluvia de meteoros, esta aparición era tan terrible que la gente pensaba que ya era el fin del mundo, algo semejante, pero abarcando todo el mundo, sucederá pero al comienzo del señorío del anticristo. Lo más difícil para entender es; ¿cómo podría desvanecerse el cielo?, al nuestro terrenal habían ciertos movimientos por ahora desconocidas este cielo es visible, en forma de nubes, y cuando no hay nubes lo vemos azul celeste. Es probable que estos, elementos visibles se desvanezcan, se guarden, la gente verá entonces, en lugar de un cielo azul verán un negro abismo. Lo cierto es que esta aparición previeron también los profetas del antiguo testamento Isaías 34;4). Lo que sabemos a ciencia cierta es que todos esos sucesos serán tan insólitos y terribles que el los conmoverán y atemorizarán a todo el mundo a todos los seres humanos, quienes comenzarán a huir a las montañas y hablarán a ellas para que los oculten del rostro de Dios, (Apocalipsis 6;16; Isaías 24;21) harán algo así como esos hijos desobedientes y culpables delante de los padres, que en lugar de buscar el perdón, huyen de su presencia pero las montañas no las ocultarán, porque no es posible ocultarse de Dios. En ningún lugar del mundo Jeremías 23;24; Amos 9;2; Hebreos 4;13). Es interesante notar que estos fugitivos impíos serán de aquellos que consideran inútil y degradante la ocupación de orar a Dios. Pero ahora llega ya la desgracia, no se avergüenzan de orar a la naturaleza muerta, el miedo cambia convicciones y no otorga un conocimiento claro, en, lugar de orar a Dios por la misericordia y salvación de la alma, ellos suplican a las piedras para que ellas socorran sus miserables vidas, por ejemplo. sabemos nosotros el terrible pánico que produce un terremoto local, porque tales terremotos suelen acarrear tales consecuencias, y muchas veces perecen ciudades completas, y se hunden grandes extensiones de tierra se trasladas o incluso desaparecen islas completas por eso no es fácil imaginar lo que estará sucediendo o entonces, cuando toda la superficie no de la tierra, estén en movimiento, se ponga turbulenta y comience a temblar, el miedo envolverá a todo ser viviente, Isaías 24;10; Jeremías 4;24; Ezequiel 38;20; Nahúm 1;5). Es interesante también fijar nuestra atención, al mismo desorden del pueblo en el momento del señorío del anticristo, veamos a los reyes, los dignatarios a los ricos. Y a los poderosos y fuertes, esclavos y libres (Apocalipsis 6; 15). en una palabra, veremos a todas las clases como ahorita, el anticristo no cambiará nada porque las ideas cristianas de libertad, igualdad y confraternidad, no se alcanza sin Dios, lo cierto es que estas ideas nunca han tenido éxito, pues cuando los hombres planean y trabajan sobre estas ideas sin Dios, Satanás echa a perder a todas las ideas y su trabajo, este idear, será alcanzado únicamente entonces cuando lo implante el Señor Jesús, la libertad, la confraternidad, y la paz, en la tierra, y en los hombres de buena voluntad, sobrevendrá únicamente después. De la venida de Jesús, quien acabará. Con la tragedia del mundo, esa venida de Jesús hallará el mismo desorden que hay ahorita, esto significa que ni la cultura, ni la civilización ni la mentalidad humana, ni el mismo anticristo, nada mejorara, esto demuestra que todos los esfuerzos humanos para lograr la igualdad de derecho sufrirán una completa derrota.

(Sellados y limpiados)
(Apocalipsis 7; 1-17)

Después de esto vi; Apocalipsis 7;1-- y después de esto ¿después de qué? evidentemente después de todo lo que está escrito en el capítulo anterior, esto significa que todos los eventos aquí descritos, no serán la final del mundo, sino la señal del fin del siglo, después de esto estará. El reinado milenial.

(Cuatro ángeles (Apocalipsis 7; 1)

¿Quiénes serán estos ángeles? Algunos teólogos han pensado que bajo de estos ángeles, debe entenderse ciertas cuatro naciones, En el mundo, las cuales tienen poder, para detener los acontecimientos en el mundo, pero esta interpretación es completamente, errónea en primer lugar, en la biblia no se encuentra, ninguna nación que se llame ángel; y en segundo lugar todas las naciones del mundo con el correr del tiempo. Están perdiendo su influencia y se debilitan, bajo la palabra ángeles, esto es los espíritus eternos de los poderes ejecutores de la voluntad de Dios.

(Los cuatro ángeles de la tierra)
(Apocalipsis 7; 18)

Por la expresión de cuatro ángeles, debemos entender las cuatro direcciones del mundo norte sur este oeste parece que ahí se instalaron estos ángeles.

(La responsabilidad de ellos)
(Apocalipsis 7; 1-3)

Ellos podían sujetar los vientos y podían también dañar, en caso presente, podemos deducir. De estos vientos, que la expresión es simbólica y significa que los vientos son comparados, con las doctrinas y los hombres, la política, son comparados con los vientos Daniel 7; 1-8.

Yo veía que los cuatro vientos soplaban y agitaban las aguas del gran mar, de repente, cuatro enormes monstruos, diferente unos de otros, salieron del mar, aquí los vientos son comparados con las ideas, y doctrinas, y la política, de los hombres perversos, pecadores Ideas torcidas Isaías 57;20). Pero los malos son como el mar agitado que no puede calmarse, y arroja entre sus olas lodo y suciedad Isaías 17; 12: el río Éufrates, (es decir, el rey de Asiria con todo su poder), se desbordará. Por todos sus canales, se saldrá por todas las orillas, pasara hasta Judá y la cubrirá. La inundara. Le llegara hasta el cuello, será como un ave con las alas extendidas, que cubrirá, Emanuel. Toda tu tierra Efesios 4;14; Mateo 7;25; Jeremías 25;2-33; estos ángeles tienen el poder para detener a todas estas estructuras e ideas de los hombres, para que se lleve a cabo los planes de Dios, como por ejemplo, Dios, va a utilizar a este mecías perverso, mentiroso; para que todo el país o todos los hebreos se puedan emigrar ha el país de Israel, porque será de los hebreros, todos los israelitas van a creer que es el mecías prometido para salvarlos y todos van a emigrar a Israel. Isaías 49; 22; el Señor dice: voy a dar órdenes a las naciones, voy a dar una señal a los pueblos, para que traigan en brazos a tus hijos, y a tus hijas las traigan sobre sus hombros, esta será la misión de estos ángeles de Dios Isaías 11; 12;

(Otro ángel)
(Apocalipsis 7; 2)

Este otro ángel no tenemos referencias quien pueda ser. No se menciona su nombre, pero podemos deducir por sus palabras que tenía autoridad sobre los otros ángeles porque gritó con fuerte voz, no hagas daño a la tierra. Mientras no hayamos puesto el sello a los siervos de Dios, y venía del oriente Ezequiel 43;2). Este debe ser el ángel Gabriel, porque este ángel Tenía autoridad para ordenar con fuerte voz, Daniel. 12:1) y porque este ángel es el protector del pueblo Israel. Y todos los ángeles están al servicio de Dios en ayuda de quien **(Apocalipsis 7; 3)** Todos los cristianos sabemos lo que significa el sello. El sello de Dios es el Espíritu Santo, que Dios da a sus Santo, tiene este conocimiento de Dios, conocimiento de conocer a Dios, para conocer a Dios; o el nombre de Dios. Que él tiene en el ministerio Jesús este es el nombre que usó Dios en el plan de salvación. 1 de Juan 5; 20; este es el salvador del mundo, y no hay otro nombre dado a los hombres en quien podemos ser salvos, es el único Dios por el cual podemos ser salvos no hay otro nadie puede poner otro, Dios, Hechos 4;12:, el, único, que, sal, salvos. Es el único mediador entre los hombres y Dios, cualquiera que quiera alcanzar la salvación por otros medios estará perdido porque no hay otro medio, ni la virgen, solo Jesús, Juan 1; 29; Hechos 4; 12; pero el que tiene el Espíritu Santo tiene este conocimiento porque el Espíritu Santo es el mismo Dios Juan 14; 26; 1 Juan 2:20 si conocen a Jesús conocen a Dios.

(Acto de misericordia)
(Apocalipsis 7; 1-3)

La meta del castigo humano es la venganza, pero la meta del castigo de Dios es la salvación de los seres humanos, los castigos de Dios preparan los corazones para el arrepentimiento. Apenas el terreno está preparado, los vientos se aquietan y comienzan la siembra espiritual El señor no se Equivoca; él conoce los corazones que están. Preparados para recibir la verdad, ahora estos corazones preparados consistente los 144, 000 escogidos del pueblo hebreo. Y Dios selló a todos estos creyentes para que puedan soportar todas las artimañas del enemigo, toda la furia de Satanás, de todos los demonios que estarán motivando a todos los seres humanos, para que se pongan en contra de estos testigos fieles que recibirán un grande poder de Dios.

(144, 000 Sellados de los Hebreos)
(Apocalipsis 7; 4-8)

De semejantes sellados hace mención la palabra de Dios, aún en el antiguo testamento Ezequiel 9;4). En el nuevo testamento leemos que todos los creyentes son sellados con el Espíritu Santo Efesios 1; 13-14; 4; 30). Evidentemente, todos nos damos cuenta que esto no significa poner una marca sobre el cuerpo. Exteriormente, aunque aquí se hace mención de la frente, el sello sobre la frente, son los pensamientos santificados, la iluminación para la mente. Para el conocimiento de Cristo, y su vendida cambió de punto de vista y de convicciones, existe incluso la siguiente expresión poética el sello de la santidad sobre la frente, por lo tanto todo sello es visible y certifica la veracidad, del documento en cuestión. Así también el sello de Dios aunque sea Espiritual, no obstante será posible verlo. Es muy fácil conocer quien le sirve a Dios y quien no 2 Corintios

3;2; estos hebreos serán los primeros salvos del país de Israel, y después todo Israel será. Salvo, Romanos 11;25-30; Ezequiel 37;12; 39;25; Oseas 2;14, 19, ; 3;5; Miqueas 5;3-5; Isaías 10;27; 11;15; 11;12; Isaías 49;22; 52;6; Zacarías 12;10;

(Una gran multitud de lavados con la sangre del cordero) (Apocalipsis 7; 9-13;)

Después del primer cuadro, Juan vio una gran multitud de todas las naciones, pueblos y razas, lenguas, y estaban en pie delante del trono y del cordero y eran tantos que nadie podía contarlos, e iban vestidos de blanco y llevaban hojas de palma en las manos, Juan nos dice que vio de todas las naciones y razas y lenguas, y los más serán de los hebreros, y muchas de estas personas son de los que tenían un conocimiento de las sagradas escrituras, del verdadero evangelio de Jesucristo que muchos por incredulidad. no se prepararon y no estaban listos cuando venga nuestro Señor Jesús, pero cuando sea recogida la Iglesia al cielo, muchos de estos creerán de todo corazón y con toda su alma, y también algunos grupos religiosos que llevan una religión falsa, pero viven una vida social, o sea, no llevan una vida degenerada, tratan de servirle a Dios pero a su manera, dentro de una mentira, pero la salvación tiene que ser dentro de la verdad, Juan 8;32; 17; 17; cuando se den cuenta que Dios recogió a la Iglesia verdadera, entonces se volverán a Dios de todo corazón, este es el plan de Dios, y su misericordia, Incomparable, su amor 1 Juan 4;8; como dice un proverbio la mentira dura mientras que la verdad, Aparece, y entonces la verdad será visible, para todos porque será la realidad de lo dicho.

(La Nacionalidad de Aquellos. Salvados (Apocalipsis 7; 9;

Ya dijimos que estos no serán de una sola nación, sino de todas. Las, naciones de inmundo. Entre ellos no habrá espíritu del racismo que no puede tolerar la procedencia de otras Nacionalidades del mundo y ya aquí en la tierra, si hay aquellos, racistas pudieran. Harían de todos los pueblos del mundo una sola. Nación, es decir, la suya propia, pero a Dios gracias porque es justo y ama a todo el mundo por igual y a todos dio iguales derechos, tanto para la salvación como para servir a su pueblo, he aquí, delante del trono, el apóstol Juan vio a todos estos salvados, cual maravilloso ramillete de flores, de distintos colores, y formas y tamaños, quienes atados con el amor del Señor Jesús, ofrecían una belleza indescriptible. ¿Habrá en la tierra, en la eternidad diferentes nacionalidades, especialmente en la nueva tierra? yo sí creo que en la eternidad va haber categorías por ejemplo la Iglesia se le ha prometido vestiduras resplandecientes y coronas que simboliza la autoridad de Reyes sacerdotes (Apocalipsis 2;26-28;3;12;Daniel 7;18;27; (Apocalipsis 22,12; si vengo pronto, y traigo el premio que voy a dar a cada uno conforme a lo que haya hecho, Apocalipsis 20;4; 21;24-25; donde leemos que las naciones no nación) andarán en la luz de la nueva Jerusalén) y los reyes de la tierra traerán su gloria y honor a ella.

(El lugar de ellos)
(Apocalipsis 7; 9;)

En el cielo, ante el trono de Dios, ellos no tenían un contacto sin Intermediarios con el trono porque sin interrupción alrededor del trono había cuatro, Seres Vivientes (Apocalipsis 4; 6; y luego vienen los 24 Ancianos, o sea, los 24 tronos que son los 24 Ancianos que representan a la Iglesia (Apocalipsis 4; 4; más allá venían todos los ángeles que rodean el trono, a los Cuatro seres vivientes y a la Iglesia (Apocalipsis 7; 11; y más allá estaba esa gran multitud de salvados.

(Sus Vestiduras Blancas)
(Apocalipsis 7; 9;)

Esta es la blanca y limpia vestidura de la justicia de los santos, en la que está vestida la Iglesia (Apocalipsis 19; 8-9; porque en el cielo todos están vestidos con vestiduras blancas; Dios Daniel7; 9; Jesús Marcos 9; 3; y los ángeles Mateo 28; 3; Hechos 1; 10; la ropa blanca es el símbolo de la pureza, la santidad y la perfección.

(Hojas de palmas)
(Apocalipsis 7; 9;)

Las palmas en las manos de los salvados, esto significa el gozo que tendrán, estos creyentes al recibir la salvación, y así le fue dicho al pueblo hebreo para que en conmemoración de su salida de Egipto. Y su vida en tiendas del desierto, hicieron sus enramadas de los gajos de hermosos árboles, ramas de palmeras y se regocijaban Levítico 23;40; así también estos salvados, aquellos del antiguo testamento, zafándose del faraón, así también estos creyentes se regocijarán al escapar del anticristo, se llenarán de gozo, ante el trono de Dios.

(Sus aclamaciones)
(Apocalipsis 7; 10-12)

Ellos alababan y glorificaban a Dios por la salvación, ellos no se quejan por todo lo que sufrieron no, estos mártires han comprendido que todo lo que sufrieron. No es comparable con la gloria venidera que se ha de manifestar Romanos 8; 18; en esto ellos fueron asistidos por los ángeles los mismos ángeles se llenaron de gozo por la salvación de estos creyentes 1 Pedro1; 12) y los ángeles ayudan a los pecadores a hallar la salvación Hebreos 1; 14) y hay gozo cuando un pecador se arrepiente Lucas 15; 10) por esta razón ellos juntamente con los redimidos alaban y glorifican a Dios por la salvación.

(Quiénes son y de donde han venido)
(Apocalipsis 7; 13-14)

Y el Apóstol Juan no pudo responder a esta pregunta. Por eso el mismo que formuló la pregunta la contesto, diciendo; son aquellos que salieron de la gran aflicción, he aquí han sido salvos después de arrebatada la iglesia. Han sido salvos después de la Gran tribulación Mateo 24; 21; o tiempo de angustia Daniel 12;1) él cual será condenado Después de ser echado Satanás del cielo, a la tierra (Apocalipsis; 7-9). Este período comenzará en la semana 70 Daniel 9; 27) al principio de la semana 70. Durante una semana más él hará un pacto con mucha gente o sea, siete años durará este período 7 años pero al comenzar a reinar este gobernante, se presentará en una forma pacífica, diplomática y sigilosa con astucia, él Aparecerá montado en un caballo blanco (Apocalipsis 6; 2), representando la paz, él con el arco sin flechas simboliza la paz, y el caballo tiene dos símbolos, la fuerza, porque con el caballo se ha representado la fuerza, en los motores y el color blanco representa la paz y la. Ficticia, y este gobernante, Se presentará en una forma pacífica, como ya dije sigilosa, diplomática, como un gran político, apoyando la cultura, la tecnología, la ciencia, y la religión de esta manera, engañará a muchas personas que no tenían el conocimiento de las sagradas escrituras, del evangelio de la verdad, pero Dios va a permitir todo esto, porque está en los planes de Dios, en ese período tendrá el Señor Jesús, tendrá asunto casi exclusivamente con el pueblo hebreo. En los tres años y medio al principio de la semana, este gobernante se portará manso, político, pero como, estará apoyado por el falso profeta, ellos tratarán de. Persuadir a todos los que son de su religión. Porque tratarán de hacer entender a la gente que es la verdadera religión, y empezarán a prohibir a todos que estarán inculcando que este es el Cristo Prometido. Pero los judíos no estarán de acuerdo porque ellos tienen otro punto de vista, tocante a la religión oficial, y no será fácil que los engañen, y porque. Dios estará con ellos. Porque es su tiempo, de la salvación, pero después de los tres años y medio se manifestará como lo que es, en su carácter diabólico, lo que nos da un total de tres años y medio (Apocalipsis 13; 5). También se le permitió al monstruo decir cosas arrogantes y ofensivas contra Dios, y tener autoridad durante cuarenta y dos meses, como hemos escuchado, el texto, dice que se le permitió; es decir, que ya estaba en los planes de Dios, y de esta manera Dios llevara adelante su plan de salvación para todo el pueblo de Israel, y de esta manera Dios usará este falso dios para que todos los judíos puedan emigrar al país de Israel. Ahorita muchos de los hebreos no se van para Israel, porque muchos de los israelitas son grandes empresarios en todo el mundo, y ahorita que los israelitas están en guerra o sea, amenazados por los países vecinos. Muchos no quieren emigrar pero cuando se manifieste este anticristo no habrá objeción para que todos se vayan a Israel. Porque todos van a creer que este será el Cristo el mecías, prometido y este gobernante será de los hebreos por esta razón los israelitas no tendrán objeción para irse a Israel. Este es el plan de Dios Oseas 2: 14, 19; Miqueas 5; 3-5). Como ya dijimos los castigos de Dios son para bien, esto es para la salvación de los Hebreos es para salvación de los hombres. Y los hebreos en este período serán salvos, Romanos 11; 25-30; Ezequiel16; 59-63; 37; 11-14; 26-28;

(Esta visión no aparece en el orden cronológico)

De otros sucesos, porque todos los demás acontecimientos, descritos antes y después de este, tendrán cumplimiento a la primera mitad de la semana la séptima sé, y la gran tribulación, será de la otra mitad de la semana, séptima ¿En qué forma vio Juan aquello, que en este tiempo aún no podía suceder? simplemente le plugó a Dios descorrer el velo del futuro, y pasando por alto los terribles sucesos de estos días, le mostró al apóstol Juan los futuros acontecimientos, de aquellos tiempos, Acontecimientos, que se manifestarán, de una multitud que nadie podía contar de salvados, evidentemente, era necesario mostrarle a Juan todos estos salvos, para animar al mismo apóstol, para que no se desanimara de todo este cuadro, que le mostró el Señor Jesús, esta gran multitud se compondrá de aquellos creyentes cristianos que, aunque estuvieron en la iglesia, sin embargo no eran regenerados, cambiados, ellos vivían según su manera carne, y en cuanto al señor Jesús eran indiferentes y despreocupados en el momento del arrebatamiento de la iglesia, ellos se quedarán, pero viendo lo que sucederá de ellos cuando menos una mayoría, esta, vez se convertirá de todo corazón, aceptarán. Terribles sufrimientos por Cristo, y la muerte de mártires, pero serán salvos, a esta multitud pertenecen también, todos aquellos que creerán y se convertirán por el testimonio de los anteriores, es decir, por la Iglesia, y luego por los 144, 000 cristianos sellados de los hebreos, y los dos profetas que predicarán en ese tiempo y los Ángeles también predicarán, en estos tiempos, estos, creyentes y la Iglesia, hay una gran diferencia: todos ellos, a semejanza de los siervos ante el Señor Jesús, Permanecen de pie delante del trono mientras que la Iglesia está sentada mediante los 24 ancianos). en el trono (Apocalipsis1;4; todos los creyentes están vestidos con ropas blancas, pero la Iglesia, tiene vestiduras resplandecientes, como el sol y en estas personas de los Ancianos, tienen además coronas de oro en las cabezas (Apocalipsis 4, 4) aquellos tenían palmas en las manas, Y la Iglesia tiene copas de oro, llenas de las oraciones Apocalipsis 5; 6) de esta comparación vemos la posición de la iglesia es significativamente más alta que la posición de estos creyentes posteriores, ella parece la reina en la corona del rey y, permanece sentada a la diestra de su divino rey, cuan evidente es esta. Hora y cuan imprudentes son aquellos creyentes cristianos que no valoran esta su posición.

(Ropas Emblanquecidas)
(Apocalipsis 7, 14)

Hemos dicho ya en qué condiciones les corresponderá vivir y testificar a los creyentes fieles, veremos más adelante sobre este asunto en los capítulos, no obstante ni el arrepentimiento ni las lágrimas, por ellos derramas ni siquiera su propia sangre vertida por su fe, emblanqueció sus ropas, sino, únicamente la sangre del cordero, si bien todos nosotros somos como suciedad, y toda nuestra justicia como trapo de inmundicia. Isaías 64:6) nada, ningún mérito propio, lavará jamás esta suciedad espiritual, excepto la sangre de Cristo Jesús Hebreos 9; 22; 1 Juan 1, 7).

(El servicio de ellos)
(Apocalipsis 7; 15)

La frase le sirven día y noche, deben mantenerse, siempre, sin tregua, no son cristianos que sirven a medias, sino cristianos que se han entregado de todo corazón, Jesús dijo si alguno me sirve, síganme Juan 12;26). El apóstol Pablo escribió porque el reino de Dios no es comida ni bebida, sino justicia, y paz y gozo en el Espíritu Santo, porque él que cree en él es aprobado por los hombres Romanos 14; 17-18; servimos en Santidad y justicia Lucas 1;74;75; servir con ayunos y oraciones Lucas 2;37; servir con nuestros bienes Lucas 8;3; en una palabra servir al Señor Jesús significa, vivir para Dios y obedecerle cumpliendo su voluntad, pero en nuestro: texto hallamos una palabra más la que confunde a los inexpertos, es la palabra en tu templo, cuando escuchamos estas palabras en tu templo, esto significa nuestro cuerpo, el corazón porque nosotros somos el templo de Dios, 1 Corintios 3;16; 6;19-20; 2 Corintios 6;16 Efesios 1;23; Colosenses 2;3; porque Dios no vive en templos hechos por la mano de los hombres Hechos 17;24-25; 7;48; (Apocalipsis 21;22; el templo es un lugar acogedor para protegernos de las leyes climatológicas, el frío, el calor, el aire, el agua, y por lo tanto debemos protegerlo cuidarlo, remodelarlo, pero no debemos tenerlo como los católicos y los judíos y las otras religiones, que tienen el templo como un lugar exclusivo donde se manifiesta Dios, sino que Dios se manifiesta en todas partes, porque Dios es. Omnipresente, Los judíos también tenían esta ideología, y realmente era cierto, Dios se manifiesta en el templo, en el lugar Santísimo, donde se encontraba el arca, Hebreos 9; 11) pero Cristo ya vino, y ahora él es el sumo sacerdote de los bienes definitivos, el santuario donde el actúa como sacerdote es mejor y más perfecto, y no ha sido hecho por los hombres; es decir, no es de esta creación Hebreo 10; 1). porque la ley de Moisés era una sombra, y Cristo es la persona de la sombra Cristo es la ley, es el tempo, es el sacerdote, es el pastor, en otras palabras él es la plenitud de todas las cosas Efesios 1;23; en él están escondidas toda la sabiduría de Dios Colosenses 2;3; Hebreos 8;5-6; todas estas son copias, los originales griegos que son traducidos a nuestro idioma, las palabras templo no significan el edificio, sino lugar Santo, lugar de la presencia de Dios, significa el lugar donde Dios está presente, que es siempre, templo, no importa si hay ahí un edificio (Apocalipsis 21 ;22; aún en el tiempo del siervo Israel, ya lo había entendido Génesis 28; 11-

(Su recompensa)
(Apocalipsis 7; 16-17;)

Ellos ya no tendrán más hambre ni sed, y el sol ya no caerá más sobre ellos, ni calor alguno; porque el cordero que está en el trono los pastoreará; y los guiará a fuentes de aguas vivas, el sol no caerá más sobre ellos, ni calor alguno…ahí el sudor no estará más inundando los ojos ni habrá más quejidos por el excesivo trabajo, ahí no habrá más lágrimas ni pesares, sino gozo perfecto será sobre sus cabezas Isaías 35;10; de todo lo sucedido vemos que esta innumerable multitud de salvados, no se equivocaron al convertirse a Dios, y recibirlo como su salvador, y aunque les toco pasar por la gran tribulación, ahora todo ha pasado como un pensamiento y ahora pueden deleitarse con el banquete celestial y la vida bienaventurada en la presencia de Dios.

(El Séptimo sello silencio en el cielo)
(Apocalipsis 8; 1-2)

al abrirse los cuatro sellos se oyó una voz diciendo; ven, al abrirse el quinto sello se oyó la voz de los mártires, al abrirse el sexto sello, tembló la tierra, y al abrirse el séptimo sello, se produjo un terrible silencio no era un silencio real, era el fin de los juicios de Dios, era el silencio que procedía a la trompeta, este silencio era muy corto de media hora, en el silencio se hacían rápidos preparativos, siete. ángeles obtuvieron trompetas para dar la señal a los siguientes castigos de Dios, antiguamente, ante el comienzo de los juicios, o sea, la ejecución de los castigos, generalmente se adelantaban estos eventos mediante sonidos de trompeta, Josué 6;13-16) Sofonías 1;14-16). De manera que Dios procederá de, Acuerdo a estas costumbres antiguas, evidentemente, no todos los habitantes celestiales, sabían de los castigos que debían de venir, pero presentían que vendría algo terrible, porque vino la ira de Dios. Sobre los descendientes de Israel Jeremías 44;6) 5;6), por eso todo silencio es como un muerto, no en vano decían los profetas; que calle delante de él toda la tierra Habacuc 2;20)

(El otro ángel)
(Apocalipsis 8; 3-5)

Antes de comenzar los ángeles a tocar las trompetas, vino otro ángel con un incensario de oro, el incensario era usado por el sumo sacerdote cuando oficiaba al entrar al lugar Santísimo (Levítico 16;12-13) vemos que este ángel desempeña la función del sumo sacerdote, el elevó también las oraciones de los Santos, las cuales se hallan en las copas de la Iglesia (Apocalipsis 5;8), ante Dios (Apocalipsis 8;4) es posible que sea este mismo ángel que selló a los 144, 000 salvos (Apocalipsis 7;2), si nuestra deducción es correcta, significa que el estará cumpliendo las funciones del Señor Jesús, y luego este ángel arrojó fuego sobre la tierra, y las consecuencias de este hecho muestran, que serán los juicios de Dios (apocalipsis 8;5-6) comparadas con Malaquías. 4;1) esto significa que él mismo manejaba la acción del juicio de manera que este ángel cumplió una función no común, incluso algunos teólogos deducen que este era el mismo Cristo, en forma de ángel, pero yo no creo. Así yo creo que realmente era un ángel, con responsabilidades especiales de parte de Jesús, es interesante hacer mención en esta oportunidad, que este ángel elevó ante Dios las oraciones de todos los Santos, y no exclusivamente la de unos cuantos sino de todos los santos de todos los tiempos, salvos regenerados, que tienen acceso al trono de gracia, pero esto también nos recuerda que todos los santos oran a Dios.

(Las cuatro trompetas)
(Apocalipsis 8; 6-12)

La primera trompeta (Apocalipsis 8, 7) trajo al mundo una terrible tormenta, con granizo y sangre, y relámpagos ardientes que parecían fuego mezclado con granizo, una tormenta semejante tuvo lugar en Egipto Éxodo 9; 22-25) estos eventos fueron previstos por los profetas mucho tiempo antes, Miqueas nos dice que se repetirán otra vez las maravillas igual que las que se sucedieron en los días cuando Israel salía de Egipto. Miqueas 7; 15; y en aquellos días, efectivamente, hubo una tormenta semejante, simplemente Joel llama a esta tormenta a los elementos que aparecieron sangre, y fuego, y una columna de humo. Joel 1;2-30). En el caso presente es difícil entender de donde provendrá la sangre en medio del granizo, solamente podemos suponer que el terrible granizo matara, a muchos seres vivientes, aves, animales y aún hombres, que con la fuerza del viento, la sangre de estos seres vivientes será mezclada con el granizo, de esta manera el granizo será hasta cierto punto rojo, de acuerdo a sus dimensiones, esta tormenta será como nunca antes vista desde el diluvio, la misma abarcará y destruirá una tercera parte de la tierra, por lo tanto, es difícil imaginar el pánico con que este evento llenara los corazones de los hombres, no cabe duda de que algunos de los que vimos ante el trono de Dios, se convirtieran en esta tormenta, la segunda trompeta (Apocalipsis 8;8-9; trajo nueva aflicción a la tierra, he aquí como una gran montaña ardiendo en fuego fue precipitada en el mar es otra cosa que un gran meteoro, que seguramente caerá en el mar mediterráneo, porque precisamente en sus orillas se estarán llevando a cabo los eventos principales del (Apocalipsis la caída de este meteoro matará a la tercera parte del mar, de los seres vivientes y la tercera parte de las naves, mientras tanto, la tercera parte del agua se tornará en sangre que será la repetición de uno de los castigos de Egipto. Éxodo 7;19-21; La tercera parte del mar, se tornó en rojo, de sangre por la cantidad de seres muertos por el meteoro, pero el Señor Jesús puede por sí solo que el agua se torne en sangre, como sucedió en Egipto, él hecho es que este castigo también conmoverá no pocos corazones, sin embargo, la mayoría de las personas endurecerán sus corazones, porque también la propaganda del anticristo no será indiferente, con todos los recursos satánicos tratará de explicar estos eventos como cataclismos de la naturaleza.

(La tercera trompeta)
(Apocalipsis 8; 10-11)

Con el toque de esta trompeta, se produjo una grande calamidad a la tierra. Esta vez cayó sobre la tierra una gran estrella ardiendo, esta será un cometa la masa gaseosa del cometa se disolverá en las aguas, ríos y lagos y a consecuencia de lo cual el agua se tornará amarga y venenosa, lo cual producirá la muerte de muchos seres vivos Jeremías 9;15;) dice el Señor Jesús voy a darles de comer una cosa amarga, y les daré agua envenenada, este tercer castigo no será tan ofensivo como los dos anteriores, pero sus consecuencias de todas maneras serán Terribles, porque no podemos prescindir con exactitud todo este castigo, del agua, cuanto abarcará. y también cuánto tiempo durará, y habrá muchas partes donde el agua este amarga, que no se puede tomar semejante a él ajenjo, y quien lo beba en circunstancias de mucha sed un cuadro completamente alarmante, el mundo se encontrará como en un desierto sin agua, pero en este caso habrá agua pero no será posible para muchos encontrarla, por las diferentes circunstancias, podremos imaginarnos la desesperación de estas personas, cuando todos estén buscando una poca de agua, los hombres desesperados y sedientos, comenzarán a cavar pozos, buscarán distintas maneras para purificar el agua, pero esto ayudará muy poco, si esta desgracia durará mucho tiempo, perecerían todos los seres humanos y todo ser viviente. Pero la misma naturaleza con la misma ayuda del Señor Jesús. Se purificará sola el agua, los gases amargos y venenosos del cometa ajenjo, se separarán del agua y esta se tornará completamente sana.

(La cuarta trompeta)
(Apocalipsis 8; 12;)

Después del toque de esta cuarta trompeta, en una tercera parte del mundo se oscurecerán las fuentes de luz, Serán dañadas. Será esta el cumplimiento de la profecía del mismo Señor Jesús. Que dijo entonces habrá señales en el sol, en la luna. y en las estrellas Lucas 21:25:26) los hombres estarán muriendo de miedo por las cosas que están sucediendo en el mundo, esos eventos serán terribles, por cuanto los hombres estarán muriendo de temor, y la ciencia se encontrará incapacitada para explicar estos fenómenos. Entonces recordarán lo que dice la palabra de Dios, que tendrán que comparecer ante el tribunal del juicio de Dios,

(Advertencia)
Apocalipsis 8; 13

Han pasado cuatro castigos terribles; muchos de los habitantes de la tierra tanto animales como seres humanos han muerto, y toda la naturaleza viviente sufre grandemente, Dios da a los hombres algo así como un breve descanso y oportunidad para reflexionar y arrepentirse, pero el anticristo y todos los gobernantes tratarán de engañar a la gente y persuadirlos de que todo esto era cataclismos de la naturaleza, y que ninguno de estos tiene conexión, con Dios, ni con sus castigos, así todo este mal pasará y entonces comenzará el bienestar y los hombres según parece serán tranquilizados, pero Dios envía un águila que sobrevolará por la tierra, y estará advirtiendo a los seres humanos, que los castigos aún no han terminado. Y que vendrán otros más. Terribles, y los hombre dirán pero esto no puede ser cierto. Como una águila puede hablar acaso le faltan a Dios hombres que le prediquen y envía a un pájaro para advertir a los hombres para que se arrepientan, esto realmente es extraño, pero las condiciones del señorío del anticristo serán tremendas, estará todo controlado. Por este gobernante, y será imposible que los hombres lleven a cabo tan delicada obra aún él más valiente y consagrado no podrán llevara a cabo semejante misión incluso en un lapso de tiempo tan breve, así no será posible alcanzar por caminos naturales esta cometida. En estos días tan difíciles que todo estará controlado por el enemigo, por eso el Señor Jesús que es el autor de las maravillas, llevará a cabo por caminos sobrenaturales, encomendando esta misión a esta águila, pero el águila no puede hablar los idiomas de los hombres, dirán los incrédulos, es cierto, pero el asna de Balaam, tampoco podía hablar los idiomas de los hombres. Pero Dios la hizo hablar Números 22; 28; 2 Pedro 15; 16) para Dios no hay cosa imposible, debemos además, imaginarnos que a consecuencia de la amplia propaganda del anticristo, los hombres estarán Ineptos. Para, predicar a los mismos hombres: pero el testimonio del águila hará su impacto.

(La quinta trompeta)
Apocalipsis 9; 1-12)

Hasta el momento todos estos castigos eran del dominio de la naturaleza; guerra, hambre, enfermedades. Terremotos, tormentas, contaminación de las aguas, oscurecimiento del sol, y de todas las fuentes de luz etc. a pesar del fuerte, Acto que esos castigos hacían a los hombres, y el anticristo logro pacificarlos. con su propaganda diabólica, diciéndoles que han sido circunstancias naturales de las desgracia de la naturaleza, y los hombres a tal grado se han endurecido que parte del temor instintivo, esas desgracias no han despertado en ellos, sentimientos nobles y profundos, no los convencieron de que el Señor Jesús es el dueño de la naturaleza, por eso, serán entregados a las fuerzas espirituales ocultas, del cielo, cayó una estrella con la llave del abismo, este no es meteoro, ni cometa era indiscutiblemente un ángel algunos ángeles fueron llamados estrellas Job; 38;7). El mismo Satanás antes de su caída se llamaba así Isaías 14; 12; el hecho de la caída de esta estrella del cielo, no significa que fuera un ángel caído sino que indica que con la rapidez de la caída de una estrella volaba para cumplir con la comisión de Dios, por lo visto a él se le dio la llave del abismo y él es el que va abrir el pozo del abismo.

(Abismo)
(Apocalipsis 9; 2)

¿Qué es ese pozo del abismo? en las sagradas escrituras tiene varios nombres pero significa lo mismo, por ejemplo; oscuridad del infierno o en griego tártaro, es el lugar de los ángeles caídos 2 Pedro 2; 4; Judas 1; 6;) infierno en griego es sol, y en hebreo hades, respectivamente, es el lugar para todos los pecados Salmo 9;18;Lucas 16;23; prisión) calabozo; era el lugar de los muertos en el tiempo del diluvio 1 Pedro 3;18;19; lago de fuego, es el lugar para el Diablo y sus ángeles y para todos los enjuiciados para el eterno sufrimiento Mateo 25;41; (Apocalipsis 21;8), abismo este lugar es el de los demonios, los espíritus malos Lucas 8;31; está escrito que los demonios no querían ir al abismo, y esto nos muestra que ese lugar no es agradable, el humo que salió del abismo. Juntamente con el salieron también los demonios, ese humo lleno la atmosfera de la tierra todo quedo completamente oscuro y el sol se opacó, como cuando surge un volcán,

(El sexto sello)
(Apocalipsis 9; 13-21;)

Cuando el sexto ángel toco la trompeta, recibió órdenes para que fueran sueltos cuatro ángeles que estaban atados en el río Éufrates ¿qué clase de ángeles eran estos? y ¿porque estaban atados? de hecho ya que ellos estaban atados y permanecían en la tierra, deducimos que eran ángeles caídos, evidentemente, el lugar que fueron atados se encuentra junto al río Éufrates, el que corre a través de Siria e Irak ángeles en prisión menciona Judas 1; 6; hay una antigua tradición judía en el sentido de que los espíritus malos se mantienen prisioneros junto al río Éufrates, se llama la morada de los demonios de los espíritus inmundos (Apocalipsis 18;2) hay que recordar que además, que a los alrededores del Éufrates era antes el paraíso, por eso, parece que ese lugar les agrada a los ángeles caídos, como recuerdo de la victoria de ellos sobre el hombre, pero el Señor Jesús convirtió ese lugar de ellos en prisión. Cuando Dios habla que estaban en prisiones también. Significa que los demonios no tienen facultad para actuar, ellos no pueden hacer nada por su propia cuenta están sujetos a la orden de Dios, todo está sujeto a Dios, no hay nada que no se mueva, sin la mano de Dios Job 1; 10;) Lucas 23;31; Satanás le pide permiso a Dios para hacer algo, y los espíritus malos están en los aires, sueltos no están todavía en el abismo, por eso hay tanta maldad porque aquí están los demonios, pero todo está sujeto a Dios y se hace todo lo que Dios dice, Dios es quien tiene las llaves del abismo. y de la muerte (Apocalipsis 1;18; o para encarcelar y meter en el pozo del abismo al diablo, Deuteronomio 32;39) y al anticristo, y al falso profeta, Apocalipsis 20;3-10; 19;20; al diablo Dios no lo puede matar, porque fue hecho eterno, fue hecho con una materia superior a los seres humanos, el ser humano fue hecho de una materia ilimitada, Filipenses 3;20; Ezequiel 13;17. ;). Este ser diabólico fue hecho de algo más firme, este ser se enorgulleció de su belleza, Entró la maldad en su corazón Ezequiel 28; 17; tu belleza te llenó de orgullo; tu esplendor echo a perder tu sabiduría, yo te arroje al suelo, te expuse en ridículo en presencia de los reyes.

(Langosta especial)
(Apocalipsis 9; 3-12)

De este humo candente surgió una langosta extraña, se le llama langosta, no sabemos porque es probable porque eran muchos, por esta razón se le llamo langosta o porque serán dañinas, para la gente, por su apariencia serán semejantes a caballos con rostros humanos, cabellos de mujer, con dientes de león, con alas de águila, que producen un grande miedo. Y un fuerte estruendo, sus colas armadas de aguijones, parecían de alacrán. Y en ellos tenían poder para dañar a la gente durante cinco meses, las langostas parecían caballos para la guerra o preparados para la guerra. Y sus cuerpos estaban revestidos con una especie de armadura de hierro. Que es acero, cada parte de está langosta tiene un significado especial, por ejemplo los rostros humanos nos hablan de su inteligencia, y sus planeamientos de sus actos, con su diseño, o con su fabricación humana. Por esto deducimos que estas langostas serán fabricación de los humanos 2 en segundo lugar, este rostro humano de las langostas tiene mucha relación con los seres humanos, el cabello de mujer, significa. La astucia. nos muestra la astucia de la astuta enseñanza diabólica que desvía a los seres humanos, como la belleza de la mujer, la mujer ha jugado un papel muy importante en la maldad, en el sufrimiento, de la maldad de los hombres, la mujer ha servido como gancho para el desvío de la verdad del evangelio, los dientes del león simbolizan el pánico porque este animal impone temor es un animal muy valiente que no tiene miedo a nada, por eso es considerado el rey de la selva, Proverbios 30;30; las colas largas hablan de su largo alcance, las coronas de oro representan la autoridad. Y la dinastía real, como quien tiene autoridad y también nos muestra la fuerza invencible y las alas nos muestran la rapidez de su movimiento, y estaban revestidas con una armadura de hierro, el hierro es un metal muy duro y resistente, es el acero, contra las balas o algunos, Armamentos, es completamente resistente, por esta razón nadie podrá dañarlas, a estas langostas. Apocalípticas. Esta. Langosta tiene a su rey, este nombre en nombre es Abadon. Y en griego Apolión, que significa destructor es el ángel del abismo, (Apocalipsis 9;11) el que tiene poder sobre este mundo el que controla todo lo malo 2 Corintios 4;4;) Juan 12;31; así como Dios es el Dios de todo lo bueno, así también el diablo es el dios de la maldad y él siempre ha aguijoneado a los seres humanos en todos los aspectos, porque esta es la alabanza para el diablo, el odio, el rencor, la envidia, la avaricia, la ambición, el amor al dinero, el orgullo, la vanidad, esta langosta hará sufrir a los seres humanos por un período de cinco meses (Apocalipsis 9; 10;) el sufrimiento será como el de los alacranes, o escorpiones cuando hieren a la gente (Apocalipsis 9;5;)testigos que han presenciado los sufrimientos que causa el escorpión, dicen que los dolores son tan terribles que la persona se retuerce como si estuviera en el fuego, sin saber lo que le está pasando, sufre de esta manera hasta la muerte, este castigo terrible que causará esta langosta, tiene también su significado simbólico en el castigo, mediante la langosta de Egipto, Éxodo 10;13-15;) pero la langosta egipcia comió todos los plantíos, mientras que la langosta Apocalíptica estará carcomiendo a los seres humanos.

¿Qué clase de langosta es esta?

Algunos teólogos no están de acuerdo con la interpretación de que estas langostas sean los aviones de guerra, yo sí creo que estos son los aviones de guerra, si nos fijamos en los helicópteros de guerra, tienen mucha semejanza a estas langostas, todas las características, la apariencia humana, los cabellos de mujer, la cabeza de caballos, los dientes de león, la armadura de hierro y las colas, todas estas características nos muestran el diseño de los seres humanos. el apóstol Juan cuando él estaba considerando esta visión el usó los símbolos, de su tiempo, para poder explicar esta revelación él usó el caballo, tenían o parecían caballos preparados para la guerra en la cabeza llevaban algo semejante a una corona de oro, y su cara tenía apariencia humana, tenían cabellos como de mujer, y sus dientes parecían de león, sus cuerpos estaban protegidos como una especie de hierro, o una armadura de hierro, y el ruido de sus alas como muchos carros tirados por caballos cuando entran en combate, y sus colas armadas de aguijones, parecían de alacrán y en ellas tenían poder para hacer daño a la gente durante cinco meses, todas estas referencias nos muestran claramente que este es un diseño humano, el apóstol Juan como ya dijimos para poder explicar esta revelación y visión él tenía que usar símbolos de su tiempo, quien nunca hubiera visto un avión de guerra, no podría explicarse detalladamente cómo era, pero así el apóstol Juan al explicarse uso estas. Formas, y a mí se me hacen muy acertadas, y explicadas correctamente con todos los detalles necesarios, pero ahora que nosotros vemos a esos aviones de guerra, no hay más que explicar. Los hombres siempre han calificado la fuerza con los caballos, por ejemplo los motores, siempre están calificados con los caballos, un motor de tres caballos de fuerza, y al usar la imaginación y comparar esta explicación de estas langostas. no nos queda la menor duda, la armadura de acero, y todas las otras características está muy detallada su explicación, y el abismo es el lugar donde tienen esos aviones de guerra porque, todo esto es obra de Satanás, él es el diseñador de todo este armamento, esta langosta no tenía que hacer daño a las hierbas ni a las plantas, ni a los árboles, ni a nada verde, solamente a los seres humanos y se les dijo que no los matara, sino causarles daño durante cinco meses, ni a los sellados de Dios, algunos dicen que esto no puede ser, porque los aviones destruyen todo, o sea, las armas de los hombres, pero hay que pensar un poquito, al mundo no le conviene que los árboles y las plantas mueran y la hierba, verde, no esto no le conviene a la gente, porque se acabaría el progreso, se tendrían que morir todos los animales, y ellos tratarán de evitar con toda la fuerza, de que se les haga daño a las hierbas, y a las planta y a los árboles, esto le conviene a la gente, ahora tocante a los sellados de Dios, Dios se va a encargar, porque el diablo no puede tocar a los sellados del porqué son propiedad de él porque son sus hijos, muchos cristianos limitan el poder de Dios. Salmos 91;5-8;10) Dios tiene poder para que a estos creyentes o cristianos. No los van a torturar, porque ahí está la mano de Dios, y ahora con los adelantos de la ciencia, hay herbicidas para matar a la hierba, pero no dañan a las plantas, si los hombres han hecho esto, que tienen una capacidad. Limitada finita, cuanto más Dios que es Infinito él puede evitar que se haga daño a las plantas y a los árboles, y a la hierba verde, y también que se haga daño a los siervos de Dios, porque Dios tiene las llaves de la muerte, y nadie puede quitar la vida sino que Dios lo permita (Apocalipsis 1;18) él es el que tiene el poder absoluto. Sobre todas las cosas, Dios siempre ha utilizado a una nación para castigar a otra nación Isaías 10;5; estos son los planes de Dios. y su sabiduría, el hace que los hombres caigan en su misma trampa, y él hace que todo salga provechoso para sus hijos como en este caso, el Señor Jesús usará al anticristo para que todo Israel pueda emigrar al país de Israel. y pueda alcanzar la salvación, estos son los planes de Dios, y su Sabiduría, en este caso los hombres. tendrán que sufrir la gran tribulación por su incredulidad, por haber rechazado la salvación cuando Dios se las ofrecía regalada y no la quisieron; pero ahora tendrán que pagar un precio, pagarán con la vida la salvación pero la alcanzarán Romanos 11;25; Oseas 2;14;19; Miqueas 5;3-5; Zacarías12; 10).

(Hora día mes y año)
(Apocalipsis 9; 15)

Todos los planes de Dios, están programados por él, y no se puede pasar ni una hora ni un minuto, ni un día ni mes ni año, todo tiene que cumplirse de acuerdo a los planes de Dios, porque Dios es el único sabio y perfecto, y él no puede fallar, él sabe todas las cosas Proverbios 15; 3;Salmo 139;7; Hebreos 4;13;estos cuatro ángeles están atados en el río Éufrates, es decir, estos ángeles no tienen facultades para hacer nada sin, que Dios lo permita, Dios es el que cambia todas las cosas, aunque el diablo sea el dios de este mundo, el dios de la maldad, 2 Corintios 4;4; él no se tiene que tras militar de las órdenes de Dios Job 1;12; Lucas 22;31) el Señor Jesús les dijo a los apóstoles que Satanás los habla pedido para zarandearlos como trigo, así que Satanás pide permiso para probar a los hijos de Dios, imaginémonos que Satanás pudiera hacer todo lo que él quisiera, ya no viviríamos en este mundo, ya Satanás nos habría matado

a todos, porque él es homicida Juan 8;44; estos son los planes de Dios
y son perfectos, porque él es el único sabio judas1;25; y todo tiene que
cumplirse de acuerdo a sus planes, y todo lo que está escrito tiene que
cumplirse conforme a la ley Mateo 5;18; ni una jota ni una coma pasará
de la ley sin que tenga que cumplirse Lucas 16;17;)

(Terribles Jinetes)
(Apocalipsis 9; 16-19)

Es extraño, pero apenas fueron desatados aquellos cuatro ángeles
quienes tenían como deber matar la tercera parte de la tierra, Juan vio
un ejército innumerable de jinetes, 200 millones de soldados, que
iban montados a caballo y los caballos tenían cabezas de leones y cola
semejante a serpientes, que también tenían cabezas; la apariencia dada a
los que los montaban, se cubrían el pecho con una armadura que parecía
de fuego y azul como el Jacinto y amarilla como el azufre, y su armadura
era como el fuego, de zafiro y de azufre, el apóstol Juan vio estos ejércitos
él uso el símbolo de su tiempo, él dijo que era una semejanza. Cuando
dice parecían, no quiere decir que "son congruentes, sino semejantes,
esta es la forma "de explicar "del apóstol Juan, con símbolos y figuras
de su tiempo, si Juan hubiera usado figuras de nuestro tiempo, nadie
habría podido entender nada, los caballos como ya dijimos siempre han
significado la fuerza porque los hombres. Clasifican los caballos con los
motores, 3 caballos de fuerza, 200 caballos de fuerza, y el fuego significa
la destrucción el color amarillo la muerte, el color azul a los hombres,
porque casi todos los uniformes son azules y estos no serán caballos
sino aviones de guerra, porque ahorita no se usan los caballos para la
guerra sino los aviones. Si nos fijamos el azufre asfixia como un gas, y
él no dijo que era azufre sino semejante, él tenía que usar este símbolo,
algunos no están de acuerdo con esta interpretación. y el motivo es que
ellos dicen que es imposible que haya 200 millones de soldados en el
mundo, porque solo china tiene los 200 millones de soldados ahorita
con las bombas que los aviones arrojan por delante y por detrás, y los
gases que tienen las naciones, es el azufre, al explicar el apóstol que en su
tiempo no había estos gases, venenosos como hay ahorita, el león siempre
ha sido un animal muy valiente Proverbios 30;30 el león el animal más
terrible, que no huye. Ante nada ni ante nadie, la serpiente, simboliza la
astucia, el engaño, el veneno. la enemiga del ser humano, la que le robó la

salvación a todos los seres humanos, Génesis 3;1-4 esto es lo que hará con los hombres, esta serpiente venenosa, y este ejercito comandado por los cuatro ángeles caídos o demonios, destruirá a la tercera parte de los seres humanos; lo que habrá quedado de los castigos anteriores.

(La Idolatría y el culto a Satanás)
(Apocalipsis 9; 20)

¿Es posible que los hombres adoren a los demonios? todo el mundo está materializado y dejan de creer en Dios, no solo en los demonios, esto parece así, pero en la práctica la vasta mayoría en el mundo creen en los demonios más que en Dios. Hechos tales como las enemistades, las hechicerías, las injurias, los adivinos y los reconocimientos de los demonios, todo esto para la mayoría de las personas es más real que la confianza en Dios, vemos cuantos religiosos creen más a los espíritus de la enseñanza de los adivinos y hechiceros, o bien al espíritu requerido, que a la enseñanza de Jesús, del evangelio ellos creerán antes a los encantadores y agoreros que al Señor Jesús, desde tiempos muy remotos, existen enseñanzas como entrar en contacto con los demonios Levítico 19;31 20;6;27 Deuterenomio18;10-14; Isaías8;19). El espiritismo o el llamamiento de los espíritus esta hoy muy de moda muy extendido y muchos hombres lo encuentran como una religión verdadera 1 Timoteo 4;1).

(Decadencia moral)
(Apocalipsis 9; 21)

Desde el renacimiento y la ideología o sea, ante el regreso del más pronunciado paganismo, resurgirá, también la conducta corrompida 2 Timoteo 3;1-4; crímenes, robos, desenfreno, para alcanzar el más alto pedestal, las guerras actuales con todos sus terrores fusilamientos en masa, destrucción, mediante el hambre, bombardeos de los habitantes inocentes innumerables exilios, campos de concentración; este es el cuadro del mundo actual, lo que a su vez muestra claramente lo que sucederá cuando Satanás, en cuerpo humano, señoree en el mundo, añadiendo a esto un total de salvajismo la borrachera la fornicación que trata de aparecer desvergonzadamente legal, la corrupción de la adolescencia la decadencia de los hogares, el ateísmo y el desprecio a Dios. Es claro que llegará a formar una cuenta terrible, porque todo esto alcanzará su voz al cielo en demanda de venganza, todos los castigos anteriores, al igual que la acción de los jinetes infernales, se concentrarán en venganza aunque vemos que este terrible ejercito de jinetes se esparcirá por toda la tierra, aquellos que hayan quedado de todos modos no se arrepentirán, pero sobre ellos se cumplirá la biblia; al necio no se le quita lo necio ni aunque lo muelan y lo remuelan Proverbios 27;22). Nos dice el apóstol Juan que vio un ángel poderoso, que bajaba del cielo envuelto en una nube, tenía un arcoíris sobre su cabeza, su cara brillaba como el sol y sus pies eran columnas de fuego, y llevaba en la mano un rollo abierto, y puso el pie derecho sobre el mar y el izquierdo sobre la tierra, y gritó con fuerte voz como un león cuando ruge y cuando gritó, siete truenos dejaron oír sus propias voces, ¿quién era este ángel que bajaba del cielo? algunos teólogos dicen que era Jesús, yo no estoy de acuerdo con esta interpretación. En primer lugar ángel significa mensajero o enviado de Dios y en segundo lugar, Cristo vendrá cuando venga por su Iglesia Filipenses 3; 20-21; o sea cuando venga en las nubes. (2 Tesalonicenses 4-17;) y su segunda venida cuando venga con poder y gran gloria (Hechos 1;11); con todos los suyos o sea con la Iglesia (Judas 1;14; Colosenses 3;4); este ángel es indiscutiblemente el ángel Gabriel, Daniel 12; 1); en este tiempo aparecerá Miguel él gran ángel, protector que defiende a tu pueblo Israel, Judas 1 ;9; Apocalipsis 12;7 el dragón fue lanzado del cielo y a la tierra no hubo lugar para ellos en el cielo, (Apocalipsis 12;1) y él que defiende a Israel durante 21 días, pero Miguel. Uno de los ángeles príncipes más altos, vino en mi ayuda, pues yo me había quedado solo junto a los reyes de Persia, por estas referencias nos damos cuenta de que no es una deducción personal, sino que aquí hay evidencias. Claras y precisas; acerca de este asunto, que este es el ángel Miguel, este es el defensor del pueblo de Israel, porque. es el tiempo de Israel Miqueas 5;3-5; ahora el Señor deja a los suyos, pero solo hasta que dé a luz la mujer que está esperando un hijo, y entonces se reunirá con sus compatriotas los israelitas que están en el destierro, Oseas 2;14, 19; Miqueas 5;5; el traerá la paz cuando los Asirios invadan nuestro país. Y entren en nuestros palacios Romanos 11;25-35; Ezequiel 37;12 este ángel tenía un arcoíris, el arco significa el pacto que Dios hizo con Noé Génesis 9;13; y esta es la misericordia de Dios, el amor tan grande de Dios, y en este caso se vuelve a Israel, porque es el tiempo de Israel, la voz como león, significa la valentía porque este animal se ha caracterizado, como el animal más valiente ágil y fuerte, por eso es considerado el rey de la selva Proverbios 30;30 y que estaba sobre la cabeza significa la inteligencia y la sabiduría el fuego significa la destrucción, ya que el fuego lo destruye todo, y esto demuestra que ya se acerca el fin de sus enemigos, de la maldad. (Apocalipsis 16;16 ;Isaías 24; 20;

(Mar y tierra)

llevaban en la mano un rollo abierto, y puso un pie sobre el mar y otro en la tierra, esto significa que llegó el día del Señor Jesús y él tiene dominio sobre el mar y la tierra. Y que tiene a sus enemigos bajo sus pies, Mateo 22;44; Marcos 12;36;

(Las voces de trueno)
(Apocalipsis 10; 3-4;)

El trueno es un sonido fuerte, el sonido de los siete truenos, simboliza la plenitud de la voz de Dios. La voz de Dios, es comparada con el trueno. Ezequiel 3; 12; Juan12;29; Apocalipsis 14;2; 19;6; indiscutiblemente esta si era la voz de Jesús, pero era tan fuerte que parecían siete truenos simultáneamente. Pero lo que dijo, esa voz de trueno, no le fue permitido a Juan escribirlo, este es uno de los misterios de Dios, Deuteronomio 29; 29).

(El tiempo no será más)
(Apocalipsis 10; 5-7)

Esto significa que después de la voz de la séptima trompeta, comenzará la plenitud de la rápida con creación del reino de Dios (Apocalipsis 1º; 7; 11; 15) Entonces llegará el juicio de Dios, sobre sus enemigos, y quitarles el reino a todos los políticos, y reyes, y gobernadores, y todos los que tienen autoridad sobre este mundo, y religiosos. Pastores. Y sacerdotes, falsos ambiciosos al dinero, que explotan a los pobres y huérfanos y viudas; Dios les quitará el poder y se lo dará a la iglesia Daniel 7; 18; 27;(Apocalipsis 22-28; 3; 12) el tiempo ya habrá terminado, para esta gente, porque fueron inútiles no gobernaron con honestidad, y fidelidad, con honradez no eran dignos del reino, y Dios, se los quitó. Por inútiles y perversos, ellos rechazaron al Señor Jesús,

(El libro)
(Apocalipsis 8; 10)

Este no es el mismo libro que estaba en las manos del Señor; que estaba sentado en el trono, sellado con siete sellos (Apocalipsis 5; 1-- aquel era un libro, mientras que este era un librito, es decir, que era chico en comparación con aquel, aquel era el documento de la salvación, el rescate de la humanidad, y el documento de la obra de Jesús, en tanto que esta es solamente la profecía de los pueblos y naciones, lenguas y reyes (Apocalipsis 10;11; se dice que este libro estaba abierto (Apocalipsis 10;2-8). esto significa que todavía hay oportunidad porque se le dice a Juan que se lo comiera, o sea, que se lo aprendiera de memoria, porque tenía que volver a predicar esta profecía del libro de (Apocalipsis, las palabras es necesario que profetices otra vez... (Apocalipsis 1:11). Y esto nos muestra el trabajo que había desempeñado anteriormente el apóstol Juan en la predicación del evangelio, el apóstol por esta razón estaba deportado en la isla de Patmos, y aquí se le ordena volver a predicar por esta razón cuando se comió el librito era dulce, porque cuando Juan leía el librito, leía acerca del reino de los Santos, y la victoria del pueblo escogido de Dios, Daniel 2; 44; 7; 12;-14; 21-27). Entonces el libro era dulce a su paladar, pero cuando él lo comió, esto es, lo aceptó y lo hizo suyo y lo entendió, hasta el fin, comprendió todo el terror y tribulación que tendrá que sufrir el pueblo de Dios, durante el señorío del anticristo, Daniel 7;21-25; 11;31-37). Fue amargo en su estómago habiendo comido este libro, Juan obtuvo el mandato de profetizar nuevamente aquello que había sido ya profetizado, porque el apóstol Juan fue un cristiano y un testigo de Jesús en el evangelio de la salvación, y un verdadero, Apóstol del Señor Jesús, sus escritos nos muestran su sabiduría e inteligencia y también es considerado el apóstol del amor, porque en todas sus cartas nos habla de su amor, porque él lo practicaba y lo vivía.

(Dos testigos)
(Apocalipsis 11; 1;)

Templo, este será indiscutiblemente el templo de los israelitas en Jerusalén que para este tiempo ya tiene que estar construido, la ciudad nuevamente se volverá a llamar santa, Daniel 9; 24; en el serán renovados los servicios religiosos del antiguo testamento, hasta que el anticristo se siente en él, como si fuera Dios 2 Tesalonicenses 2; 3-4-4; demandando sacrificios para sí mismo Daniel 8; 11-12). no se sabe quién permitirá a los hebreos construir el templo tanto más, ya que en el lugar que estaba el templo, se encuentra hoy el templo mahometano, Omara, de manera que este templo debe desaparecer, esto indica que en Jerusalén deben haber grandes cambios políticos, o todo Jerusalén debe entrar en manos de los hebreos, o debe de haber sobre palestina un protector que pueda tener derecho de permitir a los hebreos destruir la mezquita, para construir el templo, en cuanto a los medios ya los hay, ya los israelitas tienen todo el material listo, yo estuve platicando con un judío y me dijo que ya tenían todo el material listo, y con los adelantos que hay ahorita, en tres meses lo terminan; pero ellos lo quieren hacer en el mismo lugar que estaba antes, en el lugar donde lo construyó el rey Salomón. y el templo tiene que estar listo para la inauguración del anticristo, Daniel 9;27) la orden para medir el templo; significa que Dios reconoce la parte media, tiempo marcado, o sea, para la primera mitad de la semana Daniel 9;27); y luego, el mismo anticristo se sentará en el templo, como Dios y colocará ahí su imagen, de esta manera cumplirá en el santuario la abominación desoladora, contaminando así el lugar santo, Marcos 9;14; evidentemente el mismo templo será asignado oficialmente a los hebreos y por eso los gentiles no tendrán acceso al templo (Apocalipsis 11;2; a los gentiles será entregado el patio exterior, y toda la ciudad en donde ellos señorearán durante 42 meses: es decir, 3 años y medio, o sea, en la segunda mitad de la semana. Esta destitución de los gentiles del templo, es el mismo sistema de los judíos porque el anticristo será de los hebreos, de la tribu de Dan Génesis 49; 16-18: Dan gobernará a su propia gente como una de las tribus de Israel. Dan será igual que una víbora que está junto al camino, que muerde los talones del caballo y hace caer al jinete v. 18 y Jacobo se estremeció al ver el salvajismo en esta tribu ¡oh Señor, espero que me salves! este gobernador aprovechará esta oportunidad, para congratularse con los israelitas, y los gentiles no tendrán acceso al templo ellos tendrán el lugar exterior del templo, los judíos siempre han tenido esta mentalidad ellos se creen los verdaderos descendientes de las promesas de Dios, hijos de Abraham, este como ya dijimos son los planes de Dios, porque es el tiempo de los hebreos cuando ellos recibirán la salvación, Oseas 2;14, 19; Miqueas 5;3-5; Romanos 11;25-35; Ezequiel 37;12;

(Los dos testigos)
(Apocalipsis 11; 3-14)

Cristo comenzó a transferirse el dominio sobre la tierra, y con el comenzaron a obrar las fuerzas celestiales, para aparejar a los hombres para Dios, pero esta comisión no es fácil, era necesario apartar minuciosamente el grano del polvo o de la paja, y Simultáneamente era necesario obrar de tal manera que el grano no fuera ventilado junto con el polvo, o la paja, por eso el Señor obra cuidadosamente y con gran misericordia los hombres, durante el señorío del anticristo, llegarán a tal salvajismo, que prácticamente eliminaron de la tierra a todos los testimonios acerca de Dios. Ninguno de los vivientes se atreve a abrir sus labios para pronunciar algo acerca de Dios, pero el corazón ansioso de oír tan siquiera un rápido testimonio acerca de Dios aún existen Amos 8;11;13) vienen días dice el Señor en los cuales mandare hambre a la tierra; no hambre de pan ni de sed, ni de agua, sino hambre de oír la palabra del Señor, la gente andará errante; buscando la palabra del Señor; irán de mar a mar y del norte y hasta el oriente. Pero no podrán encontrarla. Hermosas muchachas y valientes muchachos se desmayarán de sed ese día, y en semejantes circunstancias Dios, envía dos testigos misteriosos, sobre los cuales nadie sabe exactamente quiénes son. Y de donde han aparecido, la insinuación de que ellos están en pie delante de Dios. Autoriza a pensar que ellos vinieron del cielo (Apocalipsis 11; 4;) pero ellos aparecieron en una imagen extrañamente humilde, sin duda para no dar una impresión impositiva, sino para aquellos que oigan su testimonio, puedan, voluntariamente aceptarlos o rechazarlos. ¿Quiénes son ellos? hay varias explicaciones y suposiciones, unos dicen que estos no son personas sino ideas, o sea, que son el antiguo y el nuevo estamento, yo no estoy de acuerdo con esta interpretación estos serán realmente personas y no ideas, ni nuevo testamento. tenemos las siguientes referencias; ellos estarán vestidos con ropas ásperas, (Apocalipsis 11;3;) a los conceptos no se les puede vestir ni a las opiniones ni a las enseñanzas, no es necesario vestirlas en humildad ni delicados vestidos, ellos estarán predicando por espacio de 1260 días, un período corto, y el antiguo testamento y el nuevo testamento, ya tienen mucho tiempo, ellos tendrán facultades de parte de Dios, para castigar a los seres humanos, cuantas veces quieran, (Apocalipsis 11;6;) y esto solo lo puede realizar los seres vivos las ideas y las enseñanzas son hechos abstractos en sí mismos, por eso no pueden revelarse de un modo objetivo, por último los matarán y verán sus cuerpos por tres días y medio, y luego y estos testigos, el monstruo que sale del abismo. los matará cuando ellos acaben de dar su testimonio, y sus cadáveres quedarán visibles y la gente de todas las naciones los verán. Por espacio de tres días y medio y luego resucitarán a la vista de todos los hombres, y luego ascenderán al cielo. (Apocalipsis 11; 7-12) todos estos hechos se podrán cumplir únicamente en los hombres y no en las ideas; por esta razón esta serán personas y no antiguo testamento y nuevo testamento, la mayoría de los teólogos están de acuerdo que serán personas, pero la pregunta sigue. ¿quiénes serán estas personas? basándose en las palabras del libro de Hebreos 9;27; que está establecido a los hombres que mueran una vez, y algunos suponen que serán de aquellos que no murieron, Enoc, y Elías debido que ellos no murieron sin embargo, es necesario morir una vez, esto es para todos, por eso ellos vendrán una vez más antes de la venida de Cristo, y testificarán de él, y probarán la muerte; y después irán a la vida eterna aparentemente esta suposición es bastante acertada, en cuanto a ellos, no habrá ninguna discusión, al contrario hay profecías claras de que Elías ha de venir, esta profecía la leemos en Miqueas 4;5-6; miren ustedes voy a enviarles al profeta Elías antes que llegue el día del Señor, que será un día grande y terrible, ciertamente existe la idea de que esta profecía se refiere a Juan el bautista, dijo así él es aquel Elías que había de venir Mateo 11;14; Marcos 1-12; como vemos, el Señor llamó a Juan el bautista Elías y aún dijo que el aún tiene que venir, además, Juan vino antes de la segunda venida de Cristo al mundo, y esta venida de Cristo no fue terrible, como dijo el profeta, por eso es claro que el verdadero Elías tiene que venir antes de la segunda venida de. Cristo, y aún Juan el bautista no era Ellas el mismo lo dijo Juan1;21-25;) el obraba únicamente en el espíritu del poder de Elías Lucas 1; 17;) de esta manera podemos ver que hay muchas profecías concernientes al profeta Elías: en el sentido de que debe venir antes de la segunda venida de Jesús, pero acerca de Enoc no hay ninguna mención en el sentido de que él tenga que venir, mientras tanto, el Señor llama a estos mis testigos(Apocalipsis 11;3) y testigo puede ser aquel que vio y oyó de aquello que testifica, he aquí vemos en el monte de la transfiguración a Elías y a Moisés que hablaban con Jesús, acerca de la salvación que debe de concretarse, en, Jerusalén, Lucas 9:1, Estos dos estuvieron con Jesús platicando sobre el reino de Dios. y ellos recibieron, Información de labios del mismo Jesús y por eso con todo derecho podrían llamarse testigos, y la diferencia es solamente esta que el que estaba con ellos no era Enoc, sino Moisés, escudriñando la actuación y autoridad de estos dos testigos, notemos que, efectivamente, Elías y Moisés, ya disfrutaban de semejante autoridad aún en la vida terrenal, así, por ejemplo. Elías tenía autoridad para cerrar el cielo para que no lloviera sobre la tierra (Apocalipsis 11;6; Santiago 5;17; 1 Reyes 17;1)Moisés tenía la experiencia porque Dios le dio autoridad para convertir el agua en sangre Éxodo 7;20-21; ambos tenían autoridad para castigar con fuego Éxodo 23;24; Levítico 16;35; 2 Reyes 1;9-15) cuando leemos de las actuaciones de estos testigos automáticamente aparecen Elías y Moisés y no Enoc, además Enoc vivió antes del diluvio así que no hay alternativamente estos serán los dos testigos, porque ellos tienen experiencias máximas.

¿Deben de morir todos indiscutiblemente?

En la palabra de Dios está escrito que no todos moriremos, pero todos seremos transformados 1 Corintios 15; 51-56; esto es todos, os santos que estén en vida hasta la venida de Jesús, no morirán, sino que sus cuerpos corruptibles, serán cambiados en cuerpos incorruptibles, ellos, juntamente con los muertos. Entonces resucitados, serán arrebatados en las nubes para él encuentro con el Señor en el aire 1 Tesalonicenses 4; 15-17:Enoc. es el símbolo de esos creyentes que en vida serán arrebatados con el encuentro con Jesús, por eso es muy lógico deducir que su cuerpo, juntamente con los cuerpos, de aquellos que él simboliza se transformen en incorruptibles, de manera que como vemos, no hay ninguna necesidad absoluta de que Enoc vuelva a venir a este mundo para ser muerto y así pasar por la ley de la muerte, por cuanto este establecido a los hombres que mueran una sola vez, porque habrá muchos fuera del que no morirán, sino que serán cambiados. las sagradas nos hablan de varios que no murieron, sabemos también que no menos de 8 casos, de hombres que habiendo muerto, fueron resucitados, pero en cuerpos corruptibles, y luego ellos murieron otra vez, por tanto aun cuando Moisés resucitará para testificar juntamente con Elías, y luego volverá a morir, no será una excepción así que el arrebatamiento de Elías, en cuerpo al cielo por un lado y la muerte corporal de Moisés por otro lado no construye impedimento alguno, para el compañero de Elías fuera Moisés y no Enoc,

(El cuerpo de Moisés)

Hay una condición más que habla en este caso en favor de Moisés, son los sucesos en torno a su cuerpo, en general, que la muerte de Moisés ha sido escondida y secreta Deuteronomio 34;5-6; lo que despierta muchas interrogantes en primer lugar. ¿Por qué Dios mismo sepultó a Moisés? ¿Dónde y cómo? ¿Por qué Dios ocultó el cuerpo de Moisés de tal manera que nadie supo donde se encontraba? ¿Porque el diablo buscaba el cuerpo de Moisés? ¿porque el arcángel Miguel defendía el cuerpo de Moisés del diablo? esto es para que nos demos cuenta de la importancia que tiene un santo hijo de Dios Judas 1;9; Deuteronomio 34;6-7; 2 Reyes 13;20-21; lo que quiero decir con estas palabras, es el valor o importancia que tiene un hijo de Dios, por esta razón el arcángel Miguel defendía el cuerpo de Moisés, y la Biblia también en el libro de 2 de Reyes 13;20-21; nos dice que el profeta Eliseo después de muerto echaron un muerto en la fosa del profeta y en cuanto rozó los restos del profeta resucitó,

(Dos olivos)
(Apocalipsis 11; 4)

En la profecía del profeta Zacarías 4; 2, 3, 11-14) entonces esos olivos ungidos eran Sorozábal, dirigente civil de Judá y Josué el sumo sacerdote Ageo 1; 14; quienes en circunstancias difíciles en medio de las persecuciones y persistentes ataques del enemigo, construían el templo. Su gran valor, una fe firme y su completa confianza en Dios, fueron coronados con gran éxito, por Dios Ageo 2; 7; de esta manera el servicio de estos dos olivos, Moisés, y, Elías, estará transcurriendo en circunstancias particularmente difíciles y a despecho del mismo anticristo, pero el servicio de ellos finalizará con el glorioso triunfo y la venida de Jesús,

(Manera de su actuación)
(Apocalipsis 11; 5-6).

No cabe duda de alguna de sus formas de actuación, pueden originar comentarios críticos de parte de sus enemigos del cristianismo, pero debemos tener en cuenta que el mundo, bajo la dirección del anticristo, furiosamente destruirá a todos los testigos de Jesús, y el odio dejará de percibir palabras. Tales como gracia, y amor, por eso estos dos testigos acomodan al mundo métodos tales, que son los únicos capaces de tener alguna influencia; fuego, venganza y muerte, sus provisiones son de destrucción, bajo las condiciones de entonces, ellos no podrán testificar un solo día sino estuvieran equipados de estos medios de autodefensa. no era fácil destruirlos con engaños, o en una emboscada, porque si alguien intenta causarles algún daño, morirá inmediatamente (Apocalipsis 11;5) por eso ellos permanecieron hasta 1260 días que nos da un total de 3 años y medio, esto en la primera mitad de la semana (Apocalipsis 11;3) podemos imaginar la reacción del anticristo y todo su comité de sus colegas enemigos de Dios, al sentirse imposibilitado de poder echarles mano a estos testigos fieles de Dios, por eso la gente les tendrá pánico porque ellos tenían poder para rechazar a toda la fuerza maligna del anticristo, los hombres están viendo esta fuerza sobrenatural y autoridad que tenían estos testigos, pero la explicación falsa los considerará tal vez grandes hechiceros, que todo lo que hacían era con el poder del diablo, y no de Dios, y toda esta gente rechazó el evangelio de la salvación.

(La muerte de los testigos) Apocalisis11; 7-10:

Es difícil explicar de la manera que el anticristo destruirá a estos testigos de Jesús, pero todo esto sucederá únicamente por medio de la voluntad de Dios, porque todo esto es un plan de Dios, para la purificación de sus hijos, y con el fin de que todos alcancen la salvación, pero el ser humano tiene que ser acrisolado por el fuego para que sepa valorar las riquezas de Dios 1 Pedro 1;7; es probable que esto suceda después de la primera mitad de la semana, y es probable que al terminar con estos dos testigos él se eleve hasta la cúspide y todos creerán que en verdad será el mesías, prometido y él se proclame como Dios, y el deseará. Sacrificios para sí para lo cual hará descender fuego del cielo. Como lo hizo el profeta Elías (Apocalipsis 13; 13; 1Reyes 18; 33; y entonces, siguiendo Elías, destruirá a sus enemigos, difamándolos como falsos profetas (1 Reyes 18; 40 para los mismos testigos esto no significará ninguna perdida, pero para aquellos que les dieron el testimonio y que creyeron en ellos, para ellos sentirán que todo está perdido, Los. Cuerpos de estos creyentes, o testigos de Jesús estarán en la gran plaza de la ciudad, como prueba material de la fuerza del anticristo que destruirá estos enemigos invencibles, tan poderosos que tenían el poder de retener la lluvia y que el agua se convierta en sangre, y esto hará el anticristo para pacificar a los hombres quienes estaban alarmados de estos dos testigos (Apocalipsis 11, 10; todo esto sucederá en la ciudad de Jerusalén, Lo que vemos de las palabras donde también fue crucificado nuestro Señor Jesús la ciudad no se nombra por su nombre, sino que los nombres de aquellos países a los que, espiritualmente eran semejantes a aquellos países a Sodoma, y a Egipto (Apocalipsis 11; 8), esto es muy interesante debido a que en Jerusalén era la ciudad santa para los hebreros, mientras que para los demás países era igual. pero para este tiempo los seres humanos tendrán a Jerusalén como, la una antorcha porque ahí reinará su líder el anticristo su líder político y religioso, pero para Dios, era como Sodoma y Egipto, no en vano dijo el Señor Jesús; porque lo que los hombres tienen por sublime, delante de Dios es abominación, Lucas 16;15; así era, así es y así será, mirando aún hoy mismo a toda esa grandeza de los hombres, a su pretendida santidad, si se los mira del punto de vista del evangelio.

(La resurrección de los testigos)
(Apocalipsis 11; 11-14)

Importantes cadáveres de los testigos permanecen tendidos en la plaza de la ciudad de Jerusalén, los hombres los miran y no lo creen, a sus propios ojos, y eran estos mismos que durante tres años y medio, nadie podía aproximárseles sin recibir el castigo, y la gente del anticristo alarmada dirán que poderoso es nuestro jefe, que los ha vencido, podemos imaginarnos lo que estará pasando en la confundida multitud frente a esos cadáveres, el mismo anticristo se llenará de alegría, al ver este cuadro ante sus propios ojos pero el gozo de los impíos fue de muy corta duración, dentro de tres días y medio, resucitaron los testigos. Ante el asombro de sus enemigos. Quienes celebraban el triunfo y la victoria de sus enemigos, los testigos muertos resucitaron y se fueron con el Señor al cielo. a la vista de todos sus enemigos (Apocalipsis 11;11-14). Al mismo tiempo se produjo un terremoto destruyendo la décima parte de la ciudad, y dando muerte a un total de siete mil personas, el resto de los seres humanos dieron gloria a Dios, y que significa, que el anticristo fue totalmente vencido por los dos testigos (Apocalipsis 11; 13), parece que el mal siempre vencerá pero es en apariencia, el bien siempre vencerá porque el bien es Dios,

(La séptima trompeta)
(Apocalipsis 11; 15-16)

Cambio de poderes (Apocalipsis 11;15-16), al sonar esta séptima trompeta se completaran todos los hechos que van a suceder; en la última semana, hasta tanto se lleve a cabo el misterio de Dios (Apocalipsis 10;7), esto no significa que el ángel estará sonando la trompeta durante tres años y medio, pero con esta trompeta se iniciará un nuevo período, en la que manifestara una decisiva presión sobre la tierra de parte de Jesús, y una desesperada defensa del anticristo, en este período están incluidas las siete últimas copas de la ira de Dios, en el momento mismo, en general todos los acontecimientos hasta el milenio, el anticristo no habrá perdido su señorío, el anticristo no perderá su señorío hasta cuando Jesús comience a reinar, el reino, ha llegado a ser de nuestro Dios. y reinará por todos los siglos, y las palabras dice que reinará no que está reinado, desde este momento el reinado del anticristo estará muy limitado, los días del anticristo están corriendo veloces y son contados. y el Señor Jesús cada vez se enseñorea del reino de la tierra, sabiendo esto los ciudadanos celestiales no pueden contenerse de gozo, declaraciones de gratitud hicieron. Eco en los cielos (Apocalipsis 11,16-17) porque los ciudadanos del cielo se regocijaban tanto del cambio de poderes? porque en el mundo no hay gobiernos cristianos, todos los gobiernos de los hombres son comparados por Dios, como bestias salvajes, pero para los hombres son señores oficiales, grandes señores, pero Dios los compara con bestias salvajes, porque a pesar de que tienen intelecto y raciocinio, actúan como animales salvajes Daniel 7;4). León con alas, oso carnívoro Daniel 7;5). Leopardo alado de cuatro cabezas Daniel 7;6). Bestia espantosa de diez cuernos y dientes de hierro Daniel 7;7). Carnero con dos cuernos Daniel 8; 20) rey de un cuerno Daniel 8; 21) esta es la imagen de los países de este mundo Daniel 7; 17). Están llenos de una salvaje. Carnivorasidad, pasión y violencia, y hasta el día de hoy en los museos se encuentran. Escudos. y banderas, de las naciones, se pueden encontrar imágenes de animales, víboras, aves, en las dos últimas guerras los hombres actuaron como bestias salvajes, devorándose unos a otros, y ahorita como están las naciones devorándose unos a otros, a pesar de que ahorita están civilizados estudiados actúan como fieras salvajes, sin misericordia, desde que la humanidad se entregó al dominio de Satanás, aunque fuera establecida por Dios, no obstante se encuentra en el dominio e influencia satánica, que indiscutiblemente es así, el mismo Satanás lo dijo a Jesús, y el no lo contradijo, por la mentira, de esto automáticamente surge la conclusión de que toda autoridad política y toda su fuerza proviene de Satanás Lucas4;6-7;Satanás también fue presentado como fiera, es decir, serpiente con 7 cabezas, que es el símbolo de la plenitud de su inteligencia, además de las 7 cabezas, tiene 7 coronas, que simbolizan la plenitud de su poder reinan (Apocalipsis 12;3; Juan 12;31; 2 Corintios 4;4; Efesios 2;2;5;12). De manera que el diablo es el rey y dios de este mundo. o sea, de este siglo, y al mismo tiempo es una bestia, nada extraño puede haber si aquellos que están bajo su influencia son también fieras salvajes, por eso es que todos los esfuerzos para establecer un gobierno humano, o cristianamente justos es en vano, ni las revoluciones, ni formas ni el progreso de ideas, libertades, ni la ciencia ni la cultura, no permiten alcanzar la meta deseada, la bestia siempre tomará la delantera, y finalmente aparecerá tal monstruo, que el mundo no ha visto, este será. Un leopardo de 7 cabezas, con boca de león y sus patas de oso, con 10 cuernos, y sobre sus cuernos 10 coronas y de su boca salían grandes cosas y blasfemias, contra Dios, y contra los santos y contra el santuario. y contra el cielo, diga lo quediga el mundo y no importa cuánto se ensalce, de todas maneras su rey es Satanás, al cual el mundo sirve y le adora (Apocalipsis 13;3;) por eso no hay manera alguna de que los hijos de Dios tomen lugar en el, un cargo político no importa de qué nación del mundo, Jesús dijo claramente; mi reino no es de este mundo Juan 18;36; y todos sus seguidores tampoco son de este mundo Juan 17;14-16; cuando suene la séptima trompeta, entonces el poder comenzará a huir de las manos de Satanás y durante 3 años y medio pasará a las manos de Jesús, entonces la autoridad de la bestia será cambiada por la celestial; porque el verdadero dueño es Jesús Juan 19;5; quien asimismo se llamó hijo del hombre Mateo 24;30-40;25;13, 31; la autoridad del anticristo será cambiada por la de Jesús, entonces vendrá el orden de este mundo, cuando Jesús comience a reinar, pero primero tienen que morir aquellos que destruyen la tierra, mientras que todos los santos alcanzarán la salvación, y esto, no solo los vivos sino todos los muertos y vivos, (Apocalipsis11; 18;) y entonces serán castigados todos los reyes y sacerdotes, pastores, profetas maestros, políticos gobernantes y todos los que tienen autoridad en este mundo (Apocalipsis 16;16;) Isaías 24; 21; en este día el Señor castigará a los poderes celestiales y a los reyes de la tierra; los reunirá y los tendrá encarcelados en un calabozo, los tendrá encarcelados, y después de mucho tiempo los castigará, cuando el Señor todopoderoso actúe como rey en el monte de Sion, en Jerusalén. (Apocalipsis 11; 18 ;).

(Aparición del arca del pacto)
(Apocalipsis 11; 19;)

En el cielo está el templo, el santuario Hebreos 9;23-24; a la imagen de la cual fue construido en miniatura el templo hebreo Éxodo 25;40; el pecado produjo división entre Dios y los hombres Isaías 59;2; símbolo de esta división era la cortina en el tiempo, pero la muerte de Jesús rasgó ambos velos, tanto lo verdadero como lo simbólico de esta manera lo divino se acercó a los hombres Hebreos 10;19-20; cuando suene la séptima trompeta, entonces el velo que separa a los hombres de Dios, finalmente caerá y se abrirá para los santos el arca del pacto, esto es, todo lo culto, y se abrirá para los santos todos los secretos. Porque Dios lo ha prometido a los santos, el arca sirve de símbolo para el culto, para los santos, esto será señal del fin de los sufrimientos, pero para los impíos será señal de juicio, para los cristianos esto será gracia, pero para los incrédulos será castigo, para los hijos de Dios. Esto será la bienvenida paternal, pero para los inicuos venganza, he aquí, se levanta una terrible tormenta relámpagos enceguecedores parten del cielo, los truenos hacen temblar la tierra, granizo insólito destruye todo; la tierra tiembla y se mueve, es Dios, es quien se levanta para la cuenta final con el mundo impío. Después de esto viene un intervalo en la carrera cronológica de sucesos, los Cuales volverán a reiniciarse del capítulo 15;5). En los siguientes capítulos tenemos algunos detalles importantes, los que debemos conocer para tener una idea más completa de esta terrible semana, los sucesos. En estos capítulos sucederán paralelamente con los hechos del capítulo 16.

(Las dos señales)
(Apocalipsis 12; 1-6)

La mujer 12;2) el apóstol Juan vio una mujer en el cielo y llamó a esta visión una gran señal, esta expresión indica algo importante y rico en sus consecuencias, y no de sucesos de otra índole, en esta señal se descubre el cuadro que nos traslada de golpe a varios períodos, ¿quién será esta extraña mujer? Hay varias explicaciones concernientes a esta visión, pero yo añadiré para esta mujer orientación, solamente dos, en primer lugar, la iglesia oficial dice que bajo esta mujer, debe entenderse a María, y bajo el hijo, la naturaleza humana de Jesús, que fue al cielo ante Dios, pero María, después del nacimiento de Jesús, huyó a Egipto (Apocalipsis 12;6). Mateo 2; 1·15). María huyó con su hijo y con su marido José todo esto significa y es el símbolo, de la iglesia porque María es parte de esta mujer y José y Jesús y todos los santos, son parte de esta mujer, hay que entender muy bien este asunto, en primer punto Dios siempre ha considerado como mujer a los fieles los santos Génesis 3;15; donde Dios mencionó a las dos descendencias la de la mujer y la de la serpiente, y siempre ha habido descendientes de Dios, que le sirven de corazón. Y esta es la mujer, de Dios y el pueblo de Israel, fue considerado como la mujer de Dios, pero los que son fieles a Dios, y esta fue la madre de la iglesia porque ahí nació la iglesia, porque los apóstoles y la virgen y todos los santos de Dios es considerado con esta mujer de Dios, y esta señal que apareció en el cielo una gran señal; una mujer envuelta en el sol, como un vestido, con la luna bajo sus pies y una corona de12 estrellas en su cabeza, la mujer estaba encinta, y gritaba por los dolores del parto, por el sufrimiento de dar a luz, en primer lugar esta mujer fue vista en el cielo, y en segundo lugar. Esta mujer tenía una vestidura como el sol Mateo 13;43; entonces aquellos que cumplen lo que Dios exige, brillarán como el sol en el reino de su padre. Los que tienen oídos, oigan, este es el vestido que tendrá la iglesia (Apocalipsis 19; 8-9;) que es la recta conducta de los Santos, y una corona de 12 estrellas. las estrellas brillan los santos dan luz porque son la luz del mundo (Mateo 5; 14; (Apocalipsis 1; 20;) las estrellas son los oficiales de la iglesia, porque las estrellas alumbran disipan las tinieblas, y solo a la Iglesia se le han prometido coronas. (Santiago1; 12;). y las coronas Significan autoridad para gobernar, y la iglesia será la que gobernará, en este tiempo, será la Jerusalén celestial Miqueas 5; 3; dice Juan que la mujer estaba encinta y sufría por los dolores del parto, por dar a luz, ahora el Señor deja a los suyos, pero solo hasta que dé a luz la mujer que está esperando un hijo. y entonces se reunirán con sus compatriotas los israelitas que están en el destierro, esta es la mujer que dará a luz, porque es la que engendró al mundo. ellos enseñaron al mundo del evangelio, y la iglesia es la que enseñó a esta. Gente, cuando la iglesia sea recogida al cielo, muchas de estas personas van a creer en el evangelio de la verdad, pasará como cuando Pedro predicó el primer sermón, que fueron bautizadas 3000 personas así va a suceder cuando la

iglesia sea recogida al cielo, porque los hebreos dejaron de ser, o sea, los
hebreos infieles los que no creyeron en Jesús, pero todos los que creyeron
son la mujer de Dios, porque todas las columnas eran israelitas, Pablo,
Pedro, Juan. Jacob, Santiago, Mateo, María y esa es, porque la iglesia es
los verdaderos judíos la Jerusalén celestial Gálatas 4; 21-31; versículo 26
pero la Jerusalén celestial es libre y nosotros somos hijos suyos, 27 porque
la escritura dice; alégrate, mujer estéril, tú que no tienes hijos; grita
de alegría, tú que no conoces los dolores del parto. 31 de manera que
no somos hijos de la esclava, sino de la libre, a sea, de Sara. Somos la
mujer que vio el apóstol Juan en el cielo. Los herederos de las promesas
de Dios porque somos los verdaderos descendientes de Abraham y los
israelitas actuales son hijos de Ajar la esclava y no pueden heredar con
los verdaderos hijos la herencia, el Señor les dijo cerrare con espinas su
camino y pondré una cerca a su alrededor, para que no encuentren sus
senderos, Oseas 2; 6; pues por mucho tiempo los israelitas estarán sin
rey, ni jefe. Sin sacrificios ni piedras sagradas, sin ropas sacerdotales ni
ídolos familiares Oseas 3;4; Pablo también sufrirá dolores de parto por
los creyentes de Galicia hasta que Cristo se formará en ellos, así también
esta mujer sufre por los que se quedaron a la gran tribulación por esta
razón gritaba como si tuviera dolores de parto porque muchos son hijos
de esta mujer, son los que fraternizaban con la iglesia comía y cantaban
juntos, pero no estaban preparados y se quedaron, por esta razón la
Iglesia gritaba con dolores de parto, por todos sus hijos que se quedaron
a la gran tribulación, y la Iglesia es la novia del cordero y en esta fiesta
va a contraer matrimonio con la iglesia la nueva Jerusalén (Apocalipsis
19;8-9; que después vendrá a reinar con Jesús a la tierra (Apocalipsis-
21;9-27; porque para entonces ya será la esposa del cordero (Apocalipsis
19;7;) y solo a la iglesia se le han dado vestiduras como el sol. y coronas
(Apocalipsis19;8; 2 Timoteo 4;8; 1 Pedro 5;4; Santiago 1;12; y a los
santos de la gran tribulación se le prometieron vestiduras blancas ellos
traían palmas en las manos y la iglesia tenía copas de oro(Apocalipsis
7;9) a estos cristianos no se les prometieron vestiduras resplandecientes
como el sol, resplandecientes, y estrellas estos son los oficiales de la Iglesia
Apocalipsis1;20;) el vestido como el sol es vestido celestial de victoria
sobre el mal es el símbolo de la verdad divina, con la cual están vestidos
todos los hijos de Dios tanto los del antiguo testamento eran portadores
del resplandor celestial la luna es el símbolo de la sabiduría terrenal y

estaba bajo los pies de la mujer y la sabiduría no deja de ser también una pequeña luz, la corona con doce estrellas representa a las doce patriarcas como antorchas del mundo, que son un símbolo de los doce, Apóstoles que son también israelitas, y Abraham simboliza a Cristo, que es el hijo de la naturaleza humana es Cristo, de lo que hablaremos más adelante mencionaremos ahora solamente el hecho que él es realmente nació de Israel Romanos 9; 4-5; lo que costó a este pueblo no pocos sufrimientos los cuales están representados en la visión del Apocalipsis como dolores de parto Romanos 8; 23; Miqueas 5; 3-5;).

(El gran dragón)(Apocalipsis 12-4

Esta, es, la, antigua. serpiente, Satanás. Génesis3; 1-4; (Apocalipsis12; 9; pero no siempre él era serpiente, su nombre anterior estaba lleno de poética. hermosura, él se llamaba Lucero de la mañana Isaías 14; 12-14; querubín ungido. Ezequiel 28;14; y se ungía solamente a los reyes, de manera que él era el querubín real. además, el sello de la perfección, la plenitud del conocimiento, lo que indica sus siete cabezas, también él era la corona de la hermosura, Ezequiel 28;13; pero ese querubín real cayó, se sublevó contra Dios, el mismo quiso ser divino y se tornó en serpiente. Isaías 14; 12-15; Ezequiel 28; 15-17; pero aún como serpiente el sigue conservando su grandeza real y su autoridad, y su color rojo (de fuego) aunque indica que es revolucionario, y homicida desde el principio. Juan 8; 44;a la vez nos recuerda el vestido real de aquellos días o sea, de aquellos tiempos, púrpura carmesí también las coronas en sus siete cabezas, indican la plenitud de su dominio real y los cuernos siempre han sido el símbolo de la fuerza Deuteronomio 33; 17; este dragón tendrá hasta diez cuernos, este número es de Dios, significa la plenitud. del orden divino, los diez mandamientos, el diez por ciento % los diez dedos de los pies indican la responsabilidad de andar con Dios, los diez dedos de las manos, representan la responsabilidad de servir a Dios, y este dragón tratará de imitar a Dios en todo por esta razón son diez cuernos, este será el gobierno del dragón, no cabe duda que estos representan la fuerza de Satanás que será destructora el mismo Señor Jesús, no contradijo a este dragón, de su dominio real Lucas 4;7-7; al contrario, él le dijo que él tiene su reino Mateo 12;24-30; y el apóstol, mediante el Espíritu Santo, dijo el gobierna con todos los gobiernos del mundo. Efesios 6; 12; y además, Satanás era un destacado ejemplar de la creación, el príncipe de la jerarquía celestial, obraba con una terrible fuerza y dominio, si el aún intentó igualarse a Dios, había para esto ciertas pruebas, no era una locura, ya que ahora hay personas que apenas se sujetan en sus pies, pero dicen que son dioses, en cuanto a la gloria que gozaba Satanás entre los ángeles, vemos del hecho que él logró arrastrar tras si hasta la tercera parte (Apocalipsis12;4;aquí por cierto se usa la palabra estrella, pero es claro que no son planetas ni el sol, a los ángeles se les llama estrellas Job 38;4;el mismo Satanás se llamaba Lucero de la mañana y se llevó tras sí a aquellos que estaban bajo sus órdenes. por lo visto, aquellas estrellas de la mañana eran estrellas, o sea, era ángeles del tipo Satanás él era su príncipe, en la creación todos estos luceros de la mañana e hijos de Dios, se gozaban y se regocijaban, pero más tarde unos y otros volaron tras Satanás (Génesis 6;1-5; Job 38;7;Apocalipsis 12;4). de esta manera, Satanás no solo arrastró tras. Si a muchos ángeles celestiales, sino que arrastró también al primer hombre Adán, conquistando también sus derechos, su reino. Y su descendencia (Juan 14; 30; 16; 11); de los textos citados vemos que Dios no llama al hombre príncipe de este mundo, sino que a Satanás, así creó una gran fuerza del mal sobre la tierra; innumerables ángeles incorporaos caídos, saturan y llenan el aire, y millones de seres humanos llenan la tierra del mal. pero Satanás reina con todos ellos (Efesios 2;1-3; ninguno pudo salvar a la humanidad de semejante fuerza del mal, se requería igual fuerza del bien y amor, y a la tremenda trasgresión de los hombres, era necesario contraponer un sacrificio adecuado y perfecto, ningún serafín o querubín, ni ángeles, ni en el cielo ni en la tierra, entre sus profetas reyes, sacerdotes, ni debajo de la tierra entre los Santos muertos, ni Job, ni la virgen María, que según, la iglesia oficial, dice que está al lado izquierdo de Dios, ninguno pudo salvar a la humanidad de semejante fuerza del mal, Salmo 14;2; (Apocalipsis5, 3-4; nadie pudo ocuparse de responsabilidad tan grande, por eso tuvo que ocuparse el hijo de Dios, de esto sabia él terrible dragón; por eso se esforzó en borrar la simiente, es por eso que Jesús tuvo que sufrir tanta ignominia, blasfemia. sufrimiento y la muerte, cargando con todo sin ira ni queja, ni con el pensamiento para entender, pues, el período del espíritu caído, debe entenderse la divulgación y el alcance de la fuerza diabólica, y además de entender el gran precio del sacrificio, el cual quebrantó el dominio de este reino, por eso se llama el gran dragón.

(El hijo de la mujer)
(Apocalipsis 12; 5)

Ya se dijo que por la expresión, de este hijo varón debe entenderse a Jesús, porque el profeta Isaías ya lo había dicho en su libro (9; 6) porque un hijo nos es dado, el salmista también profetizó que el hijo de Dios pastoreará a los pueblos con vara de hierro Salmo 2; 7-9) claro que esta vara de hierro, tiene significado simbólico, y significa un dominio poderoso, una disciplina de hierro, esto se confirma además en (Apocalipsis19; 15). disciplina de hierro, esta vara de hierro es exclusivamente propiedad de Jesús, y de su parte él ya prometió compartir este dominio juntamente con sus vencedores (Apocalipsis 2;26-28; no cabe duda de que este niño era Jesús, María la madre de Jesús es parte de esta mujer Apocalíptica, y todos los fieles de Dios, la mujer como ya dijimos es la descendencia, de la mujer, o sea, todos los cristianos fieles que guardan su compostura, y su conducta, recta, ante Dios.

(El deseo de la serpiente de comer al niño)
(Apocalipsis 12; 4)

A la hija de Sión, le tocó experimentar difíciles sufrimientos, porque Satanás no quería permitir la aparición, de esta descendencia, cuando de todas maneras apareció Satanás decidió destruir la misma descendencia, siguiendo la vida de Jesús, no es difícil seguir estos esfuerzos satánicos, todos sabemos de la terrible tragedia que experimentó Belén, donde Herodes mató a los niños deseando acabar con nuestro señor Jesús, este era un odio despótico, porque estaba poseído del poder diabólico porque este dragón. Sabía que era el salvador del mundo, el verdadero heredero de las promesas de Dios, por eso desprendía tanto odio en contra del hijo de Dios, porque era la descendencia de la mujer Génesis 3;15; mas a delante los años de la infancia de Jesús, están rodeados de oscuridad, de manera que no sabemos la experiencia que tenía el niño hijo de Dios, pero estamos seguros que Satanás no perdía ni un segundo, y Dios ya tenía todo planeado, porque él sabía hasta qué punto lo dejaba actuar, he aquí. el Señor Jesús fue bautizado, y luego, luego se le acercó el tentador, y hace lo posible por arrastrar al Señor Jesús al pecado y con esto impedir el plan de Dios, pero Dios es él sabio

de sabios, y él sabe todas las cosas Lucas 9;4). La gran tempestad en el
mar tenía la misma meta, destruir al Señor Jesús, Mateo 8; 24-27) el
Señor Jesús reprendió el viento, y el viento se aquietó en cuanto oyó la
voz de Jesús, muchas veces los judíos trataron de matar a Jesús. Juan16;
5;16-18; 7;1; 8;59; 10;31;39; 11;53; cuantas veces ellos tomaron
piedras para apedrearlo, la vida de Jesús siempre estaba en peligro, este
era el odio del dragón. Juan 10, 32; todos estos eran los esfuerzos de
este dragón para devorar al niño, para impedir que la víctima llegara al
altar, cuando de todas maneras llegó el Señor Jesús finalmente murió
por los pecadores, aunque no según el plan de Satanás; sino siguiendo
el plan de Dios, y Satanás todavía abrigaba una esperanza; que el Señor
Jesús no saldría de la tumba, Job 17;11; pero el Señor Jesús resucitó
y la víctima se zafó de la misma boca del dragón he aquí, fue donde
este dragón perdió todo sus esfuerzos, porque condenó a un ser justo, y
aquí fue herido de muerte este dragón, aquí se cumplieron las palabras
de Dios, cuando le dijo a la serpiente, tú y la mujer serán enemigos lo
mismo que tu descendencia y su descendencia tú le herirás el talón y
ella te aplastará la cabeza, y esto fue lo que hizo Jesús con este dragón,
alguien dijo por ahí que el diablo estaba vivo, y esto es cierto pero lo
que le hizo Jesús fue que le bloqueo la sabiduría al diablo y ahora se
les están escapando miles y miles de personas a este dragón, porque la
puerta quedó abierta para todos los seres humanos, Hebreos 2;14-15;
Colosenses 2;14-15; esto fue el cumplimiento de lo dicho por Dios
haya en Génesis 3; 15).

(El hijo arrebatado para Dios)
(Apocalipsis 12; 5)

Esto se cumplió en el momento de la asencion Marcos 16; 19).
claro que cuando el Señor Jesús fue tomado arriba no era ya un niño
en el sentido físico, pero espiritualmente él siempre era Dios, y en la
resurrección Jesús logró la victoria sobre sus enemigos, porque venció la
muerte, con la resurrección y con la muerte pagó el precio de la salvación
con su sangre Hechos 20; 28). Esta fue la forma de la franquicia de Dios,
55,1-Juan 7 37; Apocalipsis 21,6,22,17; para la humanidad, el regalo más
grande que Dios hizo para todos la humanidad Isaías 55; 1; Juan7; 37;
(Apocalipsis'; 21; 6; 22; 17.

(La huida de la mujer al desierto)
(Apocalipsis 12; 6)

Aparentemente, en, nuestro, texto, no, hay, intervalo, alguno, entre, el, recogimiento del hijo hacia Dios la asunción y la huida de la mujer al desierto, no obstante, la asunción ya se produjo en el pasado lejano, sin embargo, la huida de la mujer pertenece al futuro, este período de tiempo ha sido llenado con la historia de la iglesia, y la semana de la gran tribulación es separada, y pertenece al intervalo entre la semana 69 a la 70 el profeta Daniel, al igual que el apóstol Juan, hablaba acerca de la historia de su pueblo, y suponiendo ambos el tiempo en que Dios apartó a Israel, como nación espiritual, no existe para Dios, pero es considerado como pueblo gentil, por eso es que a la semana 70 fue interrumpida o separada de la historia del pueblo de Israel, y esta interrupción se prolongará hasta tanto Israel, entre en su carácter de nación, y se vuelva a Jesús, entonces principiara la semana 70 cosas semejantes, de acercarse a acontecimientos correspondientes al lejano futuro suceden en la profecía, por ejemplo, en el libro de Isaías 61;1-2). Dice que Jesús estará predicando el año de la buena voluntad del Señor, y el día de la venganza de Dios, el año de la buena voluntad comenzó con la venida de Jesús Lucas 4;18.. 21; y el día de venganza será cuando el venga por segunda vez, 2 Tesalonicenses 1;7, 8; entre estos dos acontecimientos hay un mar de la gracia de Dios, que se prolonga ya por un período de dos mil años, pero el profeta no se refiere a este período de intervalo, existe una dificultad más para entender este texto, y es que el (Apocalipsis se producirá la huida de la mujer Israel, estará embarazada de la palabra de Dios, el nacimiento del hijo Jesús, el deseo del dragón para devorar al niño y su ascensión al cielo, todo esto pertenece a un lejano pasado ¿por qué entonces Dios mostró aquello que ya había pasado? y a que él tenía que mostrarle aquello que es, y que será en el caso presente, esto sucedió, precisamente porque si Dios no le hubiera mostrado el pasado, nadie podría haber entendido el futuro, si este capítulo 12 del apocalipsis comenzaría con el versículo seis donde se habla de la huida de la mujer al desierto, nosotros nunca habríamos sabido quien es esa mujer apocalíptica, a quien representa ella y porque el dragón la persigue con tanta determinación, de manera que los primeros cinco versículos vienen a ser como el hilo del cuadro completo, mediante el cual quedan aclarados los demás acontecimientos, sino hubiera visión del pasado, nosotros no sabríamos los misterios difíciles y sorprendentes ataques a Israel, tampoco sabríamos las causas de las reiteradas agresiones en contra del señor Jesús. y tantos otros peligros que el experimentó, en general, no sabríamos porque y sobre qué línea se desarrollaba la lucha entre Satanás y Dios, pero esta maravillosa visión, a semejanza de una llave mágica, nos revela de una sola vez, muchos misterios del pasado; el cual nos muestra un cuadro claro del futuro.

(La batalla en el cielo)
(Apocalipsis 12; 7-17)

El motivo de la batalla 12;7) esta batalla será a raíz del arrebatamiento de la Iglesia, según leemos será alzada en las nubes en el aire 1 Tesalonicenses4; 16-17). Filipenses 3; 20-21; 1 Corintios 15; 51-53) y el aire es la esfera del señorío del diablo Efesios 2; 2; 6; 12). El dragón sabe del rapto de la Iglesia, y por esta razón tratará de hacer su último intento de engañar a la Iglesia, Mateo 22; 11-13) cuando el rey entró para ver a los invitados, se fijó en un hombre que no iba vestido contraje de boda 12 y le dijo amigo, ¿cómo has entrado aquí sino traes traje de boda? pero él se quedó callado, entonces el rey dijo a los que atendían las mesas; átelo de pies y manos, y échelo a la oscuridad de afuera, esta parábola es un símbolo, y representa a esta batalla en el cielo con la Iglesia, y el dragón en Apocalipsis 12; 10). Notemos que hasta ese momento Satanás tenía acceso hasta el mismo cielo donde está Dios, donde el acusaba a los hijos de Dios, y al estar la iglesia en el cielo ya no hubo lugar para este dragón, porque esta mujer y el dragón son enemigos Génesis 3; 15). Por esta razón, Dios dio la orden de echarlo del cielo a las tinieblas de afuera.

(El ángel miguel)
(Apocalipsis 12; 7)

Mediante esta guerra se descubre que el ángel Miguel es el jefe de las fuerzas celestiales otros pasajes de la biblia revelan más funciones de este personaje sobresaliente el arcángel Miguel, por ejemplo en el libro de Daniel 12;1) siempre él fue el enviado cuando era necesario quebrantar el poderío satánico, y contener sus actos, también este arcángel Miguel fue en defensa del cuerpo de Moisés Judas 1 ;9: este mismo arcángel Miguel defendía la revelación del futuro de Israel Daniel 10, 12-14). Así ahora el acude para despojar a Satanás de las esferas celestiales (apocalipsis 12, 7-8), este ha sido siempre el defensor del pueblo de Dios Daniel 10, 5-14; 20-21). Muestran que él es el ayudante más próximo del señor Jesús, en esta base podemos deducir que eran sus ángeles quienes servían al señor Jesús, en el desierto Marcos 1; 13). Y este arcángel tenía un contacto continuo Juan 1; 51). No cabe duda de que Miguel era el príncipe de aquellas doce legiones que estaban listas para salir en defensa de Jesús, Mateo 26; 53). Ellos estaban listos para ayudar a nuestro señor Jesús en el Getsemaní, cuando todas las fuerzas satánicas se esforzaban por destruir a Jesús Lucas 22, 43). A su voz también sonará la trompeta de Dios, la cual despertara a los muertos en Cristo 1 Tesalonicenses 4; 16-17).

(Las consecuencias de la guerra)
(Apocalipsis 12; 8-10)

Satanás y sus ángeles serán echados del cielo, la biblia nos habla de tres cielos 2 Corintios 12, 1-4). Yo creo que Satanás fue expulsado del primer cielo, porque la escritura nos dice, que este dragón será lanzado a la tierra, juntamente con todos sus colegas, o es decir, todos los espíritus diabólicos, junto con su jefe, el dragón, este dragón tendrá ascenso únicamente al primer cielo en la atmósfera terrestre, porque estos poderes diabólicos estarán únicamente por un período corto de una semana, en la cual se llevara a cabo la gran tribulación. Pero Dios protege a la Iglesia de este gran dragón, y la iglesia estará una semana en el cielo en la fiesta gloriosa, en las bodas del cordero (apocalipsis 19; 8). Después de este período, Vendrá con el Señor Jesús Colosenses 3; 4; Judas 1; 14; (apocalipsis. 2; 26-28; Daniel 7; 18, 27; 3; 12; Satanás en los cielos quería colocar su trono más alto que el trono de Dios, él es el dios de este mundo de la maldad 2 corintios *4a)*. El tendrá su dominio por una semana, de siete años desde el recogimiento de la iglesia. Hasta la segunda venida de Jesús, y después Será encerrado en un calabozo, por mil años (Apocalipsis 20; 1-2).

(Gozo en el cielo y en la tierra)
(Apocalipsis 12; 10-12)

La frase, el acusador de nuestros hermanos, esto nos muestra que Satanás acusaba a todos los hijos de Dios, que estaban en la tierra, este dragón no estaba contento con las personas que no cumplían fielmente a Dios, y el los acusaba según sus faltas, y según él reclamando justicia, pero este personaje no se da cuenta de que Muchos Reconocen a Dios sus faltas Aun que son faltos pero son sinceros con Dios reconocen sus limitaciones, y este dragón no reconoce su maldad, sobre todo esto resulta desagradable para Dios, escuchar estas acusaciones en las cuales hay mucha verdad, si se atrevió acusar a Job de infidelidad Job 1 ;8-10). Tantos más aquellos que no se Igualan a Job Con sus intrigas y acusaciones Satanás introducía en el cielo cierta porción de sombra y confusión, por eso el cielo, habiéndose librado para siempre del diablo, el cielo disfruta de gozo ahora, pero la tierra sufrirá ahora una gran tribulación, el diablo sabrá que ha perdido todo y estará presintiendo que, Las horas son contadas; por eso comenzará a actuar con una furia indescriptible bajo de esta señal de furia satánica. Estará transcurriendo la segunda mitad de la semana, o sea., tres años y medio. Pero todos aquellos que se apoyen en Jesús y en su palabra no haciendo caso de su vida física. Vencerán a Satanás aun dentro de su furia y tribulaciónes muy comprensible este gozo que tenían en el cielo todos esos cristianos y los que viven en el cielo, porque este dragón fue expulsado del cielo.

(Huida de la mujer al desierto)
(Apocalipsis 12; 13-13)

Antes de hablar sobre el mismo desierto, hemos dicho que por esta mujer que fue perseguida por el dragón. Esta es la descendencia de la mujer que fue perseguida por el dragón esta es la línea que permaneció fiel al señor Jesús, está siempre ha sido la mujer de Dios, Israel dejó de ser la mujer de Dios, por la raza o sangre, pero todos los hebreos que permanecen fieles a Dios, siguen siendo la mujer de Dios junto con todos los gentiles Gálatas 3; 28; Gálatas 4; 21-31). La Iglesia es la mujer de Dios, la novia del cordero, compuesta de los judíos y gentiles por la fe en nuestro señor Jesús Gálatas 3; 28; Efesios 2; 15; la iglesia es hija de la mujer legítima Sara, por la fe, y los de Israel son hijos de Agar la criada de Abraham, y los hijos de la criada no pueden heredar los bienes de Dios, sino los hijos legítimos de la esposa, Sara, y nosotros somos sus hijos legítimos, porque está escrito el mayor servir a al menor según las promesas de Dios y la que huirá al desierto serán los hijos de esta mujer, de esta misma mujer fiel, porque ellos aceptarán a Jesús, y tendrán que huir al desierto por tres años y medio Miqueas 5, 3-) ahora el señor deja a los suyos, pero solo hasta que dé a luz la mujer que está esperando un hijo, entonces se reunirá con sus compatriotas los israelitas que están en el destierro, por ejemplo, durante el señorío del anticristo, aparecerá la abominación desoladora Mateo 24; 15) abominación en la biblia siempre se aplica a los ídolos (1 Reyes 11;5-7) ellos crean la desolación, es decir que donde están los ídolos, no está Dios Ezequiel 14;5; 2 Crónicas 6;16). De modo que cuando el falso profeta fabrique el ídolo del mismo anticristo, lo colocará en el templo y con ello creará la abominación desoladora. Apocalipsis 13; 14, 15). Por eso ante el ídolo, anticristo todos tendrán que postrarse por temor a la muerte, todos los que rehúsen, estarán huyendo del centro de la idolatría y en cuanto a Israel habrá especial atención, por ser enemigos de la idolatría y este caso cristianos, ellos se verán, obligados, a, huir, al, desierto, Apocalipsis. 12;6)¿dónde está este desierto? en palestina existe un desierto al sur del mar muerto, tierra que antes se llamaba Edam (Joel 3; 19). Porque fue habitada por los descendientes de Esaú el cual fue llamado Edam, que significa rojo, derivado del caldo que produce la lenteja roja (Génesis 25; 30). De manera que el anticristo del que simbólicamente habla el profeta Daniel, como rey del norte, sobre el cual hablaremos más adelante, por alguna razón, no podrá alcanzar a Edon. Daniel, 11, 41). En, ese, mismo, desierto, rocoso, hay, una, ciudad también desértica actualmente llamada Petra, esto es, roca, la ciudad permanece aplastada como en un cráter volcánico y está rodeada de rocas altas y filosas, ahí se han descubierto muchos lugares de alojamiento, grandes salas, el único paso a ese lugar entre rocas altas, miden de tres a 12 metros de ancho; tienen 300 metros de alto y dos kilómetros de longitud. Esa cueva prácticamente se cierra desde arriba, este lugar resulta apropiado para refugio de estos refugiados israelitas yo creo que estos serán los 144, 000 de los israelitas que serán las primicias, de Israel que serán salvos. Apocalipsis. 14, 1-5, 7, 4- estos serán los primeros, y después todo Israel será salvo. Romanos11; 2; 33).

Otro lugar más desértico y solitario no existe, ni en sus alrededores, y esta mujer huirá a este desierto, por esta razón deduzco que este lugar sin duda es este lugar, cuando el anticristo se dará cuenta de que esta gente se fue al desierto echará tras ellos un río, que significa ejército. Isaías 8; 7-8). Igual como sucedió en la salida de Egipto. Éxodo 14, 5-9, 27-28, Isaías 57; 20; 17; 12, 8; 7-8, en aquel tiempo el rio se lo tragó el mar, y ahora el rio del anticristo lo tragará la tierra. Apocalipsis 12, 16). Yo creo que se tendrá que repetir lo mismo que pasó en el pasado, cuando haya en el desierto se tragó la tierra Corre, Datán y Abiram. Números 16; 27, 31-34). Así también sucederá con estos perseguidores de estos hebreos cristianos, la tierra se los tragará y al saber el anticristo que estos ejércitos se los tragó la tierra, pensará que no es necesario exponer a más gente, suspenderá la orden de mandar más soldados a perseguir a estos hebreos, ya que ellos se morirán de hambre, al no haber que comer, y se olvidarán de estos que escaparon.

(Alas de águila)
(Apocalipsis 12; 14)

No es muy difícil comprender como esta mujer escapó, de este dragón, porque Dios es el sabio de sabios, y él sabe todas las cosas Jeremías 23, 24). La frase, y se le dieron a la mujer las alas, esto nos muestra que ahí estuvo la mano de Dios, la que hizo todo esto, él fue el que raptó a estos cristianos para salvarlos de la boca del dragón y ellos estarán en el desierto por tres años y medio, esto es, hasta que termine el tiempo del anticristo, tres años y medio cuando se vio perdido regresó para terminar con la descendencia de la mujer, o sea, todos aquellos que crean en nuestro señor Jesús el tratará de exterminar a todos los testigos de Jesús, toda esta descendencia serán todos aquellos que crean en Jesús que se hayan arrepentido de todo corazón a Dios todos estos serán los que tenían un conocimiento de la verdad del evangelio. De Jesús, estos son los que nos registra la profecía. (Apocalipsis 1; 9-14). Todos creyentes tendrán que pagar por la salvación un precio pagarán con su misma vida, estos eran muchos de los que se quedaron que no estaban preparados para el rapto de la iglesia Lucas 2;36; Mateo 25, 1-12;.

(El anticristo desde el punto de vista histórico)
(Apocalipsis 13, 1-2)

Un estudio cuidadoso del Apocalipsis nos muestra que el apóstol Juan describe al anticristo como rey, mientras que el apóstol Pablo, del punto de vista espiritual, y el profeta Daniel, del punto de vista histórico, de manera que antes de considerar el reinado del anticristo, y antes de investigar su naturaleza espiritual, tenemos que considerar la historia del desarrollo de la idea del anticristo, se describe en la profecía en distintas formas las cuales nos dan una idea bastante exacta, en cuanto a los caminos y métodos por medio de los cuales el espíritu del anticristo ha operado en los hombres.

(La imagen... Daniel 2, 28-41)
(Apocalipsis 13; 1-2)

Esta imagen la vio en un sueño profético Nabucodonosor, el rey de Babilonia después de haber meditado sobre lo que había que pasar al cabo de los días Daniel 2;29; de acuerdo a su apariencia esa imagen era extremadamente grande extraordinariamente resplandeciente y terrible Daniel 2;31; su cabeza era de oro. Sus manos brazos. de plata su pecho también de plata su vientre y sus muslos de bronce; sus piernas de hierro; y sus pies, en parte de hierro y en parte de barro Daniel 2;32-33). De repente una piedra fue cortada, no con la mano. La cual hirió a la imagen en sus pies y la desmenuzo Daniel 2; 34-35). De manera que no obstante la grandeza exterior, su rígida e importante experiencia bastó un golpe sólido para desmenuzar esa imagen, ¿Que significa esta estatua? la imagen representa los sueños de los hombres de señorear. El mundo los cuatro metales de los que ella se componía. Caracterizaron sus sueños. Daniel 2; 37;-38; 45) el oro simboliza al imperio babilónico de los años. Daniel 2;37-38; 606-438 A. D. C. era este un imperio realmente poderoso, glorioso principal y brillante. La plata simboliza a Medo-Persia, que tenía la hegemonía sobre el mundo en los años 538-336 A. D. C. el gobierno de los reyes de medo-Persia. Estaban ya por debajo del babilónico y no se distinguía ya con esa pomposidad, conviene recordar que hasta el día de la fecha, la plata es de preferencia de los países que fueron antes de medo-Persia el bronce simboliza a Grecia. Que dominó sobre la tierra. Solo durante Alejandro el Grande, los años 336-323. A. D. C.

Daniel 2; 39; este rey, siendo apenas de 29 años de edad, se lamentaba porque no tenía ya a quien conquistar, en tres años el conquistó todo el mundo civilizado, de entonces conocido, pero la imagen de este rey era visiblemente inferior a la de los persas, el mismo Alejandro el Grande era sencillo y accesible, cuando hablamos, del. Imperio griego, tomemos en cuenta únicamente el hecho cuando él mismo alcanzó. Significado mundial la referencia al imperio griego, como vientre de la imagen, muestra otra característica más de esa nación, el apóstol Pablo escribiendo a los filipenses, que dice, cuyo Dios es el vientre. Filipenses 3;19; esto decía al referirse a los griegos, puesto que la ciudad de Filipo estaba en Grecia, y en efecto Grecia disponía todo para el cuerpo; el deporte y los juegos artísticos, la cultura, la belleza del cuerpo, tenían gran atracción para este pueblo, las fiestas en honor al dios Baco. O Dionisio eran cultos solo para satisfacer el estómago, y a la borrachera, la glotonería y al desenfreno, el mismo Alejandro el Grande murió de una borrachera a la edad de 33 años de edad. finalmente el hierro caracterizó a roma, el imperio romano existió paralelamente junto con el griego, más aún; existía antes del babilónico, pero su expansión a nivel mundial se produjo recién de caído el imperio griego, permaneciendo como tal hasta el año 364 D. D. C. este imperio conquistó la todo el mundo de aquel entonces hasta el. Nacimiento, de Jesús. el tiempo del nacimiento de Jesús. Por eso este imperio se caracteriza por el hierro, ya que el hierro jugó un papel muy importante, era parte integral de las guerras romanas, prácticamente estaban esposadas en el hierro, las llamadas cortes de hierro, aparte de ello roma tenía una. Diciplina de hierro. y un gobierno también de hierro, en la imagen Roma, esta, representada, con, pies de. Hierro y también de barro, Daniel2;42-44;en efecto, en el año, 364, d, d, c. el Imperio Romano se, dividió, en oriental, occidental hechos, que indican los pies de la Imagen, mas' adelante, este siguió. Dividiéndose, lo que nos indican los dedos de los pies. el imperio romano se dividió en oriental y occidental, hecho que indican los pies de la imagen; más adelante, este reino siguió dividiéndose, lo que ilustra mediante los dedos en los pies, de esta manera el poderoso y gran imperio romano comenzó a debilitarse, hecho que ilustra la mezcla de barro en los pies. en nuestros días, en el mismo territorio del que otrora imperio romano hay muchos países chicos y grandes, y no han podido unirse, por más que han tratado de unirse, por medio de las naciones unidas, y esto siguiera así porque como el hierro, y el barro no se pueden unir, así las naciones porque todos los humanos tenemos ideas diferentes, unos de otros, los diez dedos de los pies de la imagen, concuerda con los diez cuernos que tenía la bestia del mar (Apocalipsis 13;1;17;12). y significa diez naciones, diez naciones que son representadas por medio de los diez dedos de la imagen, estos diez cuernos de la bestia evidentemente surgirán únicamente en el territorio que fuera el imperio romano en la última semana, durante el senorío del anticristo (Apocalipsis 17;12) esto significa que Europa, y el Asia menor y áfrica del norte, deben experimentar todavía grandes, cambios políticos después del señor Jesús Daniel 2;44; y establecerá su reino milenio porque la piedra que desmenuzo a la imagen y llenara consigo la tierra. Es el Señor Jesús Mateo21; 42-44). Efectivamente en el tiempo de la venida de Jesús, la cual se producirá rápidamente y con gran rapidez, como la caída de la piedra, y los reinos del mundo vendrán a ser de nuestro Señor Jesús (Apocalipsis 11; 15). en la persona de esta imagen, Dios nos revela la idea del anticristo tal cual aparece a la vista de los hombres, tendrá que ser una nación que se enseñare del mundo sin Dios, la imagen nos muestra cuatro de estas naciones que prácticamente materializaron esas ideas del barro, se conservan figuras, de, águilas, y, cabezas humanas, que representan a Nabucodonosor en su floreciente gloria, estas figuras fueron halladas en las ruinas babilónicas, la combinación del rey de la selva y el rey de las aves, resulta ser un cuadro que se ajusta para representar la grandeza del rey de babilonia, esa cabeza de oro, y las alas de águila muestran también la agilidad de los ejércitos babilónicos, Nabucodonosor conquistó rápidamente a Egipto, Judea, y Tiro y toda Fenicia, y otros pueblos, y todo esto, además el desarrollo cultural, y grades riquezas, hicieron a Nabucodonosor un hombre poderoso y encumbrado, y orgulloso, pero Dios que sabe todas las cosas lo humilló. Jeremías 23; 24; el hecho de que hayan sido arrancadas las alas, significa la enfermedad psíquica de Nabucodonosor. Daniel4; 28-30; como resultado de esa enfermedad, la imagen real de la bestia fue transformada en un rey común. Pero la enfermedad debía pasar y la imagen debía convertirse en una persona con corazón humano, capaz incluso de alabar a Dios. Daniel 4; 13; 31-34). La cabeza de oro y el león con alas de águila representan al mismo rey babilónico en la flor de su poder y gloria, pero el castigo de Babilonia, no terminó con tan solo con la muerte de Nabucodonosor, tuvo que caer todo el imperio, el señor Jesús predijo esta caída con anticipación, nombrando aquellos pueblos que derrotaron a babilonia. Daniel 5; 28; Isaías 13; 1; 17-19).

(El oso devorador
(Apocalipsis 13; Daniel 7; 5)

Como la plata es inferior en precio y belleza al oro, así lo es el oso en fuerza ante el león, este oso representa a medo-Persia, y esta plata también representa la imagen de ella se parece al oso debido que su victoria dependía, no de una astuta estrategia política, sino simplemente de su extraordinaria fuerza, por ejemplo el rey Artajerjes, del año 481 A. D. C. reunió un grande ejercito de un millón de soldados y una flota mercante que consistía 1, 200barcos. Para aquellos tiempos era un ejército poderoso, un ejército semejante, cumplía al pie de la letra su cometido de destruir todo y en efecto, esta fuerza devo cola ayuda de cuatro jefes generales, los cuales, después, de, su muerte, dividieron su imperio en cuatro, naciones: Frigi Macedonia, Siria, Egipto.

(La bestia espantosa)
(Daniel 7; 7-8)

Esta bestia simboliza la cuarta bestia, o sea, él cuarto rey, o cuatro reino. Esta era Roma. El cual, efectivamente, destruía y devoraba todo, los jefes de roma, al enterarse de enemigos, no preguntaba cuántos eran sino donde estaban, los dientes de hierro de esta bestia corresponden a la parte de hierro de la imagen Daniel 2; 40). 7; 23; mientras que los diez cuernos de la bestia corresponden a la parte a los diez dedos de la imagen, estaban en la bestia, entre sus cuernos, él profeta vio algo que no se había visto entre los dedos de la imagen, nos referimos al cuerno pequeño con boca y ojos que hablaba grandes cosas delante del cual fueron arrancados tres cuernos anteriores. Daniel 7;8; 7;24; en la imagen con sus dedos, no hubo este movimiento que notamos. Entre los cuernos, a la pregunta de Daniel en cuanto al significado de la visión, el obtuvo la aclaración de que las cuatro bestias, son, esos, mismos, imperios. Mundiales, los. Cuales, están. Representados por cuatro clases de metales en la imagen. Daniel 2;44; 7;7-18; en la imagen se muestra la idea del anticristo y en las bestias muestran en qué forma y como esa idea se llevara a cabo, queda claro que por más atractiva que sea esa idea en sí misma, si ella se cumple mediante las bestias y sus costumbres, no deja de ser idea del anticristo por lo tanto no cabe duda de que aun las llamadas ideas cristianas cuando se hacen a la fuerza, y a espada por los seguidores de Cristo, y la santa inquisición, son ideas del anticristo, la idea de Cristo nunca puede ser incluida por la fuerza, los diez cuernos de la bestia significan que; justamente antes del aparecimiento del anticristo, en el territorio que fuera imperio romano, saldrán diez naciones, tres de ellas serán liquidadas por el anticristo. Daniel 7;24). Apocalipsis (17; 12; El cuerno pequeño. que aparecerá entre los diez cuernos de la bestia, este es el anticristo, lo que se ve claramente de su descripción será un decidido y elocuente orador. Daniel 7; 8-12; (Apocalipsis 13; 5; perseguidor del pueblo de Dios. Daniel 7; 21; (Apocalipsis 13-7). Alterador de las leyes divinas. Daniel 7; 25; esta obra del dragón durará hasta tiempo y tiempos y medio tiempo. Daniel 7; 25: apocalipsis 12; 14). lo que serán 1, 260 días un total de tres años y medio (apocalipsis 12;6) esto es en la segunda mitad de la semana, de todo lo antes dicho vemos claramente que será finalmente de la política mundial y su cultura, corona fin del desarrollo de esa cultura será el cuerno pequeño, el cual crecerá hasta dimensiones increíbles y cumplirá plenamente aquello que pretendías, Babilonia, y medo-Persia, Grecia, y Roma, quienes a los ojos de los hombres tienen la imagen de una gran estatua resplandeciente. Pero en los ojos de Dios son bestias devoradoras, Daniel fue llamado a profetizar lo que pasaría en los postreros tiempos con su pueblo. Daniel 10; 14). El señor, Jesús, le reveló el misterio del anticristo, no se lo reveló al rey Nabucodonosor porque él era esa bestia, el precursor y el prototipo del anticristo en sus intenciones, obligando al mundo a servirle y aun a adorar a su propia estatua, al igual que lo hará el anticristo, obligando a todos los hombres para que adoren su imagen. Daniel 3; 1-6) (apocalipsis13; 15). De esta manera nos hemos enterado hasta el momento que el cuerno pequeño. O sea, que el anticristo crecerá sobre la cuarta bestia entre sus diez cuernos, o sea, que aparecerá en el territorio del que fuera imperio romano, el imperio romano era grande en extremo, donde y en qué lugar aparecerá el anticristo exactamente el anticristo, lo veremos en las visiones más adelante, sin embargo, ahora mismo estamos en condiciones. De acuerdo al estudio hecho, de entendernos que el anticristo no aparecerá en el territorio ruso como lo han afirmado algunos, ellos pensaban que era Lenin y Stalin, porque estas personas obraban con el espíritu del anticristo, ya que después del anticristo, principiará el reino de Jesús ya que Lenin, y Stalin. Ya que no existen, y el reino de Jesús todavía no ha llegado. Pero lo que más nos interesa es que en el sitio de los cuatro cuernos del macho cabrío, creció el ya conocido para nosotros cuerno pequeño, el que ya hemos visto en la terrible bestia,

(Daniel, 8:8, 9:7-8, 20;21) de manera que de su descripción vemos que ese cuerno era el mismo, anticristo ¿pero porque al principio apareció en aquella terrible bestia? a la cual hemos calificado como el imperio romano, y ahora aparece en el macho cabrío. en uno de sus cuernos que significa solo una parte del imperio romano, esta aparición en términos globales nada altera, ya que las mismas naciones que fueron dominadas por Grecia, fueron más tarde conquistadas y dominadas por roma, pero esta visión nos da la oportunidad de hallar el país de donde surgirá el anticristo, porque roma imperaba en el territorio antes de Grecia y sería muy difícil hallar el país del anticristo en el imperio romano; podría ser Italia, España, Francia, Inglaterra, Suiza, Alemania, Rumania, Bulgaria, Grecia, África del norte, todos los países del Asia menor, pero esta visión acorta la búsqueda del país del anticristo solo en cuatro naciones, el anticristo aparecerá en uno de los cuatro países, los cuales existen hoy, excepto Frigia, y tienen el mismo nombre, Macedonia, Siria, Egipto, analizando una visión más hallaremos el país que dará al mundo a Satanás en cuerpo humano, mientras tanto vemos como esta descripción en nuestro texto, él será altivo y astuto, Daniel 8;23). Su poder se engrandecerá, pero no por su propia fuerza, sino por la de Satanás Daniel 8; 24). (apocalipsis13; 2) será inteligente, sagaz, y orgulloso, Daniel 8; 25). Estará persiguiendo al pueblo de Dios y especialmente a los judíos, y los vencerá, es decir, que, físicamente los matará. Daniel 8,10:12;24; (apocalipsis 13;7; será enemigo de Jesús Daniel 8;11;25 2 Tesalonicenses 2;3-4) finalmente el mismo Jesús lo destruirá en el tiempo de su venida 2 Tesalonicenses 2;8; su terrible actuación se prolongará por espacio de 2, 300 tardes y mañanas, o sea, 1, 150 días Daniel 8;14). Esto nos da un total de un poco más de tres años nosotros ya sabemos que el anticristo reinará por tres años y medio, ¿por qué esta diferencia de tres meses? es posible que el anticristo se proclame como Dios no exactamente en la mitad de la semana, mientras él no se proclame como tal, y nose siente en el templo de Dios, como si fuera Dios, el templo será. Considerado como templo de Dios, probablemente esta última pretensión le parezca demasiado, de proclamarse así como Dios, le parezca algo muy grande y por eso no se decide en el mismo momento. Por eso el no pudo decidirse a esto inmediatamente después, del milagro que el mismo hará, para que descienda fuego del cielo y dando muerte a los dos testigos, el tendrá tres meses para decidir y finalmente contaminar el templo, exigiendo que le traigan sacrificios a él como nuevo Dios.

(El carnero y el macho cabrío)
Daniel 8; 1-26;

El cordero, hechos históricos, sabemos, cuán, grandes, naciones, se levantaban una tras otra en las cuatro bestias vemos a las mismas cuatro naciones de acuerdo a sus características descritas, en cambio, aquí claramente se nos dice que debemos entender por el cordero y el cabrío alguien, podría objetar, ¿por qué se habla del mismo asunto hasta tres veces? es porque en cada visión tenemos una enseñanza distinta, otro enfoque, nuevos detalles, por ejemplo. En la imagen hemos visto al anticristo desde el punto de vista humano ideal, en las cuatro bestias hemos visto como esas ideas del anticristo se encarnan en la vida, también nos hemos persuadido de que el anticristo como persona aparecerá en el territorio del que fuera imperio romano, esta visión nos da aún más detalladas descripciones del anticristo y señala con más exactitud el lugar donde él debe de hacer su aparición. Pero acerquémonos a nuestro texto, los dos cuernos del cordero no eran iguales, porque uno era más alto que el otro, y el más alto había crecido después (Daniel 8; 3) es una imagen histórica detallada, y a que en efecto en el principio media desempeñaba el papel más importante, pero más tarde Persia, ocupó una posición más alta, el macho cabrío con un cuerno grande es Grecia y Alejandro el Grande (Daniel 8; 21). Es de admirar cuantos detalles nos suministran las palabras proféticas tomemos por ejemplo. Este detalle, la idea del macho cabrío en Daniel 8;5). Es que era un macho cabrío de corta edad tierno, este cuadro coincide perfectamente con el imperio Griego, al igual que con él mismo emperador porque cuando Alejandro el Grande invadió a medo-Persia, tenía apenas 23 años de edad, realmente, era un tierno macho cabrío, el invadió al cordero desde el poniente y lo destruyó; porque Grecia está hacia el occidente de medo-Persia, (Daniel 8; 5). él se lanzó sobre el cordero al año 333, y para el año 331 A. D. C. lo exterminó del todo, abarcando toda el Asia menor; medo-Persia, Babilonia, y aun parte de la India y el actual Turkestán, su rápida marcha queda simbolizada con la expresión sin tocar la tierra Daniel 8;5. mostrándose con la visión anterior con alas de aves (Daniel 7;6) su muerte prematura, a los 33 años de edad, no le dio la oportunidad de organizar su extendido imperio y fue dividido en cuatro naciones, mostradas mediante los cuatro cuernos los cuales crecieron en el lugar del cuerno quebrado, hablando más claramente, sus cuatro generales dividieron entre si su imperio de su gran emperador uno se llevó a Fraga, la actual Bulgaria, y parte de Rumania; otra parte se fue a Macedonia, Grecia del sur y la que fuera Turquía Europa; el tercero se llevó Siria, y el cuarto a Egipto. (Daniel 8; 8, 21-22) de esta repartición parte de las tierras conquistadas fueron abandonadas por sus generales que por lo visto no tenían fuerza para retenerlas.

(Los Reyes del norte y del sur
Daniel 11; 1-4

Los primeros cuatro versículos de este capítulo mencionan una vez más la lucha entre medo-Persia, y Grecia, la victoria del último y su división en cuatro naciones, en el versículo cinco al veinte se describe la historia de la conducta general de Sirla y Egipto durante un período de 150 años Siria en nuestro texto significa como el rey del sur Egipto, porque Egipto esta al sur y Siria al norte y a estos países los divide Palestina, por eso estos países mantenían constante lucha por Palestina, los versículos de Daniel 11;21-45; abarcan el período del Rey Sirio. Antico Epifanes, el cual en el año 164 A. D. C. dominó Palestina en general, en esta lucha estarán dominando los reyes del norte es decir los Sirios Daniel 11;16, 24, 33, 41; de ellos, y especialmente Antico Epifanes, Palestina padecería grandes sufrimientos Daniel 11;16, 24, 33, 41; Antico Epifanes está descrito como un adiestrado cuerno pequeño, o sea, al anticristo, veamos sus características y comparémoslas con las descripciones del cuerno pequeño, o sea, el anticristo, el será astuto y traidor Daniel 11;21-25;8;23;-2, 5). 2 será exaltado mediante un pueblo reducido, no por su fuerza común Daniel 11; 22-22; 8 24;3 se enfurecerá contra el pacto santo y entrará en contacto con los apóstatas Daniel 11; 28-30; 7; 25;4 el contaminará el templo, suspenderá el sacrificio diario y pondrá la desolación desoladora del ídolo Daniel 11; 31; 8; 11; 9; 27;(apocalipsis13; 14-15)5 con lisonjas atraerá a los incrédulos Daniel 11; 32; 2 Tesalonicenses 2; 10; 11). 6 perseguirá. A los santos Daniel 11; 33-35; 7; 21-25; 8; 10-12; 24; (apocalipsis 13; 7;7 él hará lo que quiera Daniel 11; 36; 7; 25;-(apocalipsis 13; 16-17). 8 se elevará por encima de todos los dioses Daniel 11; 36; 8; 25; 2 tesalonicenses 2;-4)9 hablará contra el verdadero Dios Daniel 11; 36; 7; 25; Apocalipsis13;6). 10 tendrá éxito Daniel 11; 36; 8; 12, 25-11 será un gran conquistador Daniel 11; 40, 42, 44; apocalipsis 13;4). 12 tendrá apetito por Palestina la tierra gloriosa y la tomará Daniel 11; 41; 8;9). De esta manera vemos que Antico Epifanes, en doce casos se parece al anticristo, es una imagen detallada del cuerno pequeño, que creció en uno de los cuernos del macho cabrío en Siria, muchos prototipos ha tenido el Anticristo en el mundo, pero el más exacto fue. Antico Epifanes, era astuto y traidor, odiaba las leyes divinas, degradaba mucho a Dios y todo lo santo, contaminó el santuario poniendo en él a su ídolo, perseguía a los hebreos fieles, alteró las leyes de Dios, suspendió los sacrificios, hacía todo cuanto quería y tenía éxito, es como si él fuera el anticristo, no obstante, en el año 163 A. D. C. el murió de muerte natural, y el mundo pero siguió adelante su camino, hasta en esto se parece al anticristo, en su muerte, porque el anticristo morirá por la mano de Dios, Daniel 8, 25; vivo será echado al lago de fuego (apocalipsis 19;20; y esto sucederá en la segunda venida de Jesús, 2 Tesalonicenses 2;8). el antiguo y el nuevo testamento testifican igualmente acerca de la verdad, pero en el antiguo testamento se esconde la verdad en los prototipos, y en el nuevo se encuentran y a los tipos o las imágenes de ellos 1 Corintios 10; 11; el mayor prototipo del anticristo, pero la misma imagen se encuentra en el apocalipsis, que fue escrito unos 250 años después de la muerte de Antico Epifanes, por lo siguiente, sacamos de esto la deducción de que Siria, será esa nación de la cual saldrá el anticristo. Porque, efectivamente, en ese país Dios le mostró a Daniel más detallada copia. De todos modos alguien podría pensar de donde sabemos nosotros que el rey del norte es efectivamente el rey Sirio, y que el principal es Antico Epifanes, sabemos esto de la historia, porque todo lo que fue escrito tuvo su cumplimiento en la profecía, tuvo su cumplimiento con una extraña exactitud, y también tenemos referencias y evidencias bíblicas, en el libro de profeta Nahúm, 1; 11; de ti Nínive, salió el que trama lo malo en contra del señor; un malvado consejero, en el versículo 14 tenemos otra evidencia, él señor ordenó respecto de ti rey de Nínive, no tendrás descendientes que continúen tu nombre; con estas referencias nos damos cuenta que este rey será el último, y a no habrá descendientes de la serpiente; de lo dicho haya en Génesis 3;15; donde se nos habla de las dos descendencias tanto de la mujer, como de la serpiente, no podemos dar nuestra mente al vandalismo, porque estas son evidencias claras y precisas Sofonías 2;13; extenderá él su mano contra el norte para destruir a Siria, y dejarla desolada la ciudad de Nínive, convirtiéndola en un seco desierto, Miqueas 5;5; el traerá la paz, cuando los Asirios invadas nuestro país y entren en nuestros palacios, aquí tenemos otra referencia tocante a este asunto cuando Dios. salve a Israel, Oseas 2;14;19; Romanos 11;25-35; Isaías 8;7; él señor los va a inundar con las violentas corrientes del río Éufrates, es decir, el rey de asiria con todo su poder, se desbordará por todos sus canales, se saldrá por todas la orillas, 8 pasará hasta Judá y la cubrirá y la inundará, le llegará hasta el cuello, será como una ave con las alas extendidas, que cubrirá, Emanuel, toda tu tierra,

(La nacionalidad del anticristo)
(Apocalipsis Daniel 11; 37-38)

Es obvio que el Antico Epifanes, era gentil, de ascendencia griega, por eso cuando se dice de él que, del Dios de sus padres, no hará caso se refiere no solo a él sino a aquel que le precedía. también la frase; del Dios que sus padres no conocieron, sugiere que sus padres no conocieron mejor que él, si se tratara aquí únicamente a los padres de Antico Epifanes, es claro que ellos eran también gentiles, y paganos, y esto no hará diferencia al Dios que sirvieron sus padres, o a cual sus hijos, porque unos y otros sirvieron a los ídolos, pero el profeta describiendo al prototipo, en el prototipo, veía a la misma imagen, y esto nos da la idea que los padres del mismo anticristo, del cual Antoco Epifanes; es solamente el prototipo, y los padres del anticristo conocían al Dios verdadero, y esto significa que ellos debían de ser hebreos, porque en su tiempo no había otro pueblo que conociera al Dios verdadero, sino solo los hebreos, porque los hebreos no reconocerán como mecías a un gentil incircunciso, de este vemos que el anticristo será un hebreo sirio, la biblia nos da luz sobre este tema, haya en Génesis 49;16; tenemos las palabras de bendición por él patriarca Israel sobre sus hijos, en esas bendiciones se incluye estas palabras, Dan gobernara a su propia gente como una del as tribus de Israel, Dan, será igual a una víbora que esta junto al camino, que muerde los talones del caballo y hace caer al jinete: ¡Oh señor, espero que me salves!, Génesis 49;16), Números 24;22; esto sucederá cuando Asiria los haga prisioneros Deuteronomio 33;22; acerca de Dan dijo; Dan es un cachorro de león, esta es una predicción de Moisés, un gran hombre de Dios, el león es un animal muy valiente, ágil y fuerte, Proverbios 30;30; y en este caso significa que Dan llegaría a ser fuerte, así como el león es el rey de los animales de la selva, así será Dan por medio de su jefe el Anticristo, y será de nacionalidad siria, Nahúm 1;11;

de ti Nínive salió él que trama lo malo en contra del señor: un malvado consejero, versículo 14 el señor ordeno respecto a ti, rey de Nínive, no tendrás descendientes que continúen tu nombre, por esta razón nos damos cuenta que de esta nación saldrá el Anticristo, porque este será el último descendiente de la serpiente, el anticristo es el último rey que tendrá el diablo aquí en la tierra, porque enseguida vendrá el reino de Jesús, y el señor Jesús destruirá al pueblo asirio Isaías 14;25; destruiré al pueblo Asirio en mi país, le aplastare la cabeza, en mis montañas su yugo dejara de oprimir a mi pueblo, su tiranía no pesara mássobre sus hombros Isaías 31;8; Asiria caerá a filo de espada, pero no por un poder humano, él señor Jesús siempre ha usado a una nación para castigar a otra nación, pero en este caso Dios el mismo castigara a esta nación, porque Siria representa a todos los reyes del mundo, todos los que tienen autoridad, y Dios personalmente castigara a esta gente con la espada de su boca que es la palabra de Dios, existen deducciones en el sentido de que él será de la tribu de Dan, esta deducción se basa en las palabras de bendición de Israel, a sus hijos en esas palabras de predicción del patriarca Israel, se incluyen estas palabras; Dan gobernara a su propia gente como una de las tribus de Israel, Génesis49;16; ¿Cuándo será esto? Porque hasta la fecha Dan, nunca ha gobernado a Israel, esto llegara cuando aparezca el Anticristo, porque Israel predijo todo esto como profeta de Dios, inspirado por él Espíritu santo de manera que él no podía equivocarse, queda claro que su acierto para sus hijos se cumplieron, por ejemplo, la declaración para la tribu de Judá, se cumplió que de su descendencia vendría el señor Jesús, se cumplo detalladamente Génesis 49;10) porque su declaración no se puede cumplirse en Dan, entonces esta declaración tiene que cumplirse al pie de la letra porque la misma palabra de Dios nos da estas evidencias en Mateo 5;18; dice que ni una jota ni una coma pasara de la ley sin que tenga que cumplirse, todo lo escrito tiene que cumplirse, en esta profecía hay otras palabras dramáticas, será Dan como una víbora junto al camino que muerde los talones al caballo y hace caer al jinete Génesis 49;17; ¿Cómo entender esto? No puede aquí haber referencias al vandalismo de Dan. Porque si él será gobernador de su pueblo, por lo cual él tiene esa influencia para controlar todos los caminos, es más bien un testimonio en el sentido que Dan controlara todos los caminos, y en sus movimientos, y esto él lo hará como una serpiente, sigilosamente en forma sorpresiva, sin misericordia y con terror, después de semejante declaración, repentinamente Israel exclamo;

oh señor, espero que me salves; Génesis 49;18; ¿A poco no testifica esta exclamación de Israel, en el sentido que la visión profética, que él veía sobre Dan, no lo complacía en lo absoluto, sino más bien le aterrorizaba? ¿de qué y porque él buscaba la ayuda de Dios?, así que tenemos a nuestro alcance evidencias claras y precisas acerca de Dan, tenemos ante nosotros el siguiente cuadro; el anticristo será de nacionalidad Siria, hebreo de la tribu de Dan, él gobernará a su pueblo hebreo, entonces él será esa serpiente, que morderá al caballo y a su jinete, que controlará todos los caminos, políticos, religiosos, y económicos esto le pareció a Israel algo tan terrible, e imposible, que él entendió que solo Dios, lo podía ayudar en esto. Por eso el exclamó en voz alta a Dios pidiendo ayuda, de manera que él Anticristo provendrá de Siria, será, elevado rey en Israel, su capital será Jerusalén, como ya hemos. Visto en Apocalipsis 11; 7-8; y 2 Tesalonicenses 2;4). Donde se habla del templo de Dios, porque el templo de Dios tiene que estar únicamente en Jerusalén, siendo rey de Israel o él presidente deesas naciones.

(El tendrá una influencia decisiva sobre la política)

De esas diez naciones, las cuales surgirán en el territorio del que fue imperio romano, como se formarán esas naciones no lo, sabemos, pero que quede claro que su líder será el Anticristo. Apocalipsis 17; 12-13; nos hemos dado cuenta como se forman esas naciones, como se están formando todas las piezas, y como se están acomodando unas a otras en el lugar que les corresponde como la O. N. U., hemos estado notando como se están organizando las naciones para llevar a cabo todos sus propósitos, con un solo fin de complacer sus deseos, esta es la idea del Dios de este mundo. 2 Corintios 4;4; y como las naciones del medio oriente, el reino unido, ahí tenemos a las diez naciones, solo falta Israel, pero esta política está creciendo a pasos agigantados por alcanzar la paz y esto se está esperando de un momento a otro, porque todos los gobernantes están interesados en este asunto, el papa también está interesado, hemos visto su interés por estos países y ya han tenido diálogo con Israel y él papa, esto nos demuestra el avance gigantesco de estas organizaciones diabólicas, cuando aparezca este personaje no habrá problemas todos lo aceptaran como su mecías prometido porque será un personaje extraordinario que apoyara la ciencia, la tecnología, y la religión falsa.

(La bestia del mar o el anticristo Rey)
(Apocalipsis 13; 1-10;)

Nuestro texto afirma que esta bestia, o sea, el Anticristo, saldrá del mar, desde luego que esta expresión es alegórica, y no significa que sea literal el mar, sino las multitudes, para que nuestra suposición tenga base, traigamos algunos pasajes de la palabra de Dios donde este pensamiento cobra fuerza, los hombres enemigos de Dios, son comparados con el mar turbulento. Isaías 57; 20; las multitudes y los pueblos son comparados, con el mar. Isaías 17; 12-13; finalmente en el mismo (apocalipsis, los pueblos, las multitudes, naciones y lenguas, son comparadas con las aguas, es decir, el mar, (Apocalipsis17; 1-15; también en cuanto a las bestias precursoras del Anticristo, está escrito que estas salieron del mar, aunque ellas tipifican a Reyes que están en la tierra. Daniel 7;2-3 17; por cuanto cada uno de esos reyes no eran reyes de algún determinado pueblo, sino de muchos pueblos, por eso dice que ellos salieron de entre un mar de pueblos, así también el Anticristo, aunque él será hebreo como ya dije de la tribu de Dan, pero de nacionalidad siria, es probable que comience su carrera política en Siria, como lo indican los cuernos del macho cabrío y el rey del norte, acerca del cual está escrito que creció hacia la tierra gloriosa, o sea, hasta Palestina. Daniel 8; 8; 9; 21-25; Daniel 11; 21-23; 36, 37; de todos, él dominará más tarde con un mar de pueblos, por eso él saldrá del mar. En turbulencia.

(Siete cabezas y diez cuernos)
(Apocalipsis 13; 1)

Conviene recordar que la terrible bestia que vio el profeta Daniel tenía también diez cuernos, pero una sola cabeza (Daniel 7; 7). es porque la bestia del libro de Daniel, representa únicamente el imperio romano, el territorio donde debía surgir, juntamente antes del surgimiento de anticristo, diez naciones, de entre las cuales, a su vez, aparecerá el anticristo, pero esta bestia del apocalipsis, que ya es él mismo anticristo, tiene también diez cuernos en señal que él es aquel, del cual la bestia del libro de Daniel, era solamente el símbolo y que diez naciones, aunque aparentemente lo consideran independientes, efectivamente será su líder, y serán sus siervos obedientes. Apocalipsis 17; 12-13). Pero aparte de los diez cuernos, él no tendrá una sola cabeza sino hasta siete cabezas,

a semejanza de la serpiente el diablo, Satanás. Apocalipsis 12;3) lo que
será por señal de que él es su hijo de Satanás, esas cabezas del anticristo
son simbólicas y tienen un significado triple; que el anticristo tendrá la
plenitud de la sabiduría diabólica, que delante de él habrá seis naciones,
semejantes a sus naciones, las cuales obraban en su espíritu, y ellas eran
Siria, Egipto, Babilonia, medo-Persia, Grecia, y Roma, y el anticristo
organiza la séptima Apocalipsis 17; 9-10). Esas cabezas del anticristo,
significan también las siete cabezas, o sea, los siete montes, donde tiene
su capital, la gran ramera. Apocalipsis 17;9) sobre esto hablaremos más
adelante sobre este asunto. Apocalipsis17; conviene recordar que aún la
serpiente Satanás representa con diez cuernos al igual que al anticristo, y
los cuernos tienen el mismo significado que los cuernos del anticristo o
sea, diez reyes, y esto significa que la política del anticristo y sus aliados
será dirigida por el mismo Satanás, comparando al anticristo con la
terrible bestia del libro de Daniel, vemos que es semejante a él, pero más
a la serpiente Satanás, ambas tienen7 cabezas y 10 cuernos y aún el color
de ellas se asemejan; a la serpiente Satanás. Apocalipsis 12;3) y la bestia
anticristo. Apocalipsis 17;3) la diferencia entre ellas está en las coronas,
y en el caso de la serpiente ellas están sobre la cabeza, mientras que la
bestia, sobre los cuernos. Apocalipsis 12; 3; Apocalipsis 13; 11. Esto es así
porque Satanás es mismo rey, mientras que en la persona del anticristo,
sus cuernos significan reyes, y el mismo anticristo se coronará recién a la
mitad de la semana, Apocalipsis 17; 12)

(El león, el oso, el leopardo y el monstruo)
(Apocalipsis 13; 2;)

Según hemos visto ya en el libro de Daniel, el león simboliza
a Babilonia, que obraba con la majestad del rey de la selva, él oso
simboliza a medo-Persia, que se distinguía por su fuerza bruta, su
dureza y su criminalidad, el leopardo caracterizaba a Grecia, que
se distinguía por su. Carnivorocidad. y agilidad, y su astucia, por
último, la bestia de diez cuernos caracterizaba a Roma, poseedora de
una terrible fuerza de hierro, que despedazaba y hollaba todo, aparte
de esas características, todas esas naciones tenían también sus culturas,
por ejemplo; aún en el antiguo reino babilónico se practicaba la
astronomía, se estableció la gramática y se restauró el derecho, florecía
también la arquitectura y la agricultura ocupaba un elevado sitial, en

medo-Persia, la, ciencia estaba menos, desarrollada estaban algo menos desarrolladas, en cambio ahí se habían desarrollado mucho la industria telar y armamentísticas mientras que Grecia, al igual que a babilonia, ostentaban una elevada cultura, por esta razón es considerada el país de la filosofía, y mucho se habían desarrollado ahí, además otras ciencias y oficios al igual que el deporte en sus distintos aspectos, por último, Roma aprovechándose de la cultura Griega, aportó del orden y la justicia, leyes bastantes claras y una disciplina de hierro, en base a estos hechos, la bestia anticristo, concentró en sí mismo a todas las cuatro, fieras, esto demuestra que el unirá en sí mismo todas las características de ellos, tendrá la grandeza y la brillantez de Babilonia, la fuerza y la ferocidad de medo-Persia, la carnivoracidad y ligereza de Grecia y la fuerza invencible de Roma, de manera que el anticristo será la realización del dominio mundial en la última etapa, al igual que será la unificación de todas las culturas habidas, el peldaño más alto de la civilización humana, el anticristo será una persona tan múltiple, abarcando todo de todos los ángulos, que el mundo admirado y temeroso, esperaba de la palabra decisiva, el consejo y aún maravillas.

(El poder, el trono y la autoridad del dragón) (Apocalipsis 13; 2)

Previamente ya hemos expresado el pensamiento, que con la política del anticristo dominará él mismo Satanás, el presente texto aclara este pensamiento Satanás dará al anticristo su fuerza, su trono y gran poder, pero aunque Satanás tiene sabiduría, pero no se puede comparar con Dios. Dios es la plenitud de toda la sabiduría. Job 28;28; Dios dijo a los hombres servir fielmente al Señor, esto es sabiduría, guardar sus mandamientos esto es inteligencia, por eso este dragón él sabe que el padre celestial, al enviar a su hijo al mundo le dio poder. Lucas 24; 19; Hechos 10; 38; Juan 10; 18; y también el trono. Apocalipsis 3;21; pues con estos mismos atributos, Satanás, revestirá a su hijo, él anticristo, de la manera que él Señor, haciendo uso de la plenitud de su padre, reveló al mundo a Dios, así también él anticristo haciendo uso de la plenitud de su padre, revelará al mundo a Satanás, para Satanás, como espíritu, le es más fácil influir en el mundo físico por medio de un cuerpo; por eso encarnará su espíritu en la persona del anticristo y esto, como absoluto déspota, y habiendo concentrado en si a todas las bestias de Daniel, creará con la ayuda de Satanás aquel reino, que él Señor Jesús rechazó, pero el anticristo lo recibirá de manos de Satanás (Lucas 4;5-8).

(Cabeza herida de muerte pero sanada)
(Apocalipsis 13; 3)

Hemos dicho anteriormente que las siete cabezas de la bestia son cabezas simbólicas, y significan siete naciones. Apocalipsis 17; 10) en los días de Juan, cinco de ellas ya habían caído, ellas son Sirla, Egipto, Babilonia, medo-Persia, y Grecia, estas naciones dejaron tras de sí solamente sus huellas en la historia, aunque es cierto que Egipto, Persia y Grecia, existen hasta hoy, sin embargo, no son lo mismo que en el pasado, la sexta nación, es Roma, que existía en los días de Juan, pero ahora también esta nación cayó yla séptima nación aún no existía, en los días de Juan, ni tampoco hoy existe, y cuando llegue esta su existencia será breve: precisamente esta será la nación del anticristo, su cabeza, o sea, el anticristo será una de las siete cabezas, y el monstruo será el octavo rey, la bestia. Estará herida de muerte, (Apocalipsis 17; 11). Entre otras cosas, hablando el apóstol Juan acerca de las cabezas de la bestia, no habla de naciones, tal vez esto sucede debido a que no todos los reyes de dichas naciones reflejan estrictamente en sí mismas la ideología del anticristo ¿Quiénes eran estos reyes? Nabucodonosor. Daniel12;1, 37, 381 Alejandro el Grande, Daniel 8;21-22; los reyes de medo-Persia, Darío en media, Daniel 5;31 y Ciro de Persia, Daniel 6;28 10;1, 13; en Egipto podemos llamar Ramsés a quien persiguió tanto al pueblo hebreo y dio órdenes para matar a los hijos varones, en Siria podremos llamar a Nimbrad, el fundador de esta nación. Génesis 10, 8; 12; o sea Sanaquerib, que se burló tanto de los hebreos, Antico Epifanes. 2 Reyes 18;13-35 a quien mencionaremos en Roma a Julio César, el creador del imperio romano, o a Tiberio César, bajo el cual fue juzgado nuestro Señor Jesús, todos esos reyes fueron prototipos del anticristo. Se hace claro que a la mitad de la semana, el anticristo será amenazado de muerte y sufrirá una herida de muerte, la palabra de Dios dice que él será herido de muerte, pero por lo visto, la propaganda de Satanás bajo la dirección del falso profeta, aprovechará esta circunstancia para su propia meta, dicha propaganda lo declara sin vida ni esperanza y aun definitivamente muerto, cuando aparentemente el sanara y revivirá; por lo visto todo esto será un trabajo especial de Satanás, el cual, deliberadamente, permitirá el asalto sobre su hijo para luego sanarlo de una manera maravillosa, para así asemejarlo a Jesús, y persuadir a los incrédulos, especialmente a los hebreos, que el anticristo es realmente el mecías.

(Admiración y adoración de la tierra)
(Apocalipsis 13; 3b, 4)

Por lo visto, el restablecimiento milagroso del anticristo será publicado en el mundo como verdadera resurrección, es completamente posible, según ya hemos dicho, que para sellar la impresión, el mundo será informado de la muerte del anticristo, acto seguido, tal vez aún dentro de tres días, se proclamará que el anticristo estaba vivo, había muerto, y aquí vive, podemos imaginar la propaganda alarmista que hará alarde, esta propaganda diabólica, ¡teniendo un hecho tan portentoso!, el jefe ha resucitado, entonces aquellos diez reyes que pensaban con la cabeza del anticristo y le consideran como enviado del cielo y reconocerán, como su líder, sobre ellos mismos. Apocalipsis 17; 12-13) le coronaron, Apocalipsis 6;2), de esta manera lo harán su rey, en todo esto no habrá nada extraño. Porque en su inconformidad y cansancio, el desesperado mundo, buscará la persona capaz de sacarlo de semejante aprieto, una persona semejante es más que una persona, un súper hombre, el cual ni la muerte pudo contener, esto verá el mundo en la persona del anticristo, el líder esperado de todos los hombres que podrá solucionar todos los problemas que aquejan a este mundo, y que podrá establecer la paz en el mundo, establecer el siglo de oro, el reino. Del Milenio (terrible bestia) este título no tendrá el anticristo, este título, será únicamente en las ojos de Dios, y de sus santos, pero en las ojos del mundo. será el hombre ideal, el será inteligente (Daniel 8;25; elocuente Daniel 7;11; Apocalipsis 13;5; lisonjero. Daniel 11; 32; luchador Apocalipsis 13; 4, religioso 2 Tesalonicenses 2; 4; estratégico y político. Daniel 8;23; 11;21-23; además el apoyará, la ciencia la cultura y la civilización, y será accesible, con todas aquellas que estén de su parte, por esta razón el mundo con tanto entusiasmo y admiración endiosarán al anticristo y le adorará, para el mundo no regenerado no habrá problema para endiosar a un hombre, tan sobrenatural, si las hombres son copases de inclinarse ante ídolos de papel y de yeso, de madera, a casas muertas que no tienen vida, cuanta más ante este hombre tan extraordinario, que habrá resucitado, solo y estará obrando milagros.

(El anticristo desde el punto de vista espiritual)
(Apocalipsis 13; 5-6)

Él se dará a conocer como él, más terrible blasfemador contra Dios, la gran enemiga de todo lo sagrado, el anticristo aborrecerá a Dios, algunos se preguntan porque odiará tanto a Dios, y la pregunta se puede contestar con toda seguridad y la causa es muy comprensible, como este es el dios de la mentira, de la maldad, del odio. 2 Corintios 4;4 Juan 8;44; el padre de ustedes es el diablo; y ustedes le pertenecen y tratan de hacer lo que él quiere, el diablo ha sido un asesino desde el principio, nunca se ha basado en la verdad, y nunca dice la verdad, cuando dice mentiras, habla como lo que es, el padre de la mentira, este es el creador de la mentira, así como Dios es la verdad, por esta razón no están de acuerdo, son dos corrientes opuestas, y esta es una de las causas del odio contra Dios, él siempre ha sido un acusador de los hijos de Dios. Y Dios nunca le ha hecho caso, de sus acusaciones, ni lo toma en cuenta, y esta es la razón de este odio contra Dios, en todos los aspectos, y no puede haber concordancia en nada entre Dios y él diablo, por eso es que aborrece tanto a Dios, y lo santo y sagrado, a todos los cristianos los aborrece.

(El hombre de pecado)
2 Tesalonicenses 2; 3-4

Esta es una de las razones por las cuales el anticristo aborrece tanto a Dios, Dios, es un Dios de santidad, y él anticristo será el hombre de pecado, las naturaleza de ambos son completamente opuestas entre sí, la biblia subraya varias relaciones del hombre con el pecado, por ejemplo, hallamos la expresión hombre de pecado. Lucas 5; 8; Juan9; 16; o a un esclavo del pecado. Juan8;34 pero el hombre de pecado es una expresión única en la Biblia y se aplica exclusivamente al anticristo, 2: Tesalonicenses 2;3) él hombre malvado, el hombre de pecado, es una expresión general, pero esclavo del pecado es el alma esclavizada por el pecado, la que cumple probadamente las demandas del pecado, pero no voluntariamente, sino porque el pecado simplemente se ha enseñoreado de tal alma, y ella está Obligada a hacer su voluntad, pero el hombre de pecado es la naturaleza del que es hijo del pecado, que consiste y voluntariamente se ha entregado al pecado; el cumple el pecado con amor como un llamamiento, este será, el anticristo.

(El Hijo de perdición)
(Apocalipsis 13; 5-6; 2 Tesalonicenses 2; 3-4;)

Esta palabra tampoco debe entenderse de manera diferente ya que hijo de perdición, y hombre de pecado es igual son de la misma esencia hijo del diablo. Juan 8; 44; el abismo es el lugar de los espíritus malos, la morada de los demonios. Lucas 8;30;31; Apocalipsis 9;1; 17;7; 20;1-3; y el anticristo será hijo del mismo Satanás; por eso dice que subía del abismo, como sucederá todo esto exactamente, no es difícil de explicar, pero es un hecho que él anticristo, como persona, y como jefe, y como rey, saldrá del mar de las multitudes el nacerá pero su esencia y su espíritu, saldrá del abismo, y no de Dios, por eso es hijo del mérito diablo, Dios permite esto para bien, porque esta es su sabiduría son los planes de Dios, y nadie le puede decir que haces.

(Blasfemia contra Dios y todo cuanto es de Dios)
(Apocalipsis 13; 5-6;)

Aparte de todo lo que hemos dicho acerca del anticristo, todos aún recordarán el arrebatamiento de la Iglesia, hecho que, automáticamente estará recordando a los hombres que Dios está en los cielos, y que él ha llevado a la misma gente que le persigue, y esto significa que la relación del anticristo, tocante a Dios es de enemistad, pero aquí, para colmo de males, tiene lugar un nuevo incidente; cuando los dos testigos de Jesús, muertos por el anticristo resuciten y asciendan al cielo, estos hechos estarán comprometiendo al anticristo a revelar públicamente su falsedad, falsa doctrina y su diabolica. Por eso el procurará con todas las fuerzas, menguar el significado de esos hechos para eso pondrá en acción toda la sagacidad y engaños diabólicos, toda suerte de propaganda y toda índole de desprecio, burla y ridículo. En todas las formas; serán burlados y blasfemados, y no solo Dios sino todo su santo nombre, y todos los santos, pero a la mentira solo creerán solo aquellos que aman la mentira. 2 Tesalonicenses 2; 8-12.

(La guerra contra los Santos)
(Apocalipsis 13; 7-10;)

Han sido terribles las persecuciones para los Santos por la antigua Roma, eran también persecuciones diabólicas, las de los Santos de parte de Roma pero no se puede comparar lo que tendrán que sufrir los creyentes por el anticristo, para poder soportar todo esto será necesaria una paciencia especial una grande fe, únicamente aquellos que tengan una fe grande y Acepten la advertencia del Señor Jesús, solo los que crean de todo corazón podrán ser salvos y habrá muchos creyentes que aceptaran a Jesús y de estos santos los más serán de los hebreos, porque es su tiempo muchos serán salvos porque ellos aceptarán a Jesús como Mecías, es por eso que también el profeta Daniel vio en sus visiones que ese cuerno pequeño Perseguía a los santos. Daniel 7; 21; 8; 24; toda la visión de Daniel tuvo una u otra referencia al pueblo hebreo. Daniel 9; 24;-27; 10; 14; pero entre aquellos santos, habrá también los que hayan quedado en el arrebatamiento de la iglesia quienes se arrepentirán; además, habrá muchos convertidos por el testimonio de los dos testigos y por el testimonio de la iglesia, porque muchos convivían con la iglesia en las fraternidades eran parte de ella porque muchos son hijos de la iglesia porque ella les dio el testimonio de la palabra de Dios. Mateo 25;1-10; y Lucas 21;36; pero hubo incredulidad entre ellos y por eso se quedaron a la gran tribulación, había dudas acerca de la Verdad, o por ambición del dinero muchos se quedaron porque explotaron a muchos cristianos; y vivieron una vida holgada llena de lujos y no se acordaron de los pobres ni de las viudas, ni de los huérfanos, ni los pobres, ni de los encarcelados; habrá muchos sacerdotes y pastores y ancianos, reyes y gobernadores que se quedaran porque no cuidaron las ovejas de la iglesia, de los lobos feroces. Pedro 5; 1-4; los hechos de los apóstoles 20; 29-30.

(El misterio de la iniquidad)

Para entender el misterio de la iniquidad, hay que compararla con el misterio de la piedad. 1 Timoteo 3; 16; esta se basa que Dios fue manifestado en carne, que a Dios le plació manifestarse en la persona de Jesús. Colosenses 1; 19, 2; 9; y esto queda claro que la aparición de Satanás será en la persona del anticristo, y será este misterio de iniquidad,

¿pero puede Satanás encarnarse y tener hijo así como lo hizo Dios?, trataremos de ver alguna referencia bíblica al respecto. Por ejemplo, en el libro de Génesis 3; 15; de la simiente de la mujer, y la simiente de la serpiente, y de los planes que desempeñan entre los hombres y entre sí al explicar el capítulo doce de Apocalipsis dijimos que de la simiente de la mujer vino nuestro Señor Jesús) ¿a quién entendemos por la simiente de la serpiente, que estará luchando contra Jesús? Indiscutiblemente se trata de la persona del anticristo, en su venida Jesús hirió a la serpiente en la cabeza, que es esta simiente de la mujer, herirá la simiente de la serpiente, Dios por medio de Cristo venció a los seres espirituales que tienen poder y autoridad y él humillo públicamente y se los llevó en su desfile victorioso. Colosenses 2; 15; Jesús le bloqueó la sabiduría al diablo, porque intentó contra un ser justo, y ahí perdió la sabiduría, el diablo con la muerte de Jesús, y se le están escapando miles y miles de personas, que han aceptado al salvador del mundo nuestro Señor Jesús. Juan 3; 16-20; y en su segunda venida Jesús herirá al anticristo, en la cabeza, una herida mortal, esta será la última herida y será mortal para siempre, donde nuca volverá a levantarse, jamás; Nahúm 1; 14.

(dios falso)
(Apocalipsis' 13; 1; 2 Tesalonicenses 2; 4;)

Al principio, la política del anticristo; será bastante tolerable y pacífica, en el terreno político; él como ya dijimos apoyará la cultura la ciencia, la tecnología, en el terreno religioso el aparentará ser el mecías prometido hebreo, y será apoyado por la gran ramera. Apocalipsis, 17;1-6;yesta iglesia cooperará con él para exterminar a todos los que no estén de acuerdo con su política ni con su religión, en una forma sigilosa y astuta, con todo engaño y mentiras para poder persuadir a estos religiosos falsos que no conocen la verdad, del evangelio, de Jesús, para el mundo él será: un dios que solucionará todos los problemas de este mundo, por eso el mundo lo endiosará, como el verdadero mesías que salvará al mundo, y en esta primera mitad de la semana, sufrirán todos los cristianos que verdaderamente adoren a Jesús con todo su corazón y con toda su alma, estos sufrirán todo el desprecio de este dios falso, porque no lo van a complacer en nada, como ya dijimos ante los hombres él será una persona extraordinaria, pero para Dios son bestias devoradoras, que actúan como una bestia salvaje todo esto él hará en la primera mitad de la semana, donde también estarán predicando los dos testigos, en este período de tres años y medio más tarde él se transformará en una bestia verdadera. Con la ayuda de los reyes O. N. U y destruir a la gran ramera. Apocalipsis 17; 16; Alterará las leyes el pacto con los hebreos, y entronará a su ídolo, la abominación desoladora en el templo. Daniel 9; 27; expedirá una orden para que todos se postren ante su imagen. Apocalipsis 13; 14-15; y por último, se proclamará como él mismo Dios. Daniel 11; 36; 2 Tesalonicenses 2; 4; y todos los incrédulos y perversos le reconocerán como su dios y le adorarán. Apocalipsis 13; 8; pero será un dios falso que durará muy corto tiempo, esta es la naturaleza del anticristo, por esto nos damos cuenta de por. Que odiaba tanto a Dios, el anticristo, el será el demonio encarnado en una persona, para el cual habrá un sólo camino, la lucha contra Dios, por eso él estará luchando en todas las formas y por todos los caminos y por todos los medios que este mundo le proporcione.

(La bestia que subía de la tierra)
(Apocalipsis 13; 11-18)

Esta otra bestia subió de la tierra, o bien, como lo expresa el original del mundo subterráneo esto indica que dicha bestia, al igual que él anticristo, no será una persona común y corriente por lo visto será una persona de procedencia también demoníaca porquéde otra manera no podría con la política del anticristo. Apocalipsis 13; 12; contemplando más de cerca esta bestia, nos convenceremos que este será influenciado por él demonio no una persona común y corriente, queriendo imitar a los profetas de Dios, él apoyará a este dios falso en todo y el cómo profeta falso influirá en la gente para que lo adoren como si fuera Dios, porque él tendrá una gran influencia con los seres humanos, y él podrá controlar al mundo pecador para que reconozcan a este como si fuera el Dios verdadero, y muchos lo adoraran, todos aquellos que no conozcan la verdad del evangelio de nuestro señor Jesús, el anticristo estará imitando a Jesús, y lo mismo lo hará el profeta falso, estará imitando a el profeta Juanque preparó el camino al Señor Jesús, y sus cuernos como los de un cordero, deben testificar de que él es inofensivo, ni siquiera parece una mala bestia, sino manso como una paloma y esta bestia aparentemente es inofensiva inocente, pero hablaba como un dragón y hacía todo lo que le decía el anticristo, esta bestia tenía también poder porque las dos llevaban un mismo propósito, de falsedad y mentira, esta bestia hará que el anticristo sea sanado de la herida mortal, que sufrió, estará dando vida a objetos muertos, y hará descender fuego del cielo como lo hacía él profeta Elías este profeta será inspirado por el espíritu del diablo.

(Fuego del cielo)
(Apocalipsis 13; 13)

Generalmente, la fe de los hebreos, tendrá que fortalecerse en una fe verdadera, sincera, y todos los santos, porque este dragón hará maravillas y milagros en Jerusalén. Mateo24; 24; pero el milagro más grande será hacer descender fuego del cielo, esta será la repetición de la escena del monte Carmelo. 1Reyes 18;17-40; en el Carmelo se contestó la pregunta, quien es Dios, Val o él anticristo, esta misma pregunta volverá aplantearse ante Israel, ahora quienes Dios, Jesús o el anticristo? es completamente claro que cuando él anticristo, se siente en el templo de Dios, haciéndose pasar por Dios, le serán presentados sacrificios, por todos sus colegas, esto indica claramente las palabras de Daniel 8;11; y aún se engrandeció más contra él príncipe de los ejércitos, y por él fue quitado el continuo sacrificio, esto, sucederá en la segunda mitad de la semana Daniel 9, 27; y entonces él santuario será abominable, y profanado, debido a que ahí será colocada la imagen del anticristo. Daniel 12;11; será que sobre este sacrificio el falso profeta hará descender fuego del cielo, semejante a lo que hizo Elías, esto nos muestra además que este profeta falso no será impulsado por sí solo, sino que por medio de Satanás, él anticristo aprovechará la oportunidad, matará a los dos testigos, para aún imitar al profeta Elías, quien mató a los Profetas falsos, en aquellos oscuros días de completo alejamiento de Dios, y de la fe. 2 Tesalonicenses 2, 3; y no queriendo oír la sana doctrina2 Timoteo 4; 3; sino que oiránlasdoctrinas de los, demonios 1 Timoteo 4; 1; dos testigos celestiales, por eso aquí aparecerán dos testigoso representantes de infierno, es decir del mundo subterráneo, ellos serán; él anticristo yél falso profeta estas fuerzas oscuras tratarán de apagar a todos los testigos de Jesús, y en este momento sobrevendrá oscuridad completa.

(La imagen de la bestia)
(Apocalipsis 13; 14-15)

Los lazos más fuertes que unen a los seres humanos entre sí, son las convicciones religiosas, todos los seres humanos tenemos esas convicciones y tenemos que creer en algo endiosar a algo y adorar a algo, sino es a Dios, será a un ídolo; él ser humano tiene un alma, y esta no se alimenta con el pan material esta se alimenta con la palabra de Dios. Mateo4; 4; sin Dios él está vacía triste marchita sedienta, de la palabra de Dios, porque él alma, es una sustancia, espiritual inmortal, capaz de entender, sentir, y creer, como ya dije esta no se alimenta con el pan material, sino con la palabra de Dios, Mateo 4; 4;). Y el anticristo aprovechando esta oportunidad de la gente, se presenta como él Dios verdadero, y de manera que le adoren como él mecías prometido para el pueblo de Israel, que vendrá a salvarlos, que les traerá la paz a la humanidad y tenemos. algunas referencias de los hombres como han endiosado a los hombres como dioses, tenemos por ejemplo también Adolfo Hitler era un Dios para sus seguidores, lo mismo sucedió en Rusia, con Lenin y Stalin, no eran simples líderes, eran Dioses, porque tales atributos no fueron atribuidos a los hombres, pero a Lenin, y Stalin, si lo reverenciaban como si fuera un Dios, y tenemos también Buda como lo adoran como si fuera un Dios, el Satanás sabe que el hombre no puede vivir sin fe, por eso es que él, destruyendo la fe de Jesús, creará su propia religión diabólica, y por eso se manifestará él anticristo, que será el diablo encarnado en una persona, que será el anticristo y el permitirá que se haga una imagen de su persona para que todos la adoren, se inclinen ante ella y le rindan culto, como. Ci en verdad fuera un Dios y esta imagen hablara, porque tendrá un espíritu de un demonio, imaginémonos si los seres humanos adoran a las imágenes que no hablan, cuanto más a estaque si hablará yesta será la razón para que sean engañados todos aquellos que no conocen la verdad del evangelio de Jesús, entonces se repetirán las escenas de los días de Nabucodonosor, el cual fue el prototipo del anticristo, en el sentido de que todo aquel que rehusé adorar la imagen, debe ser quemado en el fuego Daniel 3;1-23; y habrá valientes, que no adorarán a esa imagen, escogerán la muerte antes de adorar a esa imagen diabólica.

(Señal marca de la bestia)
(Apocalipsis 13; 16-18)

Esta señal del anticristo o sea, cifra de su nombre. Apocalipsis 13;17) esta será colocada en la frente, pero si alguno se opusiera preocupado por la belleza de su rostro, le será permitido recibir la marca en la mano derecha (Apocalipsis 13; 16; esta práctica cambiará las identificaciones y los pasaportes: los documentos de papel, no serán necesarios, tomando el asunto a nivel mundial, todos estos documentos se pueden alterar, extraviados, dejados en casa robados o destruidos, pero una marca profundamente tatuada en la piel quedará para siempre mientras tenga vida, junto a su dueño, ahora los seres humanos se burlan ante el bautismo santo (por inmersión públicamente), pero entonces igual que los animales permitirán sin oposición alguna que se les imprima la marca del anticristo y con ello indicarán que están del lado de los enemigos de Dios, condenados para siempre, hay otra explicación sobre este particular, es decir, Espiritual, semejante al hecho de sellar a los creyentes con él Espíritu Santo, dicen algunos, que la marca del anticristo en la frente significa solamente la disposición de los selladores para recibir su enseñanza, mientras que la marca en la mano significa el poder por la obra del anticristo, pero el de Dios no requiere ser visto porque desempeña solo un papel espiritual, porque Dios lo ve y esto es lo importante, pero el sello del anticristo debe ser visible para todos los seres humanos, tanto para los que compran como para los que venden. Apocalipsis 13;17) de qué manera podría un vendedor saber reconocer quien tiene la marca del anticristo; quien hace las obras del anticristo, por esta razón tiene que ser visible, grabada en tal lugar quesea fácil y rápidamente posible examinarla, sin duda; la marca será muy común, porque será compuesta de un solo nombre, todavía no sabemos el nombre del anticristo, es un misterio pero el número de su nombre nos es revelado, su número es 666 muchos hombres han tratado de descifrar este nombre; o sea esta cifra y no han podido, entre los antiguos hebreos, y griegos, y romanos, las letras eran al igual también su número, por eso, no solo cada nombre, sino aún cada palabra significa algún número, especialmente los romanos y los griegos con frecuencia consideraban su nombre, como nombre o en lugar del nombre, cuando deseaban mantener en secreto el nombre, por ejemplo con frecuencia se podían oír frases como yo amo aquella, cuyo nombre o número 323, este número no era una fantasía o un invento, sino que significaba un nombre por eso queda claro que el nombre del anticristo tendrá un numero si se escribe con alguno de los idiomas de aquel tiempo el problema, sin embargo, consiste únicamente en el hecho de que, aunque conocemos su número, resulta difícil deducir el nombre, ya que muchos nombres dan esta cifra, conociendo especialmente o bien la particularidad de los idiomas antiguos, los hebreos han hecho pruebas para identificar y esclarecer él terrible nombre, del anticristo, por ejemplo cuando se escribe en el antiguo hebreo cesar romano, la combinación del valor de las letras dará un total de 666 por eso los cristianos entre los hebreos, pensaron que los césares romanos eran anticristos cuando Nerón comenzó con furiosa persecución contra los cristianos, los mártires hebreos llegaron a la conclusión de que escribir en hebreo Nerón César, también daba esta cifra de 666 por eso algunos hebreos cristianos en los días de Nerón estaban persuadidos de que Nerón era el anticristo, pero los creyentes griegos tenían su propia matemáticas, ellos escriben en latín y en griego y también obtenían esa cifra 666 y precisamente con esa cifra nombre de latinos, ellos llamaron a los romanos, los cristianos primitivos, para ellos Roma, los césares, Nerón, eran la encarnación del anticristo, por esa razón resulta difícil encontrar el nombre del anticristo, nosotros podemos decir con certeza una sola cosa que cuando aparezca el anticristo, su nombre ya se conocerá entonces al escribirlo en lengua hebrea, tendrá el número 666. ¿por, Que en lengua hebrea y no en latín o en griego? en primer lugar porque latín y griego son lenguajes muertos tocante a este tema, pero el lenguaje hebreo el lenguaje hebreo es vivo en segundo lugar, el anticristo aparecerá en Jerusalén, entre el pueblo hebreo y él será el anticristo, ante todo, cuando. Apareciera el Anticristo el pueblo ya sabara. Que el será el anticristo da claro que su nombre y su número serán en lengua de ese pueblo, aparte de esto, el número 666 tiene también significado espiritual, en general, en la biblia, él o los números tienen también sus significados particulares el número uno es el numero de que Dios es uno, el yo soy; uno en todo el número tres en sus manifestación es como padre, como hijo, como espíritu santo, el agua, la sangre y él Espíritu santo. 1 Juan 5;6-7; este es un número de Dios el número 4 es el número de la tierra cuatro puntos cardinales, cuatro estaciones del año, etc.); 12, es el número del pueblo de Dios (doce tribus de Israel, doce apóstoles de Cristo, doce fundamentos y doce puertas de la nueva

Jerusalén, donde el pueblo de Dios vivirá eternamente) por último la cifra es humana (el hombre fue creado el sexto día seis días han sido dados a disposición del hombre) pero el hombre que cayó o se apartó de Dios, se constituyó en símbolo de desobediencia, de caída, de incredulidad y de todo mal, de manera que este número de los hombres, 6, se multiplicará en el caso del anticristo, por eso 666 es la suma multiplicada de la imperfección del hombre, la multiplicación de la caída del hombre de Dios, y será la plenitud de la maldad del hombre.

(El negocio de la bestia)
(Apocalipsis 13; 17)

El anticristo estará gobernando con hombres vivos, por eso ante él se agolparan todos los problemas de los seres humanos, uno de ellos será el problema económico, en el cual el comercio jugará un papel muy importante, del siguiente texto vemos que sin vender y comprar no será posible la existencia, con la prohibición de vender y comprar para aquellos que no tengan la marca del anticristo, el esperará obligar a todos a recibir esa marca, hay una profecía que arroja cierta luz sobre este comercio que habrá en el tiempo del anticristo; en Zacarías 5;5-1:dice que el profeta vio una efá, y él efa es la medida de los granos de Israel. (Ruth 2; 17) al profeta le son dichas palabras ocultas acerca de esa era, esta es la iniquidad de ellos en toda la tierra (Zacarías 5; 6). ¿no coincide esta profecía en el sentido de que en la semana difícil, durante el dominio del anticristo, todos los productos alimenticios serán racionados y así distribuidos por toda la tierra? esta era es una señal simbólica del negocio y comercio mundial, el profeta vio sentada sobre una era la imagen de una mujer, que simboliza, la maldad Zacarias 5;7, 8);esto indica aunque el, comercio mundial está bien, organizado, concentrado en una mano, bajo de un centro internacional de comercio; no obstante, los, métodos y propósitos. De ese centro, será la misma maldad, maldad, tendrá la tendencia. de surgir, a, la, superficie, y actuara, bien, realmente pero esto no será permitido, desde arriba (Zacarías 5; 8). esto será en la segunda mitad de la semana, cuando él efa estará ya en su verificación, (casa) y en su reclinatorio, (cimientos) entonces la iniquidad, obrará libremente, seguido de lo cual se hará pública la terrible orden la cual traerá la muerte de hambre a muchos (Apocalipsis 13;17) entonces muchos, a semejanza de Esaú, venderán su alma a cambio de la vida corporal, el asentamiento del efa será preparado, no en Jerusalén, sino en tierra de Sinar (Zacarías 5;11) y esta es la nación de la antigua Babilonia (Génesis 10;10;) esto significa que él, centro, del, comercio, estará, en, la, tierra. de, Sinar, en, la Babilonia, reconstruida Apocalipsis 18;9-13; desde ahí se podrá controlar todo el comercio mundial, de esta manera el anticristo estará controlando todos los caminos, como una víbora junto al camino sigilosamente con astucia y sin misericordia; Génesis 49;16-18; en el aspecto económico como rey, y religiosamente como dios falso y económicamente por medio de su comercio centralizado, no habrá manera para ocultarse de esto, el alcanzará en todas partes, sino por un camino lo hará por el otro camino, por esto está escrito; habrá entonces gran tribulación... y si aquellos días no fueran acortados, nadie sería salvo; más por causa de los escogidos, aquellos días serán acortados (Mateo 24;21, 22).

(El cordero sobre el monte de Sión)
(Apocalipsis 14; 1-)

Esta es la segunda venida de Cristo cuando venga con gran poder y gran gloria a reinar y a juzgar a los seres espirituales y a los reyes de la tierra, Isaías 24; 21) y Apocalipsis. 16; 16; él señor estará ahí para defender a sus hijos y protegerlos del anticristo, yo creo que estos serán los que serán raptados al desierto donde estarán por tres años y medio, que será él reinado del anticristo aquí en la tierra, estos hebreos aceptarán al señor con todo su corazón este era el testimonio de la Iglesia que les enseñaba el evangelio, estos son aquellos que tenían un conocimiento de la verdad del evangelio. Estos son hebreos fieles que en verdad le servían a Dios, pero tenían un camino equivocado, o una religión falsa y en esta religión no puede haber, salvación, pero. Cuando. La Iglesia sea. Recogía al Cielo entonces, estos, conocerán que estaban equivocados. Y se arrepentirán de todo corazón, esta cera la gente Que con vivia con la Iglesia o la gente metódica no degenerada sino que vivía, una vida recatada normal pero no conocían el verdadero camino y el Señor los va a proteger y estos serán los que serán llevados al desierto es posible que él Señor no sea visible para los impíos, semejantes a los ejercito Sirios, que no vieron a los Ejércitos del Señor, I (Reyes 6; 15-17).

(Ciento cuarenta y cuatro mil)
(Apocalipsis 14:1)

Estos son los que fueron sellados por el Señor Jesús de entre las tribus de Israel. Apocalipsis 7;4;8): la frase estos no se contaminaron con mujeres, pues son vírgenes; esta frase no significa que estos, eran solteros o puros hombres, Apocalipsis14;1-7; sin duda hubieron ahí mujeres que no se contaminaron con los hombres; había también personas mayores casadas, la vida matrimonial no contamina a los hombres, porque en él matrimonio no hay nada impuro, toda vez que él matrimonio sea limpio y sin impureza Hebreos 13;14;4), la vida matrimonial ha sido establecida por Dios y por él bendecida Génesis 1 ;28). El reino del anticristo será un reino de depravado de prostitución, verdaderos matrimonios no los habrá prácticamente no existirán, serán cambiados por la convivencia corrompida, bajo el nombre de amor libre semejante a los animales, por eso el Señor Jesús toma en cuenta especial, la conducta moral de quienes la practiquen entre. la inmoralidad tan generalizada, su pureza virginal debe interpretarse espiritualmente, a la luz de la palabra profética, todo el pueblo hebreo es comparado con una virgen, hija de Sión, (Isaías 37;22; también la Iglesia. de Jesús es comparada con una virgen pura 2 Corintios 11;2). Apocalipsis 19;8), Y es claro que en Judea, yal igual que en la Iglesia; hay casados hombres y mujeres, aquí se tipifica la pureza de la doncella y rectitud de corazón hacia Jesús. Por eso estos 144, 000 dentro de una increíble corrupción, maldad e impiedad conservaran sus vidas en la integridad moral y espiritual, esta actitud atraerá un amor especial de parte del Señor Jesús para con ellos, ya que aquellos hombres tendrán otras dignidades más, por ejemplo, se dice de ellos; estos son los que siguen al cordero por dondequiera que va, nos muestra este hecho la ilimitada confianza hacia Jesús. Ellos van tras él Señor con la misma predisposición, así. Al Gólgota como a Sión, Isaías 35;10; ellos no preguntan a donde los guía el Señor Jesús sino que van tras él a donde va de ellos se dice que ellos fueron redimidos de entre los hombres como primicias para Dios, el calificado de primicias les corresponde por dos razones; ellos serán los primeros redimidos de entre los hebreos después que el Señor se vuelva a ellos con misericordia, y su gracia a Israel ellos serán contados para el Señor en lugar de los primogénitos de Israel, quienes por la ley debían pertenecer al Señor. Éxodo 22;29; Números 3;12-13, 40-47; son los primeros redimidos tomados por él Señor en lugar de los primogénitos, además se dice de ellos que en sus bocas no fue hallada mentira, todo el sistema popular será puesto al revés, y en general todo será la pura, iniquidad de la mentira diabólica, en el hogar, entre los amigos, en el comercio, en la política, en la religión, en ningún lugar habrá verdad; todo sin excepción, se engañarán recíprocamente, la mayoría tratará de engañar al anticristo, porque los hombres notarán que él no será ya aquel por él cual ellos le servían únicamente por lo visto ellos le sirven al anticristo por temor y por obligación y he aquí 144, 000 en un mundo de absoluta mentira, estos creyentes estarán sujetos a la verdad, de Dios del evangelio de Jesús y ellos también serán fieles predicadores de la verdad del evangelio, ellos estarán impidiendo el endiosamiento del anticristo, y estarán hablando valientemente acerca de la verdad, del verdadero Dios, nuestro Señor Jesús, mientras que otros herrarán creyendo en él dios falso, Daniel 11;32; estos creyentes, dentro de una terrible confusión mental, con palabras y hechos se sujetan a la verdad, y son creyentes íntegros, y veraces, por esta frase que en ellos no fue hallada ninguna mentira en su boca, y es muy comprensible que estos creyentes no podrán convivir con este falso gobernante porque ellos no podrán soportar esas cosas, por eso ellos sellaron su fe con sus hechos y actuaciones, porque estos cristianos serán llevados al desierto, estos es la mujer simbólica o comparativa con estos cristianos fieles, esta es la mujer que fue perseguida por el dragón, y por un milagro de Dios fue transportada al desierto, porque ahí estaba el Señor Jesús en el monte de Sion.

(Los arpistas)
(Apocalipsis 14; 2-3;)

Estos cantores estaban en el cielo, mientras que los ciento cuarenta y cuatro mil estaban con Jesús en el monte de Sion. ¿Quiénes son estos cantores? Esta frase de que nadie podía aprender sus cantos, excepto los 144, 000 con estas referencias nos damos cuenta que estos serán hebreos (Apocalipsis 15;2; ellos cantaban el canto de Moisés esta canción solo la podrán cantar los hebreos son los consiervos y hermanos de ellos fueron los predicadores en la primera mitad de la semana, estos son los que fueron raptados al desierto, por tres años y medio, 144, 000 y cuando terminen de dar su testimonio a la mujer. De Dios le dieron las alas de águila para que pudiera volar al desierto, porque estos fueron los primeros que fueron salvos en esa primera mitad de la semana, y luego vienen los arpistas estos tuvieron que morir, y por esta razón estaban en el cielo, porque sus almas fueron levantadas al cielo por los ángeles, y Juan. Vio las almas y los Oyó. Sus cantos de estos arpistas; y nos dice que estaban también presentes los ancianos. los (24) ancianos que representan a la Iglesia. y estaban también los cuatro seres vivientes (Apocalipsis 14;2-3;20;4;Juan) vio las almas de los que fueron salvados, y no los cuerpos sino las almas, Dios le abrió los ojos a Juan para que pudiera ver estas almas. de los que fueron salvos en la semana de la gran tribulación, y estos son los mismos cantores y también los que nos dice en él (Apocalipsis 15;2-3; 7; 9--) de todas las razas, y pueblos, y naciones, esta es la gran multitud que nadie podría contar. (Apocalipsis 7;9;) y Juan vio las almas de los que les cortaron la cabeza Apocalipsis 20, 4; estos son los mismos cantores y la gran multitud Apocalipsis 7;9; 14;1;. 15;2-3; ahí estaba presente la Iglesia representada por los 24 Ancianos y los cuatro seres vivientes, que cumplen la orden de Dios, para proteger a los que están en la tierra, porque hay que entender que los ciento cuarenta y cuatro mil se fueron vivos al desierto en la primera mitad, de la semana; al principio él anticristo se portará como un buen gobernante. y será accesible con todos Apocalipsis 6;2; él anticristo vendrá en un caballo blanco con un arco sin flechas,

(Tres Ángeles evangelistas)
(Apocalipsis 14, 6-13)

La evangelización, generalmente es encomendada a los hombres, no a los ángeles, aún. Cuando en algunos casos para en este fin. Era necesario usar a un ángel en el plan de la evangelización. Siempre ha sido en comendada a los ángeles, en. El Cazo de Cornelio. Un ángel se presentó al Centurión Cornelio y lo único que hizo fue mostrarle la dirección de Pedro (Hebreos 10;3-6) quien tuvo que explicar a Cornelio, las condiciones de la salvación pero los tiempos de la manifestación del Anticristo serán, difíciles. y todo el Infierno esta en la tierra. Serán esporádicos los predicadores, porque todo el inferno se levantará a ordenar silencio a los testigos de Dios sobre la tierra, él anticristo obraba en contra de ellos con sufrimientos castigos fuego, y espada, persecución y hambre; testigos valientes habrá cada día menos, pero él Señor dijo, si esto callaren la piedras clamarán pero la misericordia de Dios no tiene límites; la verdad no puede ser olvidada él anticristo pensaba que destruyendo a los testigos, que proclamaban la verdad, lograría destruir a la misma verdad, pero esta vez se volvió a equivocar cuando la tierra calló hablo el cielo, y Dios tuvo que mandar a los ángeles que evangelizaran. Parte de esto él anticristo con su propaganda confundirá totalmente a los hombres, que para ellos el testimonio de un. Hombre común, no tendrá significado alguno, por eso, en contra de la propaganda demoníaca, comenzarán a actuar las fuerzas angelicales, para que todos los hombres puedan oír la voz de Dios, los ángeles estarán hablando en los aires, está a será la última prueba de Dios para requerir a los hombres, ante el juicio será esto como quien dice el ultimátum de Dios. De manera que mientras dure el tiempo de gracia, aprovechemos las oportunidades, tomemos, con amor, que debe ser predicado el evangelio de la verdad, la cual con gozo lo harán los ángeles.

(El primer ángel)
(Apocalipsis 14; 6-7)

El estará anunciando el evangelio eterno, a todas las personas, así nos dice el Señor Jesús que debe ser predicado este evangelio, en todo el mundo; a todos los pueblos y entonces vendrá el fin. Mateo 24; 14) porque, aunque hoy el evangelio ha sido traducido a más de mil idiomas, y lo están predicando centenares, de personas misioneros, y cristianos en los trabajos, en las plazas y en el radio, por la televisión, hay muchos hombres y mujeres que ya conocen el evangelio, pero no se han arrepentido y Dios lo que quiere es que se arrepientan y le sirvan a Dios, y la salvación es por períodos, y esto es porque Dios no quiere que nadie se pierda sino que todos procedan al arrepentimiento y sean salvos, en este momento el mundo estará todo al revés, estará multiplicada la maldad, todo será mentira, engaño por eso, el testimonio de los hombres no será posible escuchar porque, esta razón Dios permitirá que intervengan los ángeles y este testimonio de los ángeles será escuchado y muchos se volverán a Dios lo que los misioneros no pudieron hacer lo harán los ángeles él ángel Invitara al temor de Dios; temor que todo hombre hará perdido a causa del temor. del anticristo, este ángel estará reclamando la honra al creador y no a las criaturas, este evangelio acerca del creador no debe ser extraño para nadie, él lugar del creador (Romanos :1;18-25) este ángel les advertirá que ha llegado la hora de Dios, y por eso no se puede dilatar hoy, al escuchar él hombre al llamado a la conversión; tienen la esperanza de que aún hay mucho tiempo para pensar y reflexionar sobre este asunto, pero después de la evangelización de este ángel, la humanidad dispondrá de muy poco tiempo la mayoría de la gente no podrá sobrevivir, no hay duda de que por el testimonio de este ángel, muchos de todos los pueblos se convertirán a Dios.

(El segundo ángel)
(Apocalipsis 14)

Este ángel proclamará la caída de la ciudad de Babilonia la palabra Babilonia, significa confusión, y esta palabra es simbólica, este es el segundo ángel, Apocalipsis, 14;9), y luego lo siguió otro ángel, él segundo, que con fuerte voz; 1 ya cayó, la gran Babilonia, la que emborrachó a todas las naciones con el vino de su pasión inmoral, está no puede ser la Babilonia material, como algunos suponen que será reconstruida, y esta no será la que será destruida, sino la babilonia que tiene una doctrina de confusión, que ha engañado a los seres humanos, con su religión falsa, que él mundo pensaba que era la verdad, y los reyes y gobernantes, y mucha gente tenía la esperanza, porque ellos, confesaban sus pecados y ellos pensaban que sus pecados, eran perdonados y en esta forma fueron engañados, por esta bestia que salió de la tierra. con dos cuernos, que parecía un cordero, inofensivo, pero hablaba como un dragón, Apocalipsis 13, 11, esta es la Babilonia la confusión de la humanidad, esta es la Iglesia Oficial. que ha engañado a los hombres con sus mentiras, porque esta es una religión falsa porque todos los sacramentos están fuera de la biblia, Apocalipsis 22;17-19; Deuteronomio 12;32; 4;2; Timoteo 6;3-5; 2 Juan1;9; Gálatas 1;8;, Santiago: 2;10;porque si una persona, obedece toda la ley, pero si fallan en un solo punto resulta culpable frente a todos, los mandatos de la ley de Dios. y esta Babilonia desobedece toda la ley de Dios, no la de Moisés sino la ley de Dios, y esta es la que ha perseguido a los creyentes de Dios; por esta razón este ángel les dio esta noticia a los creyentes de la caída de esta babilonia, terrible que ha causado tanto problema en la obra de Dios.

(El tercer ángel)
(apocalipsis14; 9-11)

esta es una advertencia a todos los seres humanos, acerca del anticristo, para que no reciban la marca del anticristo, porque este es un dios falso mentiroso y él que adore a este dios será condenado por todos los siglos y a Dios le puede mucho que el ser humano se condene, porque Dios es amor 1 Juan 4;8). y con esto demostró no solo con palabras: sino con hechos verdaderos, al dar a su hijo al mundo por el rescate de la humanidad, él sufrió el castigo que nosotros merecíamos por nuestros hechos bochornosos pecaminosos; porque éramos una escoria y Dios no tomó en cuenta nuestros errores sino que demostró lo contrario y por esta razón Dios utilizará a un ángel, o sea, a los ángeles: en este ministerio de la evangelización, porque los hombre estarán incapacitados para cumplir con esta misión, porque esta bestia será poderoso que tendrá todo a su alcance, porque Dios le permitirá que haga todo lo que él quiera, porque es un dios de maldad de mentira, de odio de rencor sin misericordia, despiadado, que odia todo lo santo y a todos los creyentes, y a Dios mismo, así es su carácter, de odio, de rencor, de maldad. y él se enoja porque Dios nos perdona siendo pecadores él quisiera que Dios nos condenara, y al diablo le disgusta que Dios tenga amor, para con los seres humanos aún siendo tan insignificantes y pequeños, y que Dios nos tenga compasión pero Dios ha usado todos los medios para poder salvar a todos los que quieran ser salvos de este ser despiadado que no tendrá misericordia, y tratará de acabar con todos los hombres, pero Dios usará a estos ángeles porque el testimonio de los ángeles será más efectivo, porque ellos tendrán un alcance más amplio en este particular, porque mucha gente estará creyendo en este personaje o sea, este dios falso mentiroso porque usará todos los medios para engañar a toda la gente.

(Bienaventurados)
(Apocalipsis 14; 12-13)

La palabra (bienaventurado, significa dichosos, porque realmente estos serán dichosos porque de ahí en adelante todo será bendiciones ya no habrá sufrimientos para los creyentes, ellos pasaron de las penurias ala dicha al gozo a la felicidad aquí se cumple esa parte Bíblica que dice después de la tormenta, viene la calma, aquí, está, la, fortaleza, de, los Santos, efectivamente, será, necesario, tener, una, fortaleza, sobrenatural, para, poder soportar tanto sufrimiento y poder permanecer en la verdad, de manera que esta fortaleza será grandemente recompensada, es mejor, un breve, aunque sea infierno, sufrimiento y luego vendrá la paz y la dicha; antes que lo contrario este testimonio de los ángeles será efectivo y tendrá muchos resultados, yo estoy seguro que muchos serán salvos, ellos tendrán que sufrir porque la salvación para esta gente tendrá un precio y será la misma vida; que tendrán que ofrendar, estos creyentes porque no la quisieron regalada, y tendrán que comprarla será un precio muy alto. Pero valdrá la, pena porque alcanzarán la salvación por eso serán dichosos.

(Recoger la cosecha de la tierra)
(Apocalipsis 14; 14-20)

Tenía apariencia humana, este indiscutiblemente será nuestro Señor Jesús. Quien es el dueño de la cosecha de la tierra, él primero y él último, él fue él que principió esta obra y él mismo la llevará a su fin. Los ángeles son los servidores de Dios. Mateo 9; 38; 13; 39; la hoz es la señal de que la cosecha está madura para recogerla. Otro ángel salió del, templo, algunos teólogos según su punto de vista piensan que este, es un lugar literal un lugar donde se oficia para el culto, yo no, estoy de acuerdo con esta interpretación, él templo de Jesús es la Iglesia. 1 Corintios 3; 16...17; 6; 19; 2 Corintios 6; 16; y Jesús es la cabeza de la Iglesia y la plenitud de todas las cosas. Efesios 1; 22:23; Colosenses 2; 3; Jesús en él están encerradas toda la sabiduría y él conocimiento, él es la plenitud de todo, él es el templo, y todo en todo; por eso en la nueva Jerusalén ya no habrá templo (Apocalipsis 21; 22;) no vi ningún santuario en la ciudad, porque él Señor él Dios todopoderoso, es su santuario y también él cordero. Dice Juan que no vio ningún, santuario en la Ciudad, porque él Señor todopoderoso es su santuario, (Colosenses 2;3;) pues en él están escondidas o encerradas todas las riquezas de la sabiduría y él conocimiento (Hebreros 9;11;) así que Jesús es todo, y este ángel salió de Dios o sea, era la orden de Dios. y Dios. Es él que hace todas las cosas, sin Dios no se mueve nada, y todos los ángeles están al servicio de los Santos pendientes de todos los, Hijos de Dios (Hebreros 1; 14).

(Recoger la cosecha)
(Apocalipsis 14; 15-16)

La cosecha es el resultado de la siembra, son los resultados del trabajo, esto será al final del siglo. (Mateo 13; 39;) él mismo Jesús previó estos hechos (Mateo 13; 30; 37-43) mientras tanto se sigue sembrando el trigo y la cizaña nace junto con él trigo, pero viene el día de recoger el trigo, y quemar la cizaña, o la paga. Primero tenemos aquí a la Iglesia del Señor Jesús, (Apocalipsis 4; 4;) y alrededor del trono había cuatro seres vivientes (Apocalipsis 4; 6;) y luego vienen los 24 ancianos que representan a la Iglesia (Apocalipsis 4; 4; más allá estaban todos los ángeles que rodeaban el trono a los cuatro seres vivientes, y a la Iglesia y más allá estaba esa gran multitud de salvados,

(Otro ángel con la hoz)

Este otro ángel salió del cielo. y con la hoz cortó los racimos de la vid, estos son los ángeles que están al pendiente del pueblo de Dios. y ya llegó la hora del día del Señor, pero para quitarles el reino a los seres humanos, tendrá que cortar a las uvas que están maduras y es él tiempo de cortar los racimos, estas son todos los que tienen autoridad y poder que tienen él reino en sus manos, a todos los que gobiernan al mundo Dios tiene que quitárselos para dárselo a la iglesia de Jesús. Apocalipsis 16;16; Isaías 24;21; en ese día el Señor castigará a los poderes celestiales y a los reyes de la tierra; 22 los reunirá los encerrará en un calabozo, los tendrá encarcelados y después de mucho tiempo los castigará, y él reino será de Jesús y lo dará al pueblo de Dios Daniel 7;18;27; Apocalipsis 2;23-28 3;11-12).

(La viña y el depósito)
(Apocalipsis 14; 19-20)

Con las uvas y la viña se comparo al pueblo de Israel. Isaías 5; 1-7. Pero este viñedo dio uvas agrias, y fue cultivado por su dueño. Y luego fue castigado este es el país de Israel, pero este castigo le sirvió a este país, porque recibirán. al Señor y se volverán a el de todo corazón al Señor Jesús pero este castigo será para su otro viñedo por qué no dieron el fruto requerido, o sea, todas las autoridades del mundo porque todas están puestas por Dios, y este será el castigo para todas estas autoridades por qué no hicieron justicia ni respetaron el derecho de los gobernadores y Dios tendrá que quitarles la autoridad a todos estos políticos. Tendrán que dejar el cargo. Apocalipsis 16; 16; Isaías 24; 21; esto será cuando el venga con poder, y gran gloria, el reno de Dios tendrán, que dejarlo al pueblo de Dios. Por siempre. El Señor. Jesús. Tendrá que ejecutarlos, para, quitarles el poder y dárselo a la Iglesia. por esta razón la sangre correrá como ríos, y el reino se lo dará al pueblo de Dios. Daniel 7; 18-27.

(El mar de vidrio y el tabernáculo del testimonio) (Apocalipsis 15; 1;

El mar de vidrio Apocalipsis 15; 2-4;Este es él mismo mar que él apóstol Juan vio al comienzo mismo del (Apocalipsis 4;6) pero al principio ese mar no estaba ocupado y era limpio semejante al cristal, pero ahora está mezclado con fuego y sangre y sobre él están de pie los vencedores del anticristo, este fuego no era peculiar del mismo mar; sino que se unió a él cuando sobre él se apostaron los vencedores ya mencionados, este fuego nos muestra cuán grandes sufrimientos simbólicamente han pasado aquellos que permanecen de pie sobre él, en general, el fuego es símbolo de sufrimiento, pero también símbolo de amor. 1 Pedro 4; 12-13 Gálatas 8; 6-7; de manera que esos vencedores que permanecían de pie sobre este mar de vidrio, estando llenos del fuego del amor de Dios no temieron a las pruebas de fuego por eso el fuego del mar de vidrio es su gloria, los vencedores del anticristo con arpas, que cantaban el canto de Moisés, son los mismos arpistas de los cuales ya los mencionamos. Apocalipsis14; 2; son todos los que fueron salvados de todas las razas y pueblos, también los hebreos, creyentes de Jesús, quienes perecerán de mano del anticristo en la segunda mitad de la semana.

(El canto de Moisés y del cordero) (Apocalipsis 15; 3)

¿Por que aparecen aquí dos cantos el de Moisés y el del cordero? Por lo visto debido que Moisés y él cordero recuerdan dos circunstancias muy semejantes de una maravillosa salvación, de la esclavitud de faraón y la esclavitud del anticristo, ambos incidentes tienen relación con el mar la diferencia es únicamente está en que uno es él mar común y corriente mientras que él otro es de vidrio, en cuanto a la salvación una era física y la otra era Espiritual.

(El tabernáculo del testimonio)
(Apocalipsis 15; 3-4)

El templo o tabernáculo, el templo o santuario, jugó un papel muy importante Éxodo 25;8) y hágame un santuario para que yo habite entre ellos, y este santuario tenía que ser de acuerdo a las instrucciones divinas de Dios Éxodo 25;40 esto era real, Dios se manifestaba en él templo en el lugar Santísimo, donde estaba el arca de pacto, donde solo el sumo sacerdote podía entrar cada año, para espiar los pecados del pueblo, esto era cierto y había una cortina que dividía el lugar Santo, del lugar Santísimo, y en él cielo está él templo Hebreos 9;23-24). A la imagen fue construido el templo en miniatura el templo hebreo Éxodo 25; 40) él pecado produjo división entre Dios y los hombres Isaías 59;2) símbolo de esta división era la cortina en él templo, pero la muerte de Jesús rasgó ambos velos tanto la verdadera como la simbólica de esta manera lo divino se acercó a los seres humanos Hebreos 10; 1 9-20). Ahora Jesús es la plenitud de todas las cosas Efesios 1; 23; en él están encerradas todas las riquezas de la sabiduría y la inteligencia, o sea, Jesús es él Santuario o Templo de Dios Marcos 14; 58;' Juan 2; 19; Mateo 26;. 61; Colosenses 2; 9; 1; 19;) el lugar Santísimo, y el tabernáculo del testimonio o siempre han sido ocultos, y el objeto más sagrado en su interior era él arca del pacto. Ahora bien, ya que este templo se abrió también el arca del pacto, permanece a la vista (Apocalipsis 11; 19). de él salieron también los ejecutores de la ira de Dios siete ángeles; esta apertura del. Santuario, o del lugar. Santísimo muestran que las fuerzas pre ocultas de Dios, sus pensamientos secretos, comenzarán a realizarse abiertamente, obrando en la tierra, estas fuerzas obraban entonces también, pero como a escondidas, de manera que él anticristo con su propaganda pudo tergiversar las visiones y explicarlas a su manera, pero ahora los hombres, comenzarán ya a ver claramente que los castigos provienen de Dios, pero aun así, lo blasfemarán (Apocalipsis 16;11-12).

(El Santuario se llenó del humo de la grandeza de Dios)
(Apocalipsis 15; 8)

El humo es símbolo de ira y juicio (2 Samuel 22; 7-9; Salmo 37; 20, Joel 2; 30-31) y este era el momento cuando; siete ángeles se preparaban para derramar siete copas de la ira de Dios, por eso la nube es el símbolo de la misericordia y la gracia de Dios. (Éxodo 40; 34-35; 1 Reyes, 8; 10-11) y para cerrar con broche de oro tenemos aquí estas referencias; claras y precisas. Oí también que él altar decía si oh Señor Dios todopoderoso tú has juzgado con verdad y rectitud, (Apocalipsis 16; 7). Aquí nos damos cuenta que este altar o templo, habla, y los santuarios o templos no hablan, y este santuario hablaba y es que este templo era la Iglesia del Señor Jesús.

(Las siete copas)
(Apocalipsis 16; 1-2)

Dice el apóstol Juan que oí una fuerte voz, que salía del santuario y que decía a los siete ángeles vayan y vacíen sobre la tierra esas siete copas del terrible castigo que viene de Dios. Juan no dice quien dio la orden sino que él oyó la voz, es entendible que él que dio la orden era Dios, la voz es probable que fuera un ángel él arcángel Miguel o uno de los cuatro seres vivientes, este último es muy evidente debido a que precisamente uno de los cuatro seres vivientes dio a los ángeles esas siete copas de la ira de Dios (Apocalipsis15;7) pero esa voz podría ser aún del mismo Señor Jesús, siguiendo, pues las instrucciones de esa orden, el primer ángel derramo su copa sobre la tierra, y de repente vino una úlcera maligna y pestilente sobre los hombres, pero exclusivamente sobre aquellos que tenían la marca del anticristo los que adoraban su imagen. lo maligno de esas úlceras consistían en él hecho como la misma palabra de Dios. sugiere, que dañaba a los hombres dañaba sus cuerpos, las úlceras convertían a los hombres en inútiles para él trabajo arruinaba él parecer de los hombres, es probable que cada uno de nosotros haya tenido alguna vez alguna úlcera, pero una vez desaparecida esta, no quedan más rastros de ella en nosotros pero estas úlceras serán terribles estarán descomponiendo las manos y los pies, al igual que los ojos y se perjudicarán los ojos no será posible agacharse o girar él cuerpo o la cabeza serán pestilentes porqué estas úlceras acarrearán un dolor profundo e insólito al igual que será imposible curarse y librarse de ellas ya que este castigo será especialmente para los que tengan la marca del anticristo, y quienes le adoren y a su imagen, podemos deducir que esas úlceras se asentarán en aquellas partes del cuerpo donde esas marcas estarán y así impedirán adorar, es probable que esa copa de la ira de Dios afectará especialmente a los seguidores del anticristo, y ellos lleguen al conocimiento porque les. Vinieron esas Ulceras malignas. la causa, porque ellos recibirán esas úlceras malignas,

(La segunda Copa)
(Apocalipsis 16; 3)

Esta copa convertirá el mar, en sangre, según parece él mediterráneo de todos los muertos del mar, será la conclusión en parte del efecto de la segunda trompeta, en la primera mitad de la semana (Apocalipsis 8; 8-9) Es algo difícil de explicar esto en forma física, ¿cómo y de qué sucederá esto? esto estamos seguros que sucederá por la voluntad de Dios, esto será igual que lo que sucedió en Egipto Éxodo 7;17-21) habrá un olor desagradable de un mar de sangre, toda especie viviente morirá, y él mar quedará muerto, será este un castigo terrible, pero primordialmente a aquellos que estarán viviendo en la vecindad interrumpida con el mar, sin duda ellos serán evacuados y comenzarán a alejarse con el mar, porque no podrán soportar el olor del mar, y los barcos no podrán navegar porque en ellos los hombres morirán por las aguas mal olientes; estos castigos no están escritos por cuánto tiempo durará este castigo, pero podemos suponer que no serán prolongados porque para las siete plagas, incluyendo la batalla del Armagedón.

(La tercera copa)
(Apocalipsis 16; 4, 7)

Este castigo, es también semejante al que fuera consumado al sonar la trompeta la tercera (Apocalipsis 8;10-11) pero entonces solo la tercera parte de las fuentes y arroyos fueron contaminados, por el cometa ajenjo y en este castigo serán contaminadas todas las aguas con sangre sin embargo, aún aquí podemos imaginar que este terrible castigo no se extenderá por todo el mundo, sino únicamente en él territorio que se encontrara sin intermediario ante la influencia del anticristo este evento puede tener lugar como consecuencia de lo que dijo él profeta y la tierra descubrirá ¿la sangre derramada sobre ella. Isaías 26;21), esa sangre llenará los ríos y las fuentes, es claro que esto no es posible físicamente, porque la sangre no permanecen la tierra. En su estado, sino que es absorbida, pero para él creador de todo cuanto existe, no puede haber algo imposible, no cabe duda de que si la tierra devolverá toda la sangre inocente derramada al igual que las lágrimas, habría una inundación, las palabras de Apocalipsis16;6) parece apoyar las palabras del profeta Isaías son además, características las palabras del altar; tus juicios son verdaderos y justos. Apocalipsis 16;7) es evidente que esta voz es simbólica y significa la Iglesia de Dios, porque un templo material de concreto, no es posible que hable pero esta evidentemente es la Iglesia de Jesús, y aún no están lejos los juicios de Dios, pero todas las gentes que fueron víctimas de la maldad de los hombres, están sentenciados porque un día vendrán los juicios de Dios, porque sus juicios son justos y verdaderos; y que ellos como víctimas no han padecido en vano, ahora la sangre que fue derramada por estos perversos correrá a raudales, ¿qué de una vez por todas se sacien los sanguinarios? ¿Les bastará ahora la sangre? conviene, además, poner, atención a las palabras; lo merecen desde los siglos el Señor llama a los hombres por medio de los profetas y Apóstoles, a las fuentes de aguas vivas, pero los hombres no solo rechazaron esas aguas. Sino que exterminaron a los hijos de Dios, a través de los cuales Dios llama a los hombres ellos derramaban sin misericordia la sangre de los santos, así ahora tienen en abundancia sangre, que la beban se lo merecen esos perversos pecadores.

(La cuarta copa)
(Apocalipsis 16; 8-9)

Este castigo también tiene una conexión con él castigo que nos dice en (Apocalipsis 8; 12) entonces él sol se obscureció, y a consecuencias de eso vino el frío, mientras que ahora será al revés, él sol quemará a los hombres, con fuego esto será el cumplimiento profético acerca del día ardiente como un horno, según aquel día cuando caerá él fuego del cielo y consumirá al instante la multitud de los impíos Mateo 4;1)

(Apocalipsis 20;8) debemos notar que frente a esos castigos los seres humanos comenzaran a conocer que esos castigos vienen de Dios, ante los primeros castigos con todo lo severos que serán los hombres. de todos no reconocerán a Dios, sino que empezaron a blasfemarlo con palabras iracundas porque ellos estarán pensando que el que los castiga no es el verdadero Dios sino el diablo porque ellos estarán pensando que el anticristo es el verdadero

(La quinta copa)
(Apocalipsis 16; 10-11)

El trono de Satanás sobre el cual será echada esta copa, será en Jerusalén de manera que él anticristo, como quien finge ser él mecías, naturalmente tendrá que estar en Jerusalén, este reino fue envuelto en obscuridad, ciertas tinieblas Inexplicables, tal vez no tan visible como sentida, analizando el texto y las circunstancias nos parece que no será una oscuridad física, será un obscurecimiento de espíritu deprimente, confusión de la muerte dominados los sentimientos; será cierta tristeza indescriptible, es probable que esto sea el presentimiento de la inmediata e inminente muerte física eterna, lo cierto es que aquel obscurecimiento producirá tan intenso dolor interno, reforzaba tanto los castigos precedentes, que los hombres del mismo dolor se mordían la lengua. pero blasfemaron a Dios y no se arrepintieron de sus obras, en este momento no solo actuaran las fuerzas espirituales de Dios sino que habrá una fuerza diabólica de parte del anticristo todas las fuerzas de Satanás, todos los escuadrones de los demonios se verán obligados a poner en acción sus habilidades malignas, especialmente cuando los hombres se den cuenta que todos los castigos provienen de parte de Dios, y no de ciertas circunstancias de la naturaleza la misma presencia de las fuerzas demoniacas también obraban esas tinieblas internas podemos imaginar el desánimo que sentirá la gente cuando se convenza de su debilidad ante Dios, al mismo tiempo que los hombre se vean envueltos en las tinieblas diabólicas, a pesar de todo, no se arrepintieron ni se dejaron de blasfemar ante Dios, es terrible pensar que los hombres van a un cuadro tan terrible que lleguen a ver la muerte, y van a ella conscientes y no poder volverse a Dios para adorarle.

(La sexta copa)
(apocalipsis16; 12-16)

Esta copa secará él río Éufrates, y será este un gran castigo para Siria, porque Siria es comparada con el río Éufrates, la nación que dará en cuerpo al anticristo, porqué él será de nacionalidad Siria; y de raza hebrea Nahúm 1;11 de ti, Nínive, salió él que trama lo malo en contra del Señor; un malvado consejero y él versículo 14 el Señor ordenó respecto a ti rey de Nínive; no tendrás descendientes que continúen tu nombre; o sea, él anticristo será el último descendiente de la serpiente. Génesis 3; 15) este será el último porque con la muerte del anticristo, comenzará otro período el reinado milenial de, Jesús todos los Santos de Dios. Daniel 7; 18; 27; Miqueas 5; 5; él traerá la paz cuando los Asirios invadan nuestro país, y entrenen nuestros palacios Isaías 8; 7-8;) él Señor los va a inundar con las violentas corrientes del río Éufrates (es decir; el, rey de Siria con todo su poder). Se saldrá por todas las orillas. Versículo 8 pasará hasta Judá y la cubrirá, la inundará, y le llegará, hasta el cuello, será como una ave con las alas extendidas, que cubrirá Emanuel; toda tu tierra. Es que él Señor Jesús, secará la mente de este sistema diabólico del anticristo y de todos sus colegas para que no entiendan los planes de Dios ellos caerán en su propia trampa sin que se den cuenta ellos se presentarán voluntariamente sin obligarlos ahí en ese lugar Dios castigará a todos los reyes y gobernadores y a todos los seres celestiales (Apocalipsis 16; 16;)(Isaías 24;21; Isaías 31;8;) Asiria caerá a filo de espada, pero no por un poder humano (Isaías 14;25;) destruiré al pueblo Asirio en mi país, le aplastare en mis montañas y su yugo dejará de oprimir a mi pueblo su tiranía no pasara más sobre sus hombros, es absurdo pensar que él rio Éufrates se seque físicamente no esto no pues es simbólico y significa que Dios secará a la gente para que no entienda sus planes les tergiversará el entendimiento, y ellos caerán en su propia trampa y se presentarán voluntarios ante Dios, en el río Éufrates hoy hay muchos puentes y transporte por tierra y por mar, y por aire, y toda esta gente tiene sus propios aviones y carros y camiones en fin hay muchas formas de transporte no es como antes que no había estos medios de transporte; ahorita hay muchos medios de transporte, esta entrada sobre palestina será algo insólita, igual que su meta será especial y su meta será la lucha contra él mismo Señor Jesús y sus seguidores, cuando tomamos en cuenta que la mayoría de esta gente no conoció la verdad del evangelio de Jesús, y por esta razón ellos lucharán en contra de Jesús, porque para ellos Jesús no es Dios, para esta gente él Dios será él anticristo, ese será el verdadero dios y los inspiradores de ese paso absurdo serán tres espíritus demoniacos semejantes a las ranas, (Apocalipsis 16;13;14; la comparación de estos a las ranas simbólicos ya que los espíritus no tienen cuerpos visibles, pero esto se expresa así como un ejemplo, para indicar así su naturaleza de su inmundicia, con maravillas y señales esos espíritus engañarán a esos reyes y gobernadores de la tierra, y con ellos a sus subalternos; por eso, habrá una gran propagación (Salmo 2;1-3; semejantes al espíritu falso que indujo a Acab para ir a Roma de Galad para morir ahí 1 Reyes 22;19;23;. así también estos: tres espíritus inclinarán a muchos gobernantes para ir a morir en el valle de Mejido en las proximidades de la ciudad de Armagedón, es interesante notar que hoy muchos hombres se jactan que ellos no creen en nada ni, en, Dios pero de ellos está escrito, que, ellos caerán en la mentira. (2 Tesalonicenses; 11.) Estos hechos muestran claramente que están inclinados a creer a los impíos, ellos no creerán en Dios, al igual que a la pura y clara verdad, tampoco creerán pero a la mentira de los espíritus inmundos de los demonios creerán de todo corazón, y saldrán para luchar contra él mismo Señor Jesús, ¿hay acaso para estos algún sentido o juicio? pero para los impíos estas cualidades no pueden existir, por eso la palabra de Dios los llama necios, esta será una lucha cerrada con todas las fuerzas de las dos corrientes la positiva y la negativa, de parte del dragón que empleará todas las fuerzas diabólicas en contra de la verdad del evangelio, por esto él aparecerá semejante, a un monstruo con siete cabezas que simboliza la plenitud de la sabiduría diabólica y las palabras de Cristo si aquellos días no fueran acortados nadie sería salvo (Mateo24;22) para que los creyentes no se desmayaran en espíritu en esos tiempos postreros, momentos decisivos, el Señor nos dejó palabras de estímulo; he aquí, vengo como ladrón, Apocalipsis16;15). Vengo ya no vendré pronto, sino que ya vengo, ya estoy en camino, estad apercibidos, guardaos por un poco de tiempo más, soportad aún, por un poco de tiempo porque yo vengo ya.

(La séptima copa)
(Apocalipsis16; 17; 21)

La última copa será echada en él aire porque el último castigo provendrá del aire, hecho esta palabra pronunció el Señor en él Gólgota la misma significo la culminación de la salvación, y ante la séptima copa, la misma significará la destrucción de todos los poderes de la serpiente y la destrucción del anticristo y todos los poderes diabólicos y los reyes de la tierra y esto significa la segunda venida de Cristo a la tierra, inmediatamente tras esa palabra se levantará una terrible tormenta de los terremotos, esto sucederá cuando los pies de Cristo toquen el monte de los olivos. Zacarías 14; 4-5; Miqueas 1; 3-4) este terremoto abarcará toda Jerusalén o toda Palestina; todos los países vecinos, y se hará sentir por toda la tierra, Jerusalén será fraccionada en tres partes y todas las demás ciudades serán convertidas en escombros. Apocalipsis 16; 19) las islas se desaparecerán de la tierra, los montes se nivelarán con la tierra y en general en la tierra habrá grandes cambios físicos. (Apocalipsis 16; 20) desaparecerá también la ciudad de Babilonia pero, sobre esto hablaremos más adelante, Apocalipsis. cayó del cielo sobre los seres humanos y sobre la tierra; granizos que pesaban más de cuarenta kilos. Serán tremendamente grandes fragmentos de hielo jamás vistos, este granizo es probable que esté preparado para la guerra del Armagedón (Job 38;22-23). caerá en el momento más decisivo, al igual que en el pasado en Bothrón, en los, días de Josué destruyó a los enemigos de Dios Josué 10;11 ¿porque Dios los destruirá como con piedras? es porque todos ellos han blasfemado contra Dios, quienes según la ley, debían ser. Apedreados (Levítico 24; 16) de esta manera, al ser derramada la séptima copa, perecerá todo él ejercito del anticristo, es decir todos los reyes gobernadores, y presidentes, de la tierra, todos los que tengan autoridad todos los sacerdotes y pastores falsos y ambiciosos, que explotaron al rebaño del Señor, todos estos serán castigados por la mano de Dios con unos grandes granizos que Dios enviará, sobre los hombres perversos y pecadores, Isaías 24; 21; (Apocalipsis 16; 16).

(La babilónia y la gran ramera)
(Apocalipsis 17; 1-6)

En el Apocalipsis hallamos por lo menos cuatro mujeres simbólicas el pueblo de Israel, es comparado con una maravillosa mujer, Oseas 2; 19; 2; 14). la simiente de Dios Génesis 3;15; la iglesia del Señor Jesús es también comparada con una maravillosa mujer, Apocalipsis2;1-2; 19;7-9) la ciudad sobre siete montes es comparada con la gran ramera (Apocalipsis 17;9-18) Apocalipsis 18;2-3) ¿Quién es esta gran Babilonia, llamada la gran misteriosa ramera? este nombre es simbólico, y Babilonia significa confusión, y esta Iglesia es la que ha confundido al mundo con sus mentiras, y falsedades, y los reyes y gobernadores y presidentes y mucha gente fue confundida con esa enseñanza diabólica así como la descendencia de la. Serpiente ha permanecido desde el principio desde que él hombre fue engañado por esta misma serpiente, y esta es la Babilonia, como ya dijimos Babilonia significa confusión, y ramera prostituta, o sea una mujer que tiene muchos amantes, y esta es la Iglesia oficial, también tiene muchos amantes porque alaba a Dios, y a los ídolos y a las imágenes, y a todos los santos, y la adoración pertenece exclusivamente a Dios, ni los ángeles permitieron esta adoración (Apocalipsis 19; 10). y esta es la gran ramera, la madre de todas las rameras, las que llevan, una doctrina falsa, esta se embriaga con la sangre de los santos, (Apocalipsis 17;9), este como ya dijimos es un nombre simbólico que se da frecuentemente a quien por sus procedimientos la merece, por ejemplo, él pueblo de Israel fue comparado con Sodoma y Gomorra, (Isaías 1 ;9-10 la misma Jerusalén será comparada con Sodoma y Gomorra y Egipto, en los días del anticristo (Apocalipsis 11;8). nombres parecidos se dan aquellos quienes espiritualmente y moralmente sea semejante a aquellos cuyos nombres les son parecidos; así también a esa ramera se le da el nombre de Babilonia, por cuanto ella se asemeja a dicha ciudad, y estamos seguros que esta ciudad es simbólica es que la Babilonia la antigua simboliza a esta Babilonia moderna la gran ramera, analicemos lo que dice la palabra de Dios, acerca de esta ramera; ante todo, ella estaba sentada sobre muchas aguas(Apocalipsis 17;1) lo que significa, naciones y pueblos y lenguas, (Apocalipsis 17;15), ella fornica con los reyes de la tierra, y se embriaga con su Fornicación de los habitantes de la tierra(Apocalipsis17;2), ella se viste de púrpura y escarlata, y se adorna de oro, de piedras preciosas, y de perlas Apocalipsis

17;4) se embriaga esa ramera, de la sangre de los santos de todos los mártires testigos de Jesús. Apocalipsis 17;6). Esta ramera es una gran ciudad, construida sobre siete montes, ciudad que señorea sobre los reyes de la tierra Apocalipsis 17;6). a la luz de estas indicaciones, trataremos de hallar en el mundo tal ciudad a la cual corresponden todos los detalles, por ejemplo, Moscú, Londres, los Estados Unidos de Norteamérica, que él mundo los tiene como él policía mundial pero en los días de Juan hubo una ciudad; es decir, Roma aparte de esto, muchas otras ciudades más recientes señorean y aún hoy señorean sobre los pueblos pero ellos nunca señorean sobre los independientes reyes de la tierra mientras que roma desde sus comienzos permanecía sentada sobre muchas aguas mediante su imperialismo y aún hasta la fecha permanece así por medio de la religión y además solamente Roma ha señoreado, y aún señorea pacientemente mediante la religión sobre los reyes de la tierra, porque sólo la Iglesia romana enseña que él papá es el sol del gobierno, y los reyes y emperadores reciben su autoridad del papa, como los planetas que reciben su luz del sol, entre otras cosas, aún la Iglesia católica reconoce que bajo de esta gran ramera debe interpretarse a Roma, pero la pagana; pero ya analizando este capítulo 17; de Apocalipsis estoy persuadido de que él significado de la gran ramera, corresponde más a la Roma cristiana que a la pagana. Ciertamente toda ciudad capital, a través de sus diplomáticos y se asocia y se compromete con otros capitales, pero por algo estas no son llamadas rameras, porque el Señor Jesús califica a esta mujer ramera, diciendo que anda fornicando con los reyes de la tierra es porque la Iglesia de Jesús no es de este mundo, al igual que su divino esposo. Juan 17;14, 16, 18, 36) por eso la Iglesia no debe buscar compromisos con el mundo, no debe buscar sus Intereses propios económicos y políticos, comprometiéndose con los reyes de la tierra, la Iglesia debe ser fiel a su llamado celestial, mientras tanto, efectivamente, la Iglesia romana papal, más que cualquier otra en el mundo se ha hundido totalmente en la política terrenal y en sus ventajas, considerándose al mismo tiempo la única Iglesia verdadera de Cristo, por eso la Iglesia romana es esa gran ramera que dejó su, llamado, celestial, traiciono, aJesús, para, su. propia, conveniencia, practica, fornica con todos los reyes y gobernantes del mundo hoy la Iglesia no es más de Jesús, sino una organización política recibiendo ella misma a los representantes de todos los gobiernos del mundo, sin duda Roma es la gran- ramera Babilonia la grande, considerando ahora las vestimentas de la ramera, púrpura y escarlata y adornada de oro, de piedras preciosas y de perlas (Apocalipsis 17;4) toda esta era la vestimenta de los emperadores romanos, los grandes y los sacerdotes, actualmente son vestimentas exclusivas de los papas romanos, y los cardenales y obispos púrpura y escarlatas son materiales de color rojo, precisamente la que caracteriza a la iglesia romana, solamente la Iglesia de Roma se viste de púrpura y escarlata; oro y piedras preciosas, una sola tira papal (la corona) tiene alrededor de doscientas piedras preciosas, más adelante, la gran ramera se embriagaba con la sangre de los Santos testigos de nuestro Señor Jesús; mirad toda la historia, recorrer el mundo entero, buscar en el mundo alguna ciudad que haya derramado tanta sangre inocente como Roma, tomemos por ejemplo, a Moscú, ciudad tal vez haya derramado más sangre huma una que Roma, pero, ella lo hizo por razones políticas y no religiosas, Moscú fue una ciudad grosera, materialista he impía, una de las bestias terribles destruía a todos sin selección a los que no se conformaba, pero Roma destruía a los santos únicamente por motivos religiosos, vemos nuevamente que la Roma pasada o la pagana y la cristiana se igualan, aún podemos decir que la Roma cristiana derramó mucha más sangre que la Roma pagana la llamada santa inquisición papal, es el terrón y la vergüenza de la edad media; no cabe duda alguna que los posteriores dictadores terroristas aprendieron de la inquisición romana, como organizar su nave) o la Gestapo de manera que esa ramera se embriagaba con sangre, es exclusivamente Roma, tanto la pagana como la cristiana, finalmente esa ciudad ramera está fundada sobre siete montes y señorea sobre los reyes de la tierra hay solamente una en todo el mundo, para todos. conocida como la gran ramera o gran ciudad, fundada sobre siete montes esa ciudad es Roma es probable que haya otra ciudad construida sobre siete montes, pero esa ciudad no tendría las otras características dadas en él (Apocalipsis y que pertenecen a Roma, dicen que Jerusalén y Constantinopla es tan igualmente fundadas sobre siete montes, pero ellas tampoco se ajustan a las características que tan perfectamente caben en el caso de roma, ciertamente esas siete montañas tienen además otro significado simbolizan a siete grandes naciones sobre las cuales hablaremos más adelante, por ejemplo, la palabra siete significa plenitud de algo o conclusión, número completo, con las siete naciones. Se está expresando todos los pueblos y naciones de este sistema de organización, de esta Iglesia oficial hay hoy en día muchas, naciones poderosas, como Japón, Alemania, América del Norte, Inglaterra, Francia, Canadá, muchas más grandes que Roma pero todas estas ciudades no tienen las características, ni estas pueden señorear sobre tanta gente e influir con los reyes de tantas naciones, como lo ha hecho Roma, Roma ha desempeñado un papel muy importante en el mundo, por medio de su Iglesia al llamado del papa. Los reyes salían a la guerra en contra de los turcos para reconquistar la tierra santa por orden papal, los Reyes destruían sus propias naciones, eliminaban a todos los ciudadanos como herejes, los papas instauraban reyes y emperadores, también ellos los destruían, en una palabra hubieron épocas en que los papas. Eran totalmente los emperadores de las naciones católicas, de todo esta hacemos una decidida conclusión en el sentido de que esa gran ramera es sin duda alguna la Iglesia romana, de la cual mejor nos. Persuadiremos más adelante.

(La ramera)
(Apocalipsis. 17; 1, 2)

Hemos dicho ya que bajo este nombre (ramera) debe interpretarse la Iglesia de Roma papal, ahora quisiéramos todavía decir algo desde el punto de vista moral espiritual, porque realmente esa Iglesia y no otra es la ramera para todo esto hay dos razones; en primer lugar, ella lleva una conducta indecente desde el punto de vista moral cristiano, y por otra parte, ella al principio era la prometida de Cristo pero le fue infiel a cambio de los reyes de la tierra. Toda desposada, tanto más la desposada de Cristo, debe ser en primer lugar pura. (2 Corintios 11; 2; Efesios 5; 25-27), en segundo lugar debe ser fiel (Efesios 1; 1; Colosenses 1;) y en tercer lugar debe estar alejada de todo. Aquello que el esposo aborrece (Juan 17; 14; 18; 36) o sea, esta Iglesia alteró los mandamientos, de, Dios. 2 Juan1;9;Gálatas. 1;8;1, Timoteo. 6;3. Deuteronomio12;32; 4;2) es que la Iglesia cometió adulterio espiritual porque tergiversó los mandamientos de Dios y estableció los mandamientos de los hombres, la Iglesia papal con sus intrigas, sus durezas, sus impiedades, avaricias y la carnalidad mundana manchó y con sus mentiras, sus doctrinas falsas mandamientos de hombres. Marcos 7; 8; sus vestiduras blancas a tal grado que la misma resultó despreciable y finalmente se despojó de ella, cubriéndose de manto rojo como reina y a semejanza de todas las rameras, se cubrió de oro de piedras preciosas. Hoy día de esa Iglesia no queda ni una gota de la pureza del cristianismo, por eso no hay en

él mundo otro lugar de tanta impureza como la que hay en esa Iglesia.
En cuanto a la fidelidad de Cristo, nadie podría hallarle en la Iglesia
papal. en apariencia, parece prestar servicio a Cristo, cuando, en realidad;
lo que hace es la política común y corriente, esa Iglesia hace ya mucho
tiempo desde sus principios, que abandonó a su Esposo legal, al Señor
del cielo Cristo Jesús, echándose en los brazos de los reyes terrenales,
por esto ella es una ramera impura y traicionera. Por último, ella no
solo rehúsa rechazar a aquello que desagrada a Cristo, sino que, al
contrario, ella se entregó a todo aquello que es abominable a Cristo: por
ejemplo, Cristo no es de este mundo, mientras que la Iglesia romana
es totalmente mundial, ella amó el mundo, Cristo murió por los
pecadores de la humanidad, y la Iglesia romana, durante siglos mató a
los mejores cristianos: Cristo atraía así a las almas del amor mientras que
la Iglesia romana los consigue con su astucia y el engaño y aún mediante
fuego y espada, he aquí un ejemplo como esa Iglesia se ganaba sus
miembros, en China trabajó una misión jesuita, la cual por todas tenía
sus acostumbradas artimañas sucedió que él gobierno chino encargó
cañones a un piadoso belga fabricante de armas dicho fabricante, bajo la
influencia de los jesuitas, puso como condición a las autoridades chinas
que por el suministro dé cada cañón a China, aparte del pago normal;
debían ser suministrados 1, 200 chinos para ser bautizados de esta manera
el fabricante de armamentos recibía lo suyo y los jesuitas salvaban a las
Almas de los chinos, así la Iglesia romana crecía, pero ya nos podemos
imaginar la clase de cristianos que eran los comprados con los cañones…
conviene recordar; además que aquellos cañones a cambio de cristianos
y hechos en una fábrica de un piadoso romanista, llevaba un crucifico
grabado en la punta del cañón hasta la fecha se los puede ver en el museo
de Pekín. Y lo mismo pasó en nuestro México cuando llegaron los
españoles en la forma que empezaron a evangelizar a las tribus indígenas,
lo hicieron de la misma manera a la fuerza obligándolos a la fuerza con las
armas y con.

(Babilonia la grande)
(Apocalipsis 17;)

Vemos aquí que él calificativo de "gran ramera" pertenece totalmente,
a la Iglesia romana, pero… ¿porque la palabra de Dios llama también
a esta iglesia Babilonia la grande? Para esto hay una base, la cual la

hallamos en la antigua Babilonia se encuentra el lugar donde estuvo antes el edén, es decir, el paraíso Génesis 2; 10-14; 10; 8-11) ahí comenzó el pecado y más tarde la unión entre los hijos de Dios y la descendencia de la serpiente. (Génesis. 6;1-5; Judas 1;6) por lo visto la torre de babel, tenía la tendencia de alcanzar él contacto con él cielo, el primer cielo la atmósfera terrestre los aires donde moran todos los espíritus diabólicos (Génesis 11;. 1-14; Efesios 2;2 6;12;) él culto babilónico en él cual se incluía la adivinación y la magia (Daniel 2;2; es el más antiguo, y sus dioses y costumbres, parcialmente cambiados en su forma, entraron en todos los, cultos paganos, ahí está el trono de Satanás, porque ahí él venció al hombre y a la mujer los nuevos gobernantes de la tierra, usurpó sus derechos y estableció su trono, su señorío con la caída de Babilonia; él trono de Satanás fue trasladado de la capital del reino de Per gamo 9 (Apocalipsis 2;12, 13). Atalo III, él último rey Per gamo, llevaba el título del jinete del culto babilónico, y Roma derrotó a Per gamo y entrando en compromiso con la antigua babilonia, aceptó sus cultos entre otros que figuraban en los panteones (panteón es él templo de todos los dioses) y Julio Cesar recibió el título de pontífice, o sea, la máxima autoridad según las costumbres babilónicas y todo esto sucedió el año 63. D. C. y de esta manera el trono de Satanás fue trasladado de Pergamo a Roma, y ahí en esa ciudad pagana permaneció hasta el año 376. D. C. cuando él emperador Graciano renunció al título pontífice de origen pagano, entonces ese culto pagano babilónico, fue cobijado en esa misma iglesia cristiana en nombre de la cual Graciano renunció al culto, esto resulta extraño; porque justamente aquello que el emperador, como persona del mundo renunció al representante del cristianismo, el papa de Roma o sea, que él papa se constituyó en pontífice en ese momento empezaron a entrar enseñanzas que tenían íntima relación con el culto Babilónico. Si, por, ejemplo, él, año, 381por primera vez, aparecieron ideas incluso fueron llevadas ofrendas, para proclamar a María la madre de Jesús inmaculada virgen después del nacimiento de Jesús, y como tal, rendirle a ella toda honra, mayor a la de los santos en general, paulatinamente, de este santuario babilónico, apareció el culto a la diosa del cielo (Jeremías 44;17;19) porque la enseñanza en el sentido de la virginidad es una pureza sobrenatural es una especialidad del culto babilónico, en la Roma pagana, al aparecer el culto eran consagrados sacerdotes para la diosa Vesta, venerada patrona del fuego y el hogar en él templo de Vesta los candeleros; debían mantener fuego permanente, él servicio de estos

candelabros fue suspendido por ese mismo emperador, Graciano, en el
año 382. D. C. él cual renunció al título pontífice, de estovemos que este
emperador era un cristiano y se ocupaba exclusivamente de expulsar él
paganismo de la nación, pero él mismo Satanás encontró lugar ahí donde
él mismo Graciano no se imaginó, y efectivamente, cuando él piadoso
Emperador rechazó él título máximo del sacerdocio pagano; entonces las
autoridades se adueñaron de él, tomemos o sea la señal de la cruz, esta
señal ya se usaba en él, remoto pasado por los sacerdotes babilónicos
como talismán (fetiche) contra los espíritus malos, y he aquí, esa misma
señal con él mismo significado, la Iglesia oficial comenzó a usar después
de su sucesor él emperador Graciano, así que por esta razón yo afirmo que
esta mujer, es la madre de todas las rameras, y esta es Babilonia la grande
la madre de todas las prostitutas y de todo lo que es odioso (Apocalipsis
17;5) podríamos continuar así esta larga analogía, pero con esto basta
para que podamos convencernos de que, efectivamente Babilonia se ha
asilado en la Iglesia romana, metiendo ahí su punto de vista, y su culto,
sus formas y costumbres y lo más importante, su espíritu de pecado
en una palabra; Satanás vio que con la fuerza y la persecución no era
posible eliminar el cristianismo, y fue entonces la astucia y concertó la
unión, interna deduciendo en la Iglesia católica romana sus costumbres
satánicas, de esta: Manera, las leyes de los reinos son de este mundo y
están bajo la influencia de Satanás, hacen la base de la organización de
la Iglesia católica romana, la Iglesia romana no solo dio suficiente lugar
al paganismo en el interior, sino que hasta santifico ese paganismo,
la adoración a Dios comenzó a practicarse en las costumbres paganas
diabólicas, y él brillo de la furia pagana se proyectó sobre el cristianismo,
especialmente sobre él pontífice testamentario, el cual siguiendo el
ejemplo de sus antiguos antecesores, y ahora el representante de la Iglesia
se atreve a llamarse vicario de Cristo la iglesia papal llegó a ser él gran
desvió histórico, que se mantiene de todos modos hace ya 1, 500 años
señoreando sobre los reyes de la tierra y sus reinos, esta nunca ha sido
Iglesia de Jesús y no tiene comunión con él reino de Dios; como reino
que no es de este mundo, ella tiene su trono sin el rey de reyes, y en él se
encuentra sentado el papá pontífice que obra con la fuerza política sin la
fuerza del Espíritu Santo, posee riquezas materiales, pero está necesitada y
hambrienta. Espiritualmente, frente a todo esto resulta interesante notar
que en Babilonia fueron confundidas las lenguas de los seres humanos
(Génesis11;9) así también en la Babilonia actual, en la iglesia pagana todo

se ha mezclado; lo celestial con lo terrenal, lo Santo con lo profano, la religión con la política la Iglesia con el estado y así un sinfin de cosas. En los días del Apocalipsis todo esto era un misterio, pues él rostro de la gran ramera tenía que descubrirse en los siglos venideros, pero ahora él nombre de la gran ramera para nadie está oculto, es decir, para quienes tienen abiertos sus ojos, para todos estas personas resulta fácil entender a quién debe verse en la imagen de la mujer vestida de púrpura y escarlata, y adornada de oro, de piedras preciosas y de perlas, y tenía en la mano un cáliz de oro, de todo lo susodicho, vemos claramente que la Iglesia católica romana papal, con todo derecho lleva ese nombre en la frente del anticristo; babilonia la grande, el misterio de la esposa. De Jesús fue primeramente revelado al apóstol Pablo Efesios 3; 1-12; 5; 23-32). Y él misterio de la esposa del anticristo le fuere revelado al apóstol Juan en la isla de Patmos a la que finalmente aborrecerá,

(La madre de las rameras de la tierra)
(Apocalipsis: 17; 5)

Entre la Iglesia católica-romana y la ortodoxa, existe una disputa en torno al cual de ellas se ha desprendido de la otra, los católicos califican a los ortodoxos de disidentes, y otro tanto hacen los ortodoxos con los católicos, y los ortodoxos basan su posición en él hecho que el tiempo de la separación, cuando los cinco patriarcas se quedaron en la ortodoxia, solamente uno, él de roma se separó. Pero nosotros sabemos muy bien que delante de Dios, no existe ningún patriarca. La división de la iglesia en patriarcados no es obra de Dios, sino de los hombres. Por lo tanto, queda claro que esto no podía tener ningún significado delante de Dios, delante de Dios existía, al igual que existe ahora, solamente la única iglesia como cuerpo. Místico de Jesús (1 Corintios 12; 27)(Efesios1; 22-23) cuando la Iglesia comenzó a desprenderse de Jesús, se apartó totalmente tanto en el oriente como en occidente, cuando él oriente y él occidente se separaron entre sí, entonces, para definir cuál es la madre y cuál es la hija; Dios no presta atención, ni mira de qué lado está la mayoría de los patriarcas, sino más bien de qué lado hay más hombres, y queda. Claro que el tiempo de la división él patriarcado de Roma era más grande que los cuatro orientales juntos, por eso en la biblia, la gran ramera y madre de todas las rameras, significa la Iglesia romana, la Iglesia ortodoxa es la hija mayor, aunque en el orgullo propio ella se considera madre, las posteriores hijas, de esa madre de todas las rameras, son algunas Iglesias protestantes, las cuales ciertamente, no quieren reconocer a su madre; pero por su carácter y conducta, muestran claramente de quienes, son, hijas, generalmente, sucede, que, cual, es, la, madre, son, las hijas, (Ezequiel. 16;4445). Algunas, Iglesias, protestantes, realmente. Se, han, descubierto, identificadas como auténticas hijas de la madre prostituta. Leemos, además, que aquella gran prostituta, no solo es madre de las rameras, sino madre de las abominaciones de la tierra, por ejemplo, porque todo pecado es abominación delante de Dios, lo sabemos perfectamente (2 Crónicas 36;14). (Proverbios 3; 3215; 36; pero él que Dios considera abominable, algunos hechos que los hombres estiman como prominentes, esto no es del conocimiento de todos Lucas 16; 15; es un hecho claro que en los ojos de Dios muchas veces es abominable aquello que los hombres consideran bueno y hasta sagrado, tomemos, por ejemplo, los santuarios, los seres humanos piensan que Dios permanece en el templo, por lo menos por hecho de haber sido considerado para él. Mientras tanto, si los hombres que se consagran en esos templos, hacen obras abominables, con esas mismas abominaciones ellos contaminan sus templos. (Ezequiel 5; 11;) y Dios deja tales santuarios (Mateo 23; 28;) porque Dios no necesita santuarios Hechos 17; 24; sino hombres santos y mujeres, tenemos por ejemplo, las figuras inicuas, esos representantes, estos, representan, grandes, festividades, en estas, rameras, actuales, en, cambio, Dios, prohibió, terminantemente, la, fabricación de cualquier imagen suya (Éxodo 20, 4, 5; Deuteronomio 4;15, 19;) Isaías 30;22;) por eso Dios considera toda imagen como abominación (Apocalipsis 7;25, 26;). tenemos también, por ejemplo, los rezos que hace la Iglesia católica, las súplicas sin obediencia, una hipócrita alabanza a Dios las falsas y mezquinas promesas, repeticiones de oraciones desconocidas, sin conocer su significado Proverbios 28;9) tales oraciones son abominables para Dios. Tenemos también, por ejemplo, los sacrificios o buenas obras, la Iglesia católica atribuye a las buenas obras incluso la misma salvación del alma, mientras que la biblia enseña que aún los sacrificios; ofrecidos no sinceramente, con el fin de exhibirse ante los demás como justo y bueno, son nada más que abominaciones (Proverbios 15;8; Oseas 6;6;) De estas abominaciones espirituales podríamos mencionar no pocas, y nadie como la Iglesia católica romana es su madre. Ella permite y tolera toda clase de pecados de sus miembros en efecto, en ella se cultiva a las anchas todo aquello que es de gran estima entre los seres humanos, pero abominable delante de Dios, en ella impera la impiedad y el amor hipócrita ellos practican constantemente sus servicios diarios y el murmullo de sus oraciones, pero en la vida practica no se halla ni rastro de servicio a Dios, al igual que no ofrece los resultados de sus oraciones, en una palabra, todo brilla exteriormente. Pero enturbió por dentro una verdadera apariencia teatral. Pero sin contenido espiritual es la imagen de esa Iglesia por eso ella es madre de las abominaciones de la tierra.

(La prostituta montada en una bestia roja)
(Apocalipsis 17; 3;)

Ya hemos aclarado que la bestia es el anticristo, comparando; pues esta bestia sobre la cual vemos a la gran ramera con la bestia de (Apocalipsis 13; 1;) llegamos a la conclusión de que una y esa misma bestia, es él anticristo pero él anticristo aunque simulará ser Dios, estará operando con él sistema religioso y político. Cuando la Iglesia de Jesús este en el cielo, la Iglesia papal romana estará engrandeciéndose sentada sobre la bestia anticristo ella no solo se ha esforzado para tener poder mundial, sino que trataba de dominar completamente a las naciones, es decir, sentada sobre ellos… así que hoy esa Iglesia no se envejece, no se debilita, sino que mientras más se aproxima el día del arrebatamiento de la iglesia de Cristo, tanto más fuerte resulta la del anticristo al tiempo de la aparición del anticristo, ella obrará con tal poder mundial que el anticristo decidirá aprovechar sus buenos servicios para alcanzar sus fines en la primera mitad de la semana, en la proclamará a la religión del estado, y aun él mismo hipócritamente se fingirá estar sometido a ella; es decir, que le permitirá sentarse sobre sus lomos y por supuesto, que la Iglesia católica se sentará realmente se sentará, porque ella está lista para sentarse sobre las espaldas del anticristo con tal de obtener beneficio a su favor porque la Iglesia papal nunca rechazó la fuerza de la política, no importándole de que fuentes proviene tenemos todas las pruebas para decir que la gran ramera estará ebria de la sangre de los santos, todos los mártires de Jesús, no solo de la que derramó. su madre, la roma pagana y no solo de aquella que derramó cuando la edad media, sino de aquella que derramará cuando este unida con la bestia, ella será la principal ayudante del anticristo en la exterminación de los que ellos llaman herejes, que no querrán reconocer con ella su dios principal. Al cual proclamara dentro de la lista de los santos aun en la vida entonces, por un corto tiempo, los subterráneos de los monasterios a llenarse de gritos por los asesinatos al igual que las hogueras, volverá a arder donde entran quemando a los herejes para la gloria de Dios, por eso no es extraño que el apóstol Juan la haya visto ebria de la sangre de los santos. (Apocalipsis 17; 6). Es completamente probable de que al tiempo de la aparición del anticristo, el papa logre unir a todas las iglesias hijas suyas y esto es cierto porque todos aquellos que no tengan un conocimiento de la verdad todas estas iglesias se unirán a la Iglesia católica porque todos creerán que este de verdad es el mesías prometido por los milagros y maravillas que hará en presencia de toda la gente muchas religiones que llevaban una religión falsa, como tenemos todos los budistas y musulmanes y los ortodoxos y otras religiones herejes o falsas pero este último acto corrompido de esta gran ramera con este último rey de la tierra no durará por mucho tiempo, porque: como ya hemos dicho que el anticristo no, simpatizará mucho con su prometida, pero permitirá a ella sentarse sobre sus lomos únicamente para aprovechar y explotar su fuerza y su influencia y luego él, la echará de, encima con furor y la exterminará definitivamente, cosa que veremos en los capítulos siguientes... de todo esto la deducción es la siguiente que la iglesia católica-romana en los días del anticristo; escalará su más alto peldaño, en su gobierno y su fuerza, pero que finalmente su señorío se acabará por mano del mismo anticristo.

(Muerte de la mujer simbólica)
(Apocalipsis 17; 8-18)

Esta tesis, de que por mujer ramera debe interpretarse a la Iglesia romana papal, ha sido ya definitivamente demostrado, algunos no están de acuerdo con esta interpretación, de que esta sea Babilonia la grande la que será destruida por los diez reyes del anticristo, ellos dicen cómo es posible que ellos mismos sean destruidos, que esto no puede ser pero ignoran que este dios, es un dios del mal (2 Corintios 4;4;) este Dios es de odio, de rencor, de maldad, de desorganización no de organización y por esta razón este odiará a esta mujer. y la quemarán viva porque esta estará creyendo que el anticristo es en verdad el verdadero Dios...Pero el anticristo más al principio demostró ser una persona buena su aparición será pacifica por eso él aparece montado en un caballo blanco y con un arco sin flechas, esto significa que es un personaje pacifico, esto lo hará con el fin de engañar a toda la gente que ignora la verdad del evangelio, esta mujer que corresponde a la iglesia católica romana, va a creer en este dios falso, porque él hará maravillas y milagros, las 7cabezas significan la plenitud de la sabiduría diabólica y por eso el será una persona jamás vista que alcanzará todo de todos los ángulos, el peldaño más alto que los hombres jamás han alcanzado, y cuando la ramera se da cuenta de que los herejes se fueron al cielo, o sea, desaparecieron porque ella no va a creer que fue Dios quien se los llevó al cielo; no, ella va a creer que desaparecieron y quizá se los llevaron los extraterrestres, como esta mujer los ha calificado de herejes, pero los verdaderos creyentes se irán al cielo con Dios, y esta ramera aceptará a este dios falso porque el aparecerá como el mesías prometido, y esto no será difícil porque ella también es falsa porque ella practica una doctrina de hombres. porque son mandamientos de hombres y no de Dios, Marcos 7;8) pero después de la primera mitad de la semana él se mostrará como lo que es un dios malo, perverso, el mostrará su verdadero carácter diabólico, será odioso, mentiroso y esta mujer como fue engañada se dará cuenta que está actuando mal empezará a reprocharle y empezará a influir y esto no le agradará este personaje, y este será el motivo por el cual este rey, odiará a esta mujer ramera, y les ordenará a esta genteo diez reyes para que la destruyan a esta mujer prostituta porque le estará estorbando, como lo ha hecho siempre con los reyes del mundo, siempre se ha metido en la política, con los gobernantes, y esta será la causa de su caída, pero tenemos que admitir que todo esto es el plan de Dios (Apocalipsis 17; 17).

(La bestia roja)
(Apocalipsis 17; 3, 7, 3)

esta bestia es llamada roja este nombre es simbólico y significa que el color es la sangre que será derramada por esta bestia, por eso el Señor Jesús la llama bestia, porque esa bestia será una persona que actuará como, una bestia salvaje, sin razonamiento como lo hacen los animales salvajes; para los hombres será una gran persona él será un buen gobernante, los comentaristas incompetentes trataron por todos lados hallar al anticristo en el comunismo pero los tiempos del Apocalipsis serán los tiempos así llamados de la semana 70 que tiene relación con la historia espiritual del pueblo hebreo, la cual será revelada como la última semana, antes de la venida de Cristo; y esta bestia roja señoreará justamente al tiempo de la semana 70 en calidad, del anticristo; para asegurarnos que esta bestia roja es el mismo anticristo, en el Apocalipsis. 13 vemos su similitud, las 2 bestias tienen 7 cabezas y 10 cuernos, ambas tiene nombres blasfemos de igual origen es, pues, esa misma bestia, se le llama roja, debido a que por su causa se ha derramado mucha sangre; además se le llama así debido a que antiguamente era el color, que simboliza el poder dominante del rey, pero aunque el diablo también es del mismo color rojo (Apocalipsis 12;3) he aquí esta bestia roja a la vista, todos la veían, la endiosaban por sus maravillas, pero de repente ya no vive más, este hecho debe interpretarse a la luz y a la comprensión con la herida de muerte del anticristo (Apocalipsis 13;3) lo que será publicado como un asesinato, por esto los habitantes de la tierra estarán sorprendidos como una figura genial, obradora de maravillas, tan clarividentes, sin embargo pudo ser muerto, cuando esta admiración alcance su máxima cúspide, la bestia de pronto aparecerá como un milagro y en efecto se recuperará de una forma milagrosamente con la fuerza de Satanás (Apocalipsis17;8) pero los hombres, en realidad, no sabrán, si el anticristo resucitó si solamente ha resucitado, el hecho es que él será herido de muerte y de tan grave herida él se recuperará rápidamente que será una verdadera maravilla, viendo semejante acto, los 10 reyes reconocerán al anticristo como el enviado del cielo, y le coronarán como rey con la corona real y lo investirán de poderes; dictatoriales (Apocalipsis 6;2; 17;12-13). Las 7 cabezas de la bestia significan 7 montes sobre los cuales está edificada la ciudad de Roma, capital de la gran ramera (Apocalipsis 17; 12-13). Pero también significa 7 reyes, o 7 reinados (Apocalipsis. 17; 10) de los cuales 5 reyes ya cayeron, Siria, Egipto, Babilonia, medo-Persia, y Grecia uno está Roma, el rey octavo aún no está hoy, no ha venido y el precisamente será el anticristo, pero su período no será prolongado por mucho tiempo únicamente solo 7 años. Es interesante notar las palabras de (Apocalipsis 17; 11) y la bestia que era y ya no es, es también el octavo; rey es uno de entre los 7 ¿Cómo puede ser esto que de entre los 7 aparece el octavo rey? hay dos cosas que aclarar primero es que el texto dice que hay 7 reyes y mencionamos a 6 naciones pero no a 7 reyes, que son medo-Persia, aquí había 2 reyes y no solo uno. Asuero y Darío, por eso él es el octavo rey es uno de los 7 por las naciones que son 6 naciones y los reyes son 7, y al anticristo le toca organizar a la nación número 7 por otra parte el hecho de que él anticristo sea el octavo rey es porque en verdad si son 7 reyes, y son 7 naciones esta es la razón ya. dijimos que la palabra 7 significa plenitud de algo o conclusión de algo, las 7 cabezas significan la plenitud de la sabiduría diabólica, los 10 cuernos significan la plenitud del poder del anticristo, aunque son reyes pero estarán unidos por el anticristo, y esto le dará más poder al anticristo, cuando los 10 reyes le den todo el apoyo a este personaje reconocerán al anticristo como su cabeza y guía, el al final de la semana, y en su ingratitud satánica quitará de raíz a 3 de ellos Daniel 7;23-26) y a la vez el que dará el mismo como el octavo rey como los 7restantes,

(Los diez Reyes)
(Apocalipsis 17; 12-14. 16. 17)

Los 10 Reyes y su respectivos países aparecerán simultáneamente con el anticristo, en el territorio que abarcaba la bestia del libro del profeta Daniel o sea, en el territorio que fuera del imperio Romano (Daniel 7; 17; 7; 23-24) (Apocalipsis 17;12) estos 10 reyes en las visiones proféticas de Daniel son representados por los 10 dedos de los pies de la estatua y los 10 cuernos de la bestia o actualmente este territorio lo ocupan unas 20 naciones mientras que en el tiempo del anticristo en ellas deben hallarse solamente 10 naciones esto significa que deben de desaparecer 8 naciones más tarde 3 naciones por el mismo anticristo serán liquidadas, o aunque esas 10 naciones se hallarán bajo un gobierno compartido por el anticristo, de todos modos los pueblos de aquellas naciones, a semejanza de la tierra mezclada con el hierro, no podrán fundirse en uno, no solamente estarán unidos con tratos matrimoniales entre los gobernantes alianzas humanas Daniel 2;43) la iglesia católica romana antes de su destrucción tendrá una influencia grandiosa con el anticristo (Apocalipsis 17;3-7). el elemento más fuerte en la unión la unidad de pensamientos entre esos reyes y el anticristo (Apocalipsis17;13; serán ellos los primeros iniciadores, juntamente con el anticristo, de la batalla del Armagedón en la cual todos perecerán también (Apocalipsis 17;14;16;14-16) pero antes de eso, ellos destruirán a la gran ramera, es decir, la iglesia papal, puede esto ocurrir de la siguiente manera; cuando el anticristo, inesperadamente se recobre de su herida y los 10 reyes lo proclamen como su cabeza, entonces habiendo obtenido de ellos poderes dictatoriales, él no necesita más la ayuda de esa iglesia, cuando además, él falso profeta decretará que el anticristo ha resucitado es el mecías dios, y por lo tanto toda la honra divina, debe darse únicamente a él; y esta Ramera con este milagro de recuperación del anticristo le adorarán como el verdadero Dios, y esto no debe de extrañarnos porque este dios es el dios de la maldad del odio, y mentira, de la desorganización, así como Dios es un Dios de unión, el anticristo es un dios de maldad, y mostrará su verdadero carácter como lo que es el enemigo de Jesús y de todos los santos fieles de Dios, y el mismo ordenara a los 10 reyes la destrucción de esta ramera, y la quemarán con fuego, y este es el carácter diabólico destruir y matar, porque él es el primer asesino que se haya registrado en el mundo, el diablo Juan 8; 44; así se acabará su degradante existencia el peor de los enemigos de la verdad, la organización más falsa, y la más abominable e hipócrita, la esposa del anticristo, que en su carácter desvergonzado ostentaba calificándose la iglesia de Jesús, siendo, en realidad, la gran ramera el oprobio de nuestro planeta, puerta del infierno, coparticipe de toda impureza y la abominación sobre la tierra, porque tal iglesia es el obstáculo de la enseñanza de Jesús, es la semilla de todo mal, el mejor terreno para la impiedad,

(La caída de la ciudad de Babilonia)
(Apocalipsis 18; 1-10)

Como ya dijimos Babilonia significa, confusión y en verdad esta Babilonia ha confundido al mundo con sus brujerías, con la enseñanza falsa sus mentiras sus doctrinas diabólicas que contradecían el mandato de Dios y los reyes y gobernantes ellos confiaban en esta mujer simbólica porque ella los bendecía sus riquezas sus empresas, todos los negocios la compra y venta de todos los artículos que importaban y exportaban las naciones él los bendecía, y ellos tenían mucha confianza en esta Babilonia, para Dios es una Babilonia llena de confusión para los seres humanos es la luz del mundo la esperanza de la salvación para los reyes y gobernantes y todos los comerciantes del mundo que depositaron su confianza en esta iglesia cuando iban a confesarse con estos sacerdotes que ellos depositaron toda su confianza y les platicaban todos sus pecados ocultos y le pedían que les bendiga todos sus bienes, cuando algún miembro de la familia moría les hacían misas para que salieran del purgatorio y estos sacerdotes mentirosos con sus brujerías engañaban a la gente, porque las sagradas escrituras no dicen nada del purgatorio (Lucas 16;19-31;) el Señor Jesús enseñó cuando diciendo esta enseñanza, que no hay salvación después de muerto. El ser humano. La purgación de los pecados es cuando la persona está viva, después de muerto no hay salvación. así que esta enseñanza de esta Babilonia es falsa porque la Biblia no enseña que después de muerto los pecados son perdonados, el perdón es en vida, así que todos estos comerciantes y reyes gobernadores al ver esta desgracia y lo que le está pasando a esta Babilónica llorarán y lamentarán con un dolor profundo, porque era la esperanza de todo sin esta Babilonia no hay vida para ellos es como ya dijimos es la luz del mundo, la esperanza de la vida; sin ella no puede haber alegría ni tendrá sabor la vida para ellos es muy importante porque ella era la que solucionaba todos los problemas de los hombres con sus brujerías, está iglesia mantenía a la gente tranquila en paz confiados que ella les daría el pase para el cielo y ellos tienen de portero a Pedro y Pablo. Que les darán, el pase y a la virgen que intercede por ellos y al verla derrota se lamentarán de ver la caída ellos la veían como una Reyna, llena de gloria de riquezas de perlas preciosas, porque ella no tenía necesidad de nada pero en un momento. Le llegó su castigo, para la gente esto será imposible de creer, pero lo creerán porque lo estarán viendo con sus propios ojos y esta noticia fue dada por un ángel poderoso que iluminó todo con su resplandor y dice Juan que oyó una voz que decía salgan de esa ciudad ustedes que son mi pueblo. para que no participen en sus pecados ni les alcancen sus calamidades. Esto siempre lo ha tenido presente Dios, porque este es el plan de Dios. El apóstol Juan nos dice que vio una gran multitud en el cielo que alababa a Dios. la gloria y la salvación, y el poder son de nuestro Dios, esta multitud estaba llena de alegría por el triunfo porque al fin se hizo justicia al castigar a esta Babilonia esta ciudad perversa que causó grandes problemas a la humanidad y principalmente a los santos de Dios esta babilonia contradecía la orden de Dios no estaba de acuerdo con el evangelio de la verdad ella, estableció su propio evangelio con mandamientos de los hombres Marcos 8;7; por esta razón ella condenó mucha gente, con sus mentiras y falsedades y alteró los mandamientos de Dios Santiago 2; 10) el apóstol Santiago nos dice que si una persona guarda toda la ley y falla en un punto es hecho culpable de todo y está prohibido alterar la palabra de Dios y esta Babilonia no solo alteró un mandamiento sino todos los mandamientos de la ley de Dios (Gálatas1;18) (2Juan1;9), (1Timoteo6;3),   (Apocalipsis   22;1719)   (Deuteronomio12;32;4;2) tanto a los antiguos como, a nosotros se nos ha prohibido alterar los mandamientos de la ley de Dios, y esta ramera ha alterado muchas de las ordenes de Dios, y estableció sus propios mandamientos, mandamientos que recibió del mismo diablo. Porque era inspirada por este espíritu de maldad. este enemigo de la verdad del evangelio de nuestro Señor Jesús, este enemigo sabía que el ser humano es religioso, porque posee un alma y esta es espiritual y no se alimenta con el pan, sino con la palabra de Dios (Mateo 4;4;) y el enemigo de Dios sabía porque él se dio cuenta cuando Jesús dialogó con este enemigo de los santos y el aprovecho esta oportunidad para crear su propia religión de mentiras porque es lo que es el padre de la mentira (Juan 8;44;) y el trato de organizar a los hombres con la religión y esto si le dio resultado logro organizar a mucha gente y gente de los más poderosos de los reyes y gobernadores, gente con sabiduría y esta religión fue mezclada con la política, y la política siempre ha sido accesible y condescendiente con los hombres y negociable de acuerdo a sus intereses materiales, el hombre busca creer en algo aunque sea una mentira, pero esto no le va a beneficiar, ni a garantizar la salvación porque la salvación se alcanza por medio de la Verdad Juan 8; 32; Romanos 3; 3-4). (Juan 17; 17;)Y el Señor Jesús está muy disgustado por esta Babilonia que fue engañada y ella también engaño a mucha gente con sus brujerías y falsedades y esta gran multitud estaba llena de alegría porque al fin cayo esta ramera que alteró las leyes de Dios, y trataba de desmentir la verdad del evangelio esta ramera utilizó la palabra de Dios para intimidar a la gente; a que se sometieran a ellos porque según ellos eran los únicos portadores de la verdad, según ellos es la verdadera religión, la original la verdadera yo creo que cuando estos diez reyes se darán cuenta que esta Iglesia es falsa, y la odiarán y la destruirán y la quemarán, pero todo esto está en los planes de Dios, Dios será el que inspire a estos reyes para la destrucción de Babilonia, porque esta es la responsable de todas las muertes de los santos.

(Sus juicios son verdaderos y justos)
(Apocalipsis 19, 2)

Por largo tiempo, el Señor se contenía de los juicios decididos, solo su, Inconmensurable misericordia le detenía, su ilimitada paciencia y su deseo para que ninguna persona perezca, sino que todos procedan al arrepentimiento2 Pedro 3;9; cuando por tanto tiempo los juicios de Dios se manifestaban es porádicamente, aquí o allá los hombres del mundo los consideraban injustos (Job 34;10-12;) pero el Señor no consulta con los hombres impíos, a él le interesa lo que piensan de sus juicios los ángeles y los Santos, con quienes él quiere tener comunión eterna, pero es evidente que Satanás sembró la (semilla de dudas) aún entre los mismos ángeles; por eso Dios, siendo amor perfecto, no queriendo la muerte de una sola alma, obra así con mucha paciencia para que todos entiendan la realidad de las cosas. y por si solos se persuadan de si, él es justo por eso. Satanás y la mayoría de los demonios están libres para que el mundo de los espíritus pueda ver su obra y hacer una justa evaluación de si en realidad Dios ha procedido bien con ellos o no. Ahora vemos que en primer lugar los ángeles dieron testimonio acerca de los juicios de Dios, y la justicia (Apocalipsis 16;5;7;) ellos han sido los primeros quienes comprendieron plenamente, que los juicios de Dios eran justos, y sinceramente, sin obligación alguna dijeron de todo corazón, porque sus juicios son verdaderos y justos tras ellos apoyaron lo mismo todos los Santos (Apocalipsis 19;2) porque con tanto tiempo y en tanta cantidad en el mundo se practica e imperaba la injusticia y la mentira, especialmente en el trato de los Santos, no es de extrañar que en algunos corazones más débiles hayan surgido dudas de si realmente esa justicia en general sería manifiesta algún día. Finalmente se hizo oír la voz del juez justo y así comenzaron los juicios justos por eso es claro en que en los corazones de los Santos se hayan llenado de tanta alegría y canciones de alabanza a Dios, es también claro que el gozo de los Santos era motivado no porque los impíos hayan sido juzgados, sino que indiscutiblemente debido a que la verdad y la justicia hayan finalmente vencido, los profetas, y los apóstoles y todos los Santos, se habían opuesto a la injusticia y a la impiedad pero el mundo los martirizó y los destruyó físicamente porque el mundo aborrece a todos aquellos que denuncian el mal y reprochan la injusticia, el mundo ama a quienes como Balaam desvergonzadamente se ajusta al mal, aprueban los placeres mundanales y aprueban. Y justifican los deseos y pecados de la carne. Muchos de estos pecados. Los han practicado los, muchas, falsas, Iglesias mundanas y al mundo los admiraba. (Números24;11) los oía (1 Juan 4;5) mientras, que Elías, Isaías, Jeremías, Juan el bautista, Pablo y otros a ellos semejantes eran la espina del mundo, y por eso, el, mundo los, aborrecía (Juan 7;7;15;18;19; 1 Juan3;13) son considerados como la escoria y el desecho del mundo (1 Corintios 4, 13) son considerados como un grupo insignificante de ignorantes quienes frenan el progreso, de acuerdo a la mente del mundo, los tales deben ser destruidos, echados, encerrados en la cárcel, en una palabra, la escoria, hay que borrarla del, mundo. El mundo, pues, con el anticristo al frente y de brazo con la gran ramera, barría. De su círculo todo. Lo Santo; aquello que les impedía pecar libremente, desde Abel hasta la venida de Cristo, ellos patrocinaban una lucha encarnizada contra los testigos de Dios, a veces parecía que el mal finalmente prevalecería, que toda oposición al mal es una locura, pero de todos modos al final, llegó la victoria de la verdad; ¡Dios habló y se procedió a la inauguración de sus juicios! por eso los ángeles cantaban y se gozaban alabando a Dios.

(La fiesta de las bodas del cordero)
(Apocalipsis 19; 6)

El gobierno del Señor Jesús nuestro Dios todopoderoso, el apóstol Juan nos dice que oí una gran multitud que decía ¡alabado sea el Señor! porque ha comenzado a gobernar el Señor nuestro Dios todopoderoso. Hubo en el mundo sabios y buenos estadistas. Hubieron también terribles y necios no hay mayor bien para los pueblos que el sabio y buen gobierno, pero, lamentablemente aún los pueblos que el sabio y buen gobierno, pero lamentablemente aún los mejores estadistas y gobiernos no pudieron satisfacer las masas de los pueblos y en nada hubo más quejas que y murmuraciones que contra el gobierno, ¿por qué?, es porque en esas filas no eran fieles, más bien la mayoría de los que tienen autoridad, es decir, los altos gobernantes, los hombres de altos puestos y altos sueldos, se procuran como sacar provecho, con frecuencia, el gobierno, echando mano a los bienes del pueblo se enriqueces, mientras que el descamisado y explotado pueblo se va empobreciendo aquellos que ven bien las cosas suelen alabar a cierto gobierno al máximo, mientras que las masas de los pueblos generalmente se quejan bajo la carga de los innumerables compromisos e injusticias aparte del gobierno formal de la nación por todas partes abundan la violencia y la injusticia, en un país monárquico, es el monarca quien revela el mal, mientras que en las naciones con gobiernos constitucionales son los diputados, en, el, comunismo, y. El, partido, y el. Nacionalismo, y el chovinismo todos los gobiernos mundanos con sus gobernantes son fieras enmascaradas, si bien exteriormente parecen una gran estatua, de pronto, la piedra que se desprendió del monte, desmenuzará la estatua de barro, el rey de reyes Señoreará, el gobierno celestial tomará las riendas del control en sus manos los Santos y los justos que estuvieron en el mundo y a quienes aquí fueran subestimados y perseguidos hallarán ahora defensa y bienestar y verdad (Salmo 72; 1-7; 12, 14, 16-17)¡Cómo no regocijarse y cantar!

(El lugar de las bodas en el cielo
(Apocalipsis 19; 7; 10)

Se llevaron a cabo las bodas del cordero y su Iglesia desde, el principio del arrebatamiento de la Iglesia, o sea, al principio de la semana porque, desde el momento que la Iglesia este en el cielo ella será vestida de una vestidura perfecta incorruptible, inmortal (Filipenses 3;20;21; 1Corintios 15;51-54;) y la Iglesia estará viendo todo desde el cielo la ejecución de la Babilonia la grande y todas sus hijas que fueron prostitutas que alteraron el evangelio de Dios con sus mentiras y falsedades y los veinticuatro ancianos también dieron su aprobación, así sea alabado sea él Señor (Apocalipsis 19;4;) y todas alababan al Señor porque había hecho justicia. y esta ramera, será despojada y la Iglesia recibirá la autoridad para reinar con Jesús estos serán los premios de la Iglesia, las coronas que recibirá es el símbolo de la autoridad y el poder que recibirá la Iglesia para reinar, (Daniel7;18, 27)(Apocalipsis 2; 23-26; 3; 12; 22; 12)El esposo, es Cristo, llamado aquí el cordero, debido que él se entregó en sacrificio por nuestros pecados, semejante al hecho cuando los hebreos traían corderos (Juan 1; 29; 3; 28, 29). La esposa (Apocalipsis 19; 7) La esposa es el pueblo de Dios, o sea, la Iglesia esta se compone de toda raza pueblo y nación aquí están incluidos todos los hebreos fieles de Dios porque esta es la madre de todos los que han alcanzado la salvación. Esta ha sido la mujer de Dios desde el principio Génesis 3; 15; siempre ha habido descendencia de Dios que sigan su línea de fidelidad y Amor y Santidad los hebreos fueron considerados como la esposa de Dios pero los fieles, los infieles fueron considerados como la ramera la mujer adúltera fornicaria, perversa que se ha entregado a sus amantes (Isaías 61;10; Jeremías 2;2; Ezequiel 16;13, 8) Jesús vino a esa esposa como él esposo, para llamarla a las bodas Mateo9;15; pero los suyos no le recibieron, y por eso las bodas no se llevaron a cabo ahora Israel es llamada ramera (Ezequiel16;3;35; Oseas

2;2) de manera que ahora la esposa es Iglesia (Efesios 5;22-32), ella se ha desposado con Cristo (2 Corintios 11;2). Pero la Iglesia, en su calidad de desposada de Jesús, debe ser limpia y Santa, cualidades que de ninguna manera se puede decir que las llenan las Iglesias mundanas existentes.

(Dichosos los que son invitados a las bodas del cordero) (Apocalipsis 19; 9)

Estos invitados serán llamados felices porque esto será algo maravilloso jamás visto al estar contemplando la gloria eterna estos invitados pertenecen todos los salvados después del rapto de la Iglesia. De toda tribu y lengua nación y raza es universal los israelitas están incluidos en esta salvación porque es necesario llamar a la esposa sin ella no es posible celebrar las bodas. Los ángeles serán los servidores en esas bodas, y ellos serán los que se sienten en la mesa es decir la Iglesia.

(La preparación de la esposa (Apocalipsis) 19; 7)

La palabra, preparar, significa una cosa preparada. En el caso de una boda se tiene que preparar un lugar bien arreglado con todas las cosas necesarias todo lo necesario la comida y la novia tiene que estar vestida con todos los adornos necesarios como corresponde a una novia en esta caso esta comparación es simbólica y la preparación, de la Iglesia también la palabra, preparar, significa preparar los ánimos para una noticia, y en este caso Dios los va a preparar para recibir una buena noticia y es que la Iglesia será la reina porque es la esposa del gran rey y estará correspondiendo al esposo en todo. Y así lo aseguró el mismo rey. (Mateo 22;2-4) la preparación de la esposa consiste en el hecho de estar debidamente ataviada y embellecida (Jeremías 2;32; Apocalipsis 21;2) tanto la vestidura como la belleza de la esposa le serán entregados por su esposo (Ezequiel 16; 10-14; (Apocalipsis 19;8)mientras, que, la, belleza, representa, la, pureza, de, los, Santos(1Timoteo2;9, 10)(1Pedro3;3, 4) de, esto, se, deduce. claramente, que, la, esposa nada, puede, añadir Por si sola a este atavíó espiritual estas vestiduras son como ya dijimos, la, fe. es el oro 1 Pedro 1; 7; y esta Iglesia es rica porque Dios así la considera (Apocalipsis 2; 9) Cristo le dice a la Iglesia que es pobre materialmente, pero, espiritualmente, es, riqueza. Santiago;2;5;él, apóstol, Santiago nos dice que seamos ricos en fe.

(Las bodas 19;7)

El matrimonio es un ejemplo muy acertado para ilustrar la unión de Cristo con la Iglesia las sagradas escrituras comparan la unión permanente de Cristo y la Iglesia, con el matrimonio porque el matrimonio es el que más ilustra esa unión y él mismo Señor con frecuencia tomaba el matrimonio como ejemplo, en sus enseñanzas (Mateo 22;1-14;25;1-13). En él libro de cantares se habla acerca de una doncella, que amaba al esposo, por su belleza ella fue llevada al palacio real del rey, donde él rey trató de conquistar su amor sin embargo, ella le fue infiel las bodas del cordero es la unión de Cristo con la Iglesia, la Iglesia de los salvados y santificados con la muerte de ese cordero. Después, de, las, bodas, Cristo se dirigirá con la Iglesia a la Tierra Tesalonicenses 3;13) simbólicamente será esto como algo así como un viaje de bodas de Cristo. Con la Iglesia a la tierra a principiar el Milenio, el cual durará por espacio de mil años, después del reinado milenial el Juicio final. De la profecía (Apocalipsis porque el testimonio de Jesús es él Espíritu (1 Reyes 19:10) hubieron muchos profetas y pero de diferentes círculos sociales, de distintos niveles intelectuales y de diferentes caracteres y talentos, escribían estos en condiciones diferentes y sobre temas también diferentes no obstante, todas esas. Profecías proféticas, se esconde en toda la profecía una extraña unidad Espiritual, esto confirma el hecho de que las escrituras no son invento de hombres, sino que son inspiradas por Dios, y como la base de su tema tiene el testimonio de Jesús.

(La guerra del Armagedón)
(Apocalipsis 19; 11-21)

El apóstol Juan nos dice que vio el cielo abierto y apareció un caballo blanco y él que lo montaba se llama va fiel y verdadero porque con rectitud gobernará y hacia la guerra. Este es ni más ni menos nuestro Señor Jesús que se prepara para venir. a esta tierra. Esta será la segunda venida de Jesús que vendrá con gran poder y gran gloria. el caballo blanco. El caballo siempre ha significado. La fuerza. Simbolizado la fuerza. Porque los hombres siempre han calificado la fuerza. Con el caballo por ejemplo los motores son comparados con los caballos 3 caballos de fuerza. Un caballo de fuerza, por esta razón los hombres usaron el caballo y también el caballo era especial para la guerra y Cristo.

Se prepara para la guerra. El hecho que es blanco significa la pureza la santidad de Jesús la rectitud para gobernar con una justicia verdadera intachable y nos dice que sus ojos brillaban como llama de fuego siguiendo. De este sobre palestina se abrirá el cielo y todos los pueblos congregados verán al rey de reyes y Señor de Señores (Apocalipsis 19;11; 1;7) 1) justo y verdadero (Apocalipsis 2;19;11; 2 Timoteo 2;13; Apocalipsis 3;7, 14) 2 su nombre. Era la palabra, de Dios. (Apocalipsis 19;13; Juan 1;1) 3 rey de reyes y Señor de Señores(Apocalipsis 19;16;. 17;14) sin objeción es nuestro Señor Jesús de esto testifican también en sus vestiduras blancas, pero teñida en sangre (Apocalipsis 19;13; Isaías 6) sobre su cabeza muchas diademas o coronas, (Apocalipsis 19;12) que simbólicamente indican que realmente él es el rey de reyes y Señor de Señores, o sea, que él legalmente es rey de todo el mundo, en esto consiste la esencia de la eterna esperanza del pueblo de Dios. y él constante gozo de la Iglesia, este cambio de autoridad debe sobrevenir porque la justicia tiene que Señorear, finalmente, también. su, imagen, confirma, que, es, realmente, nuestro, Señor Jesús por ejemplo sus ojos como llama de fuego (Apocalipsis 19;12) es el símbolo de la omnipresencia de Jesús he, ira él Apóstol Juan nos dice en (Apocalipsis 1;14; que el Señor también. se le presentó con esta imagen de ojos como llama de fuego, de su boca salía una espada aguda (Apocalipsis 19;15). es la emblema de la ejecución el símbolo del justo juicio, esta espada fue vista al principio por él mismo Apóstol Juan (Apocalipsis 1; 16). El hecho que el Señor Jesús se apareciera ante los ejércitos del anticristo sobre un caballo como un guerrero (Apocalipsis19; 11). Es porque él es el pastor de pastores y él tiene que salir al frente, como pastor él tiene que salir al frente, para defender a las ovejas del lobo Juan 10;11; yo soy el buen pastor, el buen pastor su vida da por la ovejas al presentarse el Señor Jesús, en un caballo blanco nos, demuestra su poder y su justicia verdadera, porque el caballo representa la fuerza, y el color blanco la pureza, la Santidad, la limpieza y la victoria, podemos imaginarnos el impacto que producirá esta visión, en todos los, congregados en Palestina, cuando, ellos vean al Señor Jesús con estas características, si él apóstol Juan al ver este cuadro de Jesús con los ojos como llama de fuego, él, Apóstol Juan, cayó como muerto. Si los hombres justos cayeron como muertos cuanto más los hombres pecadores, al ver esta imagen del Señor Jesús Daniel 8;27;

(El lugar de la batalla)
Apocalipsis 16; 16)

Y reunieron a los reyes en el lugar que en hebreo se llama Armagedón Josué 5; 13; un día, estando Josué cerca de Jericó, vio delante de él a un hombre con una espada en la mano Isaías 24; 21), en este día el Señor castigará a los poderes celestiales y a los reyes de la tierra; 22 los reunirá los encerrará en un calabozo, los tendrá encarcelados y después de mucho tiempo los castigará. 23 cuando él Señor todopoderoso actúe como rey en el monte de Sión, en Jerusalén el sol y la luna se oscurecerán y los Jefes de su pueblo lo verán la gloria del Señor Jesús, la misma tendrá lugar en Armagedón, como vemos del texto, alúdió, Armagedón se, encuentra en el valle Demergido, junto al monte Carmelo. Mientras tanto está escrito que fue pisado, el lugar fuera de la ciudad. (Apocalipsis 14;20; la ciudad es indiscutiblemente Jerusalén, surge entonces Jerusalén, pero de Jerusalén hasta el Armagedón hay unos 50 kilómetros, mientras que la medida del depósito debe de extenderse por 300 kilómetros (Apocalipsis14;20; todo esto nos indica que este lugar será todo Palestina, pero el centro de la batalla será el Armagedón, probablemente que ahí estará el cuartel principal del anticristo por esto toda la batalla llevará este nombre(Apocalipsis 16;16) algunos Joel 3;12-14; profetas llaman a ese valle con él nombre del valle Josafat es el nombre del rey de Judá, que significa también él Señor juzga, y en efecto, castigó a los enemigos de Israel delante del rey Josafat tan fuerte que a los de Judá solo les corresponde juntar el botín 2 Crónicas 20;5-30; lo mismo sucederá en el Armagedón donde Dios juzgará y destruirá a sus enemigos.

(El significado de la palabra Armagedón)

Este nombre se compone de dos palabras, mejido; a ese monte, y mejido es el nombre de la ciudad, es el nombre de la ciudad situada en el monte de poca altura al pie del monte Carmelo, en el valle de Jesreel. Por eso Armagedón literalmente significa el monte, mejido, el alto, de, mejido pero la palabra mejido no tan sólo es el nombre de la ciudad, sino que, su significado es además cortar, separar por eso Armagedón significa, no solo un lugar sino también hechos que ya también tuvieron lugar ahí, y aún se producirá precisamente debido a que hay algo grande, como un monte, será Cortada esa actividad. Nuevamente desde lo alto efectivamente, en ir, mejido, el anticristo y todos los reyes y gobernadores y presidentes y todos los que tienen autoridad en la tierra serán cortados. Serán separados de sus cargos y su autoridad, y ya no podrán gobernar porque fueron inútiles e infieles, deshonestos no gobernaron bien. Por esta razón Dios. les quitará el poder, y tendrá que dárselo a los fieles los que son honrados al pueblo de Dios Daniel 7;18;27; Apocalipsis 2;23-26; 3;12-13;) semejante a este monte (ar) será cortado (mejido) por el Señor desde lo alto. El significado histórico del Armagedón. En ese valle de mejido Jezreel tuvieron lugar muchos sucesos históricos importantes, trágicos, traigamos a consideración solamente aquellos que se encuentran en la Biblia ahí tuvo lugar la batalla entre Barac, jefe de Israel Sisara capitán del ejército de Canaán, Barac, obtuvo la victoria únicamente por la fuerza del Señor (Jueces 4;13-16; 5;19-21; también ahí Gedeón y con él solo trescientos soldados, destrozaron a los medianitas y amalecitas; él Señor los venció delante de ellos Josué 6; 33; 7;21:22) precisamente esta batalla sirve de símbolo a la batalla del Armagedón Isaías 9;4. 5) ahí pereció también Saúl por mano de los filisteos, y por eso se abrió el camino para David al trono 2Samuel 1;25; 1 Samuel 31; 1-6:Ahí el profeta Elías dio muerte a los profetas falsos de Baal 1 Reyes 18;40-42; ahí también murió el más grande de los pecadores el rey Acab, y su esposa Jezabel 2 Reyes 9;30-37: antiguamente ahí también Dios destruyó ante los ojos de los judíos a su rey Josafat a tres de sus enemigos 2 Crónicas 20;1:26; por ultimo murió por mano de los egipcios Josias, rey de Judá 2 Crónicas35;22-25; así que hasta siete eventos históricos de gran peso tuvieron su escenario en ese trágico valle, sin embargo, el evento más grande será aquel, cuando el anticristo movilizaran casi todo el mundo, y los reunirá ahí para la batalla contra el Señor Jesús.

(El significado estratégico del Armagedón)

Ese relativamente pequeño valle, estratégicamente es muy importante por eso desde Nabucodonosor hasta Napoleón, siempre ha sido la base para los ejércitos de los hebreos, distintos pueblos paganos antiguos, egipcios, árabes, persas, turcos y otros pueblos, colocaban en ese valle sus impulsos de guerra. mejido, se hallaba en el cruce de carreteras de guerra, y precisamente por eso resulta un punto estratégico, dando la llave a la Palestina central y del norte los egipcios consideraban la conquista de ese rincón de más importancia que otros puntos; por eso Salomón, el rey de Israel le daba la misma importancia que a Jerusalén (1Reyes 9;15;)

19 (El jinete del Rey)
(Apocalipsis 19; 11-16;)

Como ya hemos leído tres espíritus inmundos reunían a los reyes y a sus subalternos en el valle del Armagedón (Apocalipsis 16;12-16) y he aquí, ellos ya están preparados, esperando órdenes, por lo visto ellos no sabrán exactamente porque están ahí, pero está escrito que ellos pelearán contra él Cordero (Apocalipsis 17;14) pero es difícil comprender el que sea posible confundir a los hombres, para que peleen contra el Señor Jesús; por lo visto, el anticristo preparará toda la propaganda diabólica y todo el ejército para esta batalla contra el Señor Jesús. Toda esta terrible exterminación surgirá repentinamente en el momento de la aparición de Jesús, todos los congregados, paralizados de terror no estarán conscientes de lo que hagan, unos descubrirán el terrible fuego después del ejercito celestial, otros, presa de terror comenzarán a asesinar unos a otros, muchos otros, viendo inevitablemente su muerte y teniendo compasión de otros, comenzarán abiertamente a asesinar a todos sin excepción. Los truenos y la resonancia de todas las armas, los gritos de los millones de personas, todo desembocará en un tremendo huracán, habrá una impresión de que todo el universo se está derrumbando, por añadidura, en esta singular tragedia, caerá, del cielo un granizo terrible, cada uno de esos granizos pesará como 40 kilos, y literalmente matará todo cuanto encuentre vivo Isaías 30, 30, (Apocalipsis 16;31) él llamado a las aves carnívoras a una gran cena, de los reyes y gobernantes de la tierra; de la batalla del Armagedón (Apocalipsis 19;17-18) indica solamente que otra salida, fuera de la completa victoria sobre los enemigos de Dios no pudo haber, además esas aves debían ayudar a limpiar la tierra de esos cadáveres para proteger a quienes queden de la pestilencia no solo las aves sino también las fieras tomarán parte en la limpieza de la tierra Ezequiel 39;17;20)

(La bestia y él profeta falso)
(Apocalipsis 19; 19, 20)

Ambos estarán en el campo de batalla, para animar a los congregados con el ejemplo personal, ellos fueron aprendidos y fueron echados en el lago de fuego. Ellos serán echados vivos al fuego ardiendo. Y los demás (Apocalipsis 19;21) por la expresión lo demás debe entenderse que son todos los ejércitos del anticristo, todo esto es un plan de Dios esto ya estaba en sus planes desde, mucho tiempo esta es la sabiduría de Dios el trato por todos los medios para salvar a los hombres, mucha gente fue salva por la sangre de Jesús y todos estos benditos del padre estarán vivos en el reino celestial, así concluirá la actuación de Satanás en el mundo y con el terminará también la propagación, de la iniquidad. Comenzará completamente una era nueva, cuando el mundo será gobernado por los Santos bajo la dirección del mismo Señor Jesús (Daniel 7; 18, 27) (Apocalipsis 2; 23-26; (Apocalipsis 3; 12-13).

(El reino Milenial)
(Apocalipsis El Encadenamiento de Satanás.
(Apocalipsis 20; 1-3; Zacarías13; 2)

Inmediatamente después que el anticristo y su falso profeta fueron echados al lago de fuego, Satanás, quien es la causa del pecado en el mundo y toda rebelión contra Dios, será encadenado en él abismo esto sucederá al final de la semana. Se entiende que el ángel que llevará a cabo esta orden será dotado de la correspondiente fuerza es probable que nuevamente que sea él ángel Miguel, quien más de una vez venció a Satanás, él será atado con una gran cadena es claro que no se trata de una cadena de hierro, ya que no es posible atar con cadenas al espíritu (Marcos 5;1-4) para los espíritus hay otra clase de cadenas (Juan 1;6) prisiones eternas de oscuridad (2 Pedro 2;4). Las tinieblas del abismo encadenarán a Satanás, cerrándole así el acceso a la tierra.

(La primera resurrección)
(Apocalipsis 20; 4-6)

La misma palabra primera nos muestra que habrá más de una resurrección, no como piensan los católicos y los ortodoxos porque si habrá primera claramente se entiende que debe haber segunda con toda certeza podemos decir que habrá aún dos resurrecciones, sin contar la resurrección del mismo Cristo Jesús incluyendo la resurrección de Cristo Jesús, en tal caso debe haber hasta tres resurrecciones, de los justos no estamos incluyendo esas resurrecciones individuales, de personas resucitadas en cuerpos mortales que volvieron a morir, sino únicamente aquellas resurrecciones, después de las cuales habrá para los resucitados vida no muertes eternas. Cristo es la primera resurrección de los muertos (1 Corintios15;20-23) esta es la primera gavilla en los campos del Señor Levítico 23;9-12) y luego los que son de Jesús (1 Corintios15;23) esta es la cosecha de la siembra del Señor Jesús (1 Corintios15;42-44, 51-54) en esta resurrección resucitarán todos los Santos, toda la Iglesia de Jesús, la que juzgara al mundo (1 Corintios6;2;3; Apocalipsis 2;4; esto sucederá al tiempo del arrebatamiento de los creyentes (1 Tesalonicenses 4; 16-17). En tercer turno resucitarán todos aquellos que hayan muerto por Cristo en el tiempo de la gran tribulación, o sea, el tiempo del señorío del anticristo en la última semana (Apocalipsis 20; 4), esta será la cosecha de lo sembrado Levítico 23; 22), esto se verificará al final de la semana al tiempo de la segunda venida de nuestro Señor Jesús a la tierra, Estas dos resurrecciones, aparte de la de Cristo, son consideradas como la primera resurrección esto que ambas tendrían lugar ante él reinado Milenial, esta primera resurrección es también conocida como la resurrección de los justos (Lucas 14; 14) y sus participantes son calificados de bienaventurados y Santos (Apocalipsis 20; 6). Ellos resucitaran para la vida eterna (Juan 5:28-29). Sin embargo, no todos los participantes de los salvados, ocuparán igual posición ante Dios los. Santos de, la gran tribulación todos aquellos que fueron salvados en la semana setenta ellos no recibirán los mismos premios, ellos no tendrán coronas, sino solo vestiduras blancas y palmas en las manos (Apocalipsis 7; 9) la Iglesia si tendrá coronas (Apocalipsis4; 4). 22; 12). Las coronas simbolizan la autoridad y poder que tendrá la Iglesia para gobernar a las naciones (Apocalipsis20; 4; (Apocalipsis 2; 23-26; 3; 12-13; Gálatas 2; 9;Todos los del antiguo testamento que fueron salvos que vivieron una vida de fidelidad de Santidad pertenecen a la esposa del Señor Jesús, junto con los cristianos que fueron salvados en el nuevo pacto que son la Iglesia Gálatas 4;26; nosotros somos hijos de Sara la esposa de Abraham todos los salvados están incluidos. en la primera resurrección porque fueron injertados en el olivo original en él mismo tronco que son los Israelitas, que fueron fieles a Dios Romanos 11;17; algunos de los Judíos, como ramas naturales de olivo, fueron cortados y en su lugar fuiste injertado tú, que eras como una rama de olivo silvestre, así llegaste a tener parte en la misma raíz y en la misma vida del olivo, finalmente resucitarán todos los otros muertos (Apocalipsis20;5) esta será la cizaña que sembró Satanás en el campo del Señor Jesús (Marcos 13;28-30) esta cizaña resucitará después del reino milenio, y esta será la resurrección de condenación (Juan 5;28-30) porque sus participantes serán los impíos, quienes rechazaron la gloria salvadora (Apocalipsis 21;8). esta cizaña será, pues, recogida y echada al horno de fuego después de cumplido sobre ellos el postrero y justo juicio, el cual será un castigo terrible por supuesto, todos los que no han creído en Cristo Jesús ya han sido condenados (Juan 3;18) pero en la culminación de su justicia Dios llevará a cabo un juicio normal, con preguntas y testimonios de los testigos, con la presentación de una diversidad de documentos y pruebas auténticas, y también ellos mismos se oirán sus propias palabras, y por sus palabras serán condenados Mateo 12;37; para que ellos vean claramente que ellos son culpables, sin poder quejarse luego de haber sido, juzgados injustamente, o bien por haber sido castigados sin ser juzgados.

El Milenio
(Apocalipsis 20; 4)

Ni los católicos ni los ortodoxos creen en él reino del milenio de Jesús, sobre la tierra, y esto debido que ellos desconocen las sagradas escrituras, además también debido. A que sus mentes humanas no pueden concebir la esencia del reino milenial a ellos les parece que esto sería absurdo, encadenar a Satanás por mil años, preparar el reino milenial aquí en la tierra dar de nuevo libertad a Satanás para probar a los hombres, y por fin la resurrección de todos los infieles y él juicio. Final ¿Porque y para que tanta complicación? ¿Por. Que No hacer todo de una vez? Pero es porque mis pensamientos no son vuestros pensamientos, ni mis caminos sus caminos, dijo él Señor, Isaías 55; 8- 9 Hay muchas razones para que él reino del milenio se hace indispensable, las cuales paso a paso trataremos de analizarlas, considerando en primer término la siguiente razón en Lucas 1; 30-33 hay profecías que no se han cumplido. María dio a luz un hijo, y lo llamó Jesús (Lucas 1; 31;) más adelante, él fue grande y fue llamado él hijo del Altísimo Lucas 1;32; estas cuatro profecías se cumplieron, pero las tres siguientes aún no se han cumplido, pero deben cumplirse, porque en Dios no puede haber mentiras, de manera que las palabras y el Señor. Dios le dará él trono de David su padre (Lucas 1;32; y reinará en la casa de Jacob para siempre (Lucas 1;33; estas dos profecías tendrán cumplimiento en el tiempo del milenio, por último, la séptima profecía, y su reino no tendrá fin, tendrá cumplimiento al cabo, en la Eternidad, en la nueva tierra (Lucas1; :33; Daniel 7;13-14). 2;44; 7;18, 27); (Apocalipsis 5;10; 2;26-29; 3;12-13). Por esto no debemos pensar que el reino de Jesús en la tierra será algo invisible, sino. Que. Sera real Visible

(El Objetivo o el sentido del reino Milenial) (Apocalipsis 20; 6)

Ya dije que en el sentido de que automáticamente suben pensamientos he- interrogantes a la mente de los hombres con relación al reino milenial. ¿Para qué después de los juicios de. Dios y luego nuevamente juicio? ¿Para que un reino milenial en lugar del reino eterno directamente? tratare de dar respuestas a estas preguntas, pero es posible contestarlas brevemente para captar el propósito del reino milenial, es necesario cuando menos tener algún conocimiento de los planes de Dios, es decir, su plan de salvación, que él dividió en períodos.

(Los periodos de los planes de Dios de su salvación)

A tal grado deterioró Satanás la generación humana, le inculcó tales ideas, la arrastró a tal perdición que fueron necesarios mil años en él gran plan de salvación, para que con lo menos parte de la humanidad se pueda conservar ese plan de salvación, según ya he mencionado, Dios lo dividió en ciertas, partes o períodos, período se llama a un determinado tiempo él cual se distingue de otros, en el sentido de que algunos mandamientos. De Dios en él comprometen a los hombres, mientras que en otros periodos ellos no los comprometen, esto significa que. Dios sea mutable, o que Dios no sabe cuáles mandamientos convienen a los hombres y por eso prueba varios, no, Dios sabe todo con detalles, pero Dios quiere dar a los hombres la oportunidad de revelarse a sí mismos y a su naturaleza pero los hombres son perezosos y espiritualmente muy conservadores, por eso resulta necesario despertarlos para la manifestación de sí mismos con tales y cuales mandamientos. También son conocidos como dispensaciones y en cada dispensación Dios trata con los hombres de diferente manera y esto no es porque Dios no supiera. Que no iban a funcionar, Dios y a lo sabía pero lo hizo con el fin de sacar a los hombres la ideología y sus pensamientos que son distintos a los pensamientos de. Dios (Isaías 55; 8; 9); porque mis ideas no son como las de ustedes, y mi manera de actuar no es como la suya, así como el cielo está por encima de la tierra, así también mis ideas y mi manera de actuar están por encima de las de ustedes,

(Inocencia)
(Génesis 1; 26-28; 2; 23);

Limitación, desde la creación hasta la caída duración desconocida, condición, él hombre era inocente, no ignorante. Obligación, no comer del árbol del bien y del mal, transgresión, desobedecieron y comieron y vinieron los deseos de la carne; la codicia de los ojos y entró en ellos la vana gloria de la vida. Condenación, maldición sobre el hombre Génesis 3; 14-19; Culminación, expulsión del huerto del. Edén (Génesis 3; 24); Perdición, promesa de un redentor… Génesis 3; 15; Corrección o instrucción, no serían como Dios (como Satanás les había dicho) 1 el período del paraíso comenzó con la creación del hombre hasta su caída en él pecado, en ese período un solo mandamiento comprometía al hombre; no comer del fruto del árbol del conocimiento del bien y del mal Génesis 2;16-17; pareciera que en tales, circunstancias nada que mejor que vivir y hablar con Dios, pero no fue así el hombre se dejó engañar por Satanás, y creyó sus enseñanzas con todo conocimiento, y su fuerza su menta, por lo tanto, el hombre debe tener oportunidad para probar su fuerza y su mente en diferentes direcciones Dios, en su ilimitada bondad, ha dado a los hombres esta oportunidad en los distintos períodos mediante ese método práctico, Dios atrae a los hombres realmente cuerdos y generosos al conocimiento de la incapacidad humana en contra del pecado, al igual que él conocimiento de su personal estado moral de banca rota y al conocimiento de que solo. Dios puede proteger, Dios alcanzó su meta, ya que millones de Almas llegaron al conocimiento de esas grandes verdades y fueron salvos por el poder y la gracia del Señor Jesús pero el mundo, en maldad y ceguera propia, tergiversó la gracia de Dios y todas las oportunidades concedidas por Dios. Pero vemos que él hombre ni siquiera permaneció en el paraíso, no soportó la tentación, por su falta de confianza en. Dios, más bien creyó a Satanás y llegó a parar fuera del paraíso él hombre y la mujer creyeron a Satanás en el sentido de que el mismo (él hombre) podía llegar a ser Dios, por eso Dios permitió al hombre revelar esa su supuesta divinidad. Designación, conciencia cita (Génesis 3; 8; 23); Limitación, desde la caída del hombre hasta él diluvio, duración 1656 años Condición en pecado... (Génesis 6; 5-6); Obligación, hacer lo bueno y escoger lo correcto (Génesis 4; 6-7); Trasgresión, pecaron (Mateo 24; 37; 38; 39; Génesis 6; 5); Condenación, Dios destruyó todo ser viviente (Génesis 6; 13); Culminación diluvio, fueron salvas 8 personas. Predicción arca de Noé Salvación (Génesis 6; 18); nuevo pacto con Noé. Corrección o instrucción, la conciencia insuficiente para traer al hombre, libre albedrío del ser humano, o como dicen, la era de la conciencia, la cual se prolongó hasta la caída del ser humano y hasta el diluvio, en ese período no había implantado ninguna ley humana o derecho del hombre sobre los demás; tampoco fue dado al hombre ningún mandamiento, entonces prevaleció una anarquía ideal, cada uno obró de acuerdo a los dictados de su corazón o de su conciencia juicio. Porque si él hombre es Dios ¿para qué entonces necesita mandamientos y leyes? él mismo hombre es para sí la ley y si él hombre hubiera querido en ese período podría haber manifestado voluntariamente los mejores deseos de su alma, pero sucedió lo contrario, el hombre, haciendo uso de su libertad manifestó el peor libertinaje; y disfrutando de la falta de leyes, cayó en la peor impiedad, el hombre no buscó a Dios; no cobijaba en sí mismo las virtudes que fueron puestas por. Dios en su corazón sino que por la influencia de Satanás, él ser humano se fue tras las pasiones de la carne, y la corrupción, añadiendo a todo esto la maldad, hasta que Dios determinó destruir con el agua toda la humanidad Génesis 6;5, 11-13). Este período destruye toda la idea de que el hombre puede controlarse a sí mismo y Conducirse moralmente, como dicen que uno se auto controla a sí mismo, no necesita a. Dios para nada, es este un engaño diabólico. Aquí tenemos ante nosotros todo un prolongado período, el cual continuó por espacio de alrededor de 1, 656 años en el cual la palabra de Dios habla de unos cuantos que fueron fieles todos los demás se hundieron en el fango del pecado esta es una prueba que él ser humano no puede vivir sin. Dios. Designación, gobierno humano cita bíblica Génesis 8;1). Limitación desde el diluvio hasta la torre de babel, duración 427 años Noé un líder recto, él hombre gobernado, debe gobernar para.

Dios Génesis 9; 5, 6; he aquí él, tercer período, el cual se caracterización el señorío del hombre sobre el hombre, era un período no muy prolongado, desde el diluvio hasta Abraham, alrededor de unos 427 años, cuando la Anarquía fue eliminada, con la introducción de la ley que castigaba la trasgresión aún hasta la muerte (Génesis 9; 6). Entonces fue establecida, la primera nación y constituyó así el primer. Rey (Genesis10;9-10) entonces los hombres comenzaron a obrar organizadamente Génesis 11;1-6) pero los mandamientos religiosos aún no habían sido dados por Dios y los hombres todavía tenían oportunidad de revelar sus mejores actitudes libremente, sin obligación, de mandamientos, en adelante radicaría esta responsabilidad sobre la autoridad, la cual debería obstaculizar él mal y alterar a los gobernados hacia el bien (Romanos 13;3, 4; 1 Pedro 2;14) pero así como él periodo de la Conciencia todos los seres humanos perdieran la Conciencia, así también en el período del gobierno, todos cuanto tenían oportunidad, la convirtieron en el más inclemente despotismo, en una explosión sin misericordia y en una dura dictadura, y así como el mundo permanece no hubo una sola nación, y en ellas un solo gobierno, el cual se haya conducido por las líneas, del Señor o haya gobernado según su voluntad, todo gobierno ha adoptado la línea del anticristo, tan solo en el reino del hijo del hombre, serán ejecutados los principales enemigos de Dios, en el mismo período del autocontrol del hombre, estos no soportaron la prueba, se demostró que con su conducta, que sin Dios, no se puede vivir aún aquellos que tienen dominio propio, nada pueden hacer, como ya hemos visto en períodos anteriores, Dios da oportunidades a los hombres para revelarse tal cuales, y mostrar cuando puede realizarse, Dios no cargaba a los hombres con ninguna clase de mandamientos, no los molestaba por medio de leyes dio a los hombres plena libertad; a su propia voluntad con su propia conciencia en él alma, pero la humanidad, tanto en masa como, como en las personas del, gobierno, no aprovecharon, esta oportunidad de los dones de Dios, para él bien sino que se fueron tras los engaños de Satanás, a un tremendo desenfreno de maldad por esta razón Dios, castigó al mundo, y luego escogió hombres de fe, y así surgió el cuarto período, el cual se llamó (Perío patriarcal) o Sea el peruodo de Promesa) el período de la fe, en este período se nota que Dios, comenzó más a intervenir acerca de la vida de los hombres, él dejó el universalismo y estableció, el particularismo para individuos escogidos especialmente para quienes vivían y obraban por la fe, influyendo en el mundo esa fe, y fue establecida la circuncisión, como señal del pueblo escogido, en este período el papel principal lo asumió no solo la conciencia, sino la confianza en Dios, y todos aquellos hombres que creyeron en Dios les fue contado por justicia (Génesis 15;6) pero cuando el pueblo hebreo permaneció en Egipto por 430 años entonces la fe y los patriarcas quedó en sus descendientes únicamente, y las hechicerías e incredulidad de los egipcios afectó la fe de los hebreos (Éxodo 32;3-6) (Hebreos 3;19; 4;2) y los hebreos aún en el tiempo de Jesús defendían el hecho de que su padre era Abraham, Mateo 3;9; Juan 8;39;40); ellos ya no tenían ni una gota de la fe de Abraham ni practicaban sus hechos u obras justas, de esta manera este período puso de manifiesto también que no fue suficiente tener buenas obras, o buenos padres con buena fe, para tener vida eterna, (Habacuc 2;4; Hebreos 11;6); cuando la fe de los patriarcas no fue recibida por sus descendientes, entonces, Dios les dio una ley detallada, para que los seres humanos no tuvieran excusa como servir. a Dios, y así se estableció el quinto período, él de la ley, el cual se prolongó desde Moisés hasta Jesús, alrededor de 1, 500 años, en este período fueron incluidas muchas leyes morales y ceremoniales al igual que preceptos, los cuales regulaban y abarcaban toda vida del ser humano, indiscutiblemente, Dios sabía que ellos no cumplirían la ley sin su ayuda, pero él la dio con él fin de manifestar el pecado, ya que los hombres no sabían que era pecado, sino fuera por la ley Romanos 7;7-13) de manera que el conocimiento de la ley fue la que descubrió el pecado, de manera que el conocimiento del pecado y su condición pecaminosa, tendría que traer al hombre, a la humildad y al arrepentimiento, pero en realidad no fue así porque la ley en vez de santificar condeno al hombre, porque lo que sucedió fue que la astucia y la picardía del hombre, aún la misma ley logró pisotear de tal manera que la torcieron y los fariseos aún dentro de la ley se sentían justos, y también los saduceos se sentían orgullosos, esto resultó simplemente increíble, pero así es (Lucas 18;19; Juan 8;44-49); de modo que la ley más explícita, nada puede hacer con él hombre pecador y su naturaleza corrompida, si es que este no se vuelve a Dios de todo su corazón. Al traer a este período, debemos destacar que los períodos de los jueces y reyes en el cautiverio babilónico, y el silencio de. Dios ante la aparición de Cristo, eran solamente históricos, porque durante esos períodos no se incluyeron ninguna clase de nuevos principios, al igual que los viejos no fueron invalidados, durante todo ese período, la ley permanecía inconmovible en toda su plenitud, llegamos al período de la Iglesia, llamado el período de la gracia) del evangelio de nuestro Señor Jesús, él mismo principio con la muerte de Cristo y continuará hasta la próxima venida de Cristo al mundo. En este período quedó abolida toda la parte ritual y ceremonial de la ley y aún la parte moral Espiritual sufrió fuertes cambios por ejemplo, en la ley cuando una persona no mataba, era considerada cumplidora de la ley, del mandamiento no matarás, pero de acuerdo a las enseñanzas de Cristo aún la ira y el enojo hacia otras personas, son considerados como trasgresores de la ley de Dios (Mateo 5;21;22; 1 Juan 3; 15) de esta manera la ley moral fue trasladada al reino celestial o espiritual, en este período. Dios nuevamente volvió al Universalismo, o sea que permitió igual acceso a salvación a todos los hombres, la cual se otorga gratuitamente a cada uno sin exclusión mediante el sacrificio de Cristo por él, actos religiosos que tienen ciertos aspectos ceremoniales se han incluido como el bautismo que es el testimonio de la promesa voluntaria de servicio a Dios y símbolo de la muerte para el pecado y símbolo de resurrección para la novedad de la vida en Cristo (1 Pedro 3;21; Romanos 6;3-8) y la cena del Señor como recuerdo de los sufrimientos y muerte del Señor 1 Corintios11;23. 26; en este período de la gracia de Dios hacia el Pecado, Dios hizo todo para socorrer a los pecadores, millones de hombres y mujeres quienes aprovecharon haciendo uso debido de esa gracia han sido socorridos, pero la masa como tal descendió nuevamente al engaño, tenemos hoy muchos millones de cristianos, en cuyos corazones debiera Señorear en forma invisible que Cristo mismo, pero desgraciadamente señorea ahí Satanás y el pecado y ellos consecuentemente, en nada difieren de los pueblos no cristianos, y efectivamente no serán otros pueblos que se dicen cristianos en pos del anticristo porque esta organización oficial estará ayudándole a destruir a los Santos de Dios ella se embriaga de la sangre Santos, (Apocalipsis 17; 1-6) esta condición injustificable de la lamentable situación del falso cristianismo es él gran Empeoramiento de la vida sobre la tierra, en lugar de someter al mundo bajo el dominio de Dios, el mismo cristianismo falso se sometió al mundo, por lo cual perdió el sentido de su existencia, pero la gracia de Dios hace lo suyo y los que aprenden a servir a Dios mediante el evangelio, no dependiendo más ni de su propia justicia ni de sus obras, sino que descansan en la gracia y misericordia. De Dios y en la sangre de Cristo, que limpia el pecado, se salvan aún hoy del pecado y de la perdición este período de gracia es la dispensación adecuada para la salvación de la humanidad, Dios ya tenía esto en su plan y él sabía que este período era la forma adecuada para Rescatar a la humanidad. De la esclavitud del pecado, porque esta forma fue un sacrificio perfecto. al dar Dios a su hijo por la salvación (Juan 3;16-18) dice el apóstol Pablo en la carta a los colosenses capitulo dos versículos catorce y quince Dios canceló la deuda que había contra nosotros y que nos obligaba con sus requisitos legales, puso fin a esa deuda clavándola en la cruz, Dios venció a los seres espirituales que tienen poder y autoridad, y los humilló públicamente llevándolos como prisioneros en su desfile victorioso, este fue el precio; que pagó Dios por el rescate de la humanidad, un precio que nadie puede ni pudo hacer, por esta razón Dios mandó a su hijo para que él hombre fuera liberado de la esclavitud del pecado, donde lo tenía Satanás, Dios, nos rescató con él sacrificio de Jesús, un sacrificio perfecto (Colosenses 1; 26); es decir, el secreto que desde hace siglos y generaciones Dios tenía escondido pero que ahora ha manifestado a los suyos, este secreto es Cristo, por último cuando nuestro período haya terminado con la terrible tragedia del señorío del anticristo; sobre la tierra, y con la venida de nuestro Señor Jesús a la tierra, se establecerá en el mundo el reinado milenial reinado visible, y real reino divino, entonces el diablo será encarcelado por mil años en él abismo y todos los demonios destituidos de la tierra, entonces vendrá el gobierno de nuestro. Señor Jesús con todos los Santos fieles, entonces será establecido el derecho y la justicia divina donde todo será bendiciones la tierra volverá a hacer bendecida producirá en abundancia vendrán las lluvias a su tiempo, habrá una paz sobre el reino animal, y las autoridades serán puramente justas fieles hijos de Dios, Isaías11;1-10) sin embargo, este mismo período tan bendecido, del visible reinado de Jesús en la tierra; hasta mil años, concluirá de una manera increíble, la fuerza reforzada de los hombres sublevará contra Jesús él rey--- contra él mejor gobierno y los mejores ciudadanos, los hombres irán en pos de su liberado rey de las cadenas, será este un hecho tan terrible e Insólito que aún a los mismos creyentes les parecerá que él milenio no es real, por cierto, que nosotros vemos de este terrible hecho, que como en los demás períodos, así también en este período los hombres manifestarán su incapacidad y mala voluntad, por eso Dios, se manifestará justo en todos sus juicios de todos ¿acaso será necesario posponer la cuenta final con el mundo, todavía por mil años para crear un reino de Dios tal en el cual no todos sus ciudadanos serán hijos de Dios? que esto será necesario, esto lo veremos en el siguiente capítulo,

(El sentido) él objetivo particular del período Milenial)
Eclesiastés 1; 10;

Desde el momento que el ser humano se alejó de Dios, sus descendientes fueron tras Satanás, la humanidad nunca ha sido satisfecha, en la mente de los hombres siempre han surgido y aún siguen surgiendo las más diversas ideas y planes acerca como salvar al mundo del mal y atraerlo a lo bueno y al bienestar, estas ideas y deseos son lamentos instintivos por el paraíso perdido toda la demás creación no tiene conocimiento de que cosa es el bien, la verdad y la justicia, por lo tanto, no las añoran, pero en el alma del hombre Dios colocó esos sentimientos acerca de los conceptos del paraíso, vemos que los impíos son cautivados por ellos, por eso es que los distintos pensamientos o sea pensadores idealistas propugnan para el mundo sus distintos métodos, y maneras de salvación, con la esperanza de lograr mediante diversas reformas y revoluciones, hacen implantar en el mundo un gobierno, tan justo que todos disfruten de su bienestar, ellos no piensan en, el hecho de que el mal está en el corazón del hombre, por lo tanto cualquiera que sea el gobierno que se implante, el mal será el mismo, no obstante, Dios; en su inconmensurable bondad, a través de tres períodos no imponía, a los hombres ninguna ley, no imponía su voluntad, no les dio ninguna clase de mandamientos; quería que los hombres tuvieran la oportunidad para probar esas ideas y planes cuando de ellos nada resultó los hombres no se dieron por eludidos, no quisieron entender su propia incapacidad y debilidad, sino que en su fracaso culpaban a otro, sobre todo, al mismo Dios, Como si ellos fueran completamente exentos del fracaso de no lograr hacer un paraíso sin Dios. Y muchos culpan a Adán y Eva, diciendo que si ellos no hubieran pecado, todos estaríamos en el paraíso y todos disfrutaríamos de bienestar; mientras que así, el pecado se divulgó abarcando a todos los hombres y por el pecado a todo el mundo. Otros aun, especialmente la gente pobre y los distintos racionalistas culpan las circunstancias, y por ellas nuevamente a Dios, ellos dicen, la causa de todo mal se debe a las desfavorables condiciones las necesidades sociales, la injusticia, la explotación del hombre por el hombre. y todo ese mal ¿Cómo puede el hombre ser bueno en semejantes condiciones y no pecar? si existe Dios; y si él es bueno y justo, que entonces él crea condiciones adecuadas, en las cuales será posible vivir de acuerdo a su voluntad, entonces que reclame de los hombres Nuevamente obrar él mal. En una palabra, a los seres humanos les parece que ellos, de por sí, son personas buenas, pero que les arruinan las distintas condiciones desfavorables de la vida, por eso el hombre le basta ser religioso y correcto, o sea que suficiente reformarse y todo estará bien esta es una fórmula aceptable a los hombres y ellos la aprueban pero lamentablemente ellos no ven que este es el más grande engaño del diablo porque él hombre no sólo necesita, reformarse, sino que, debe volver: A nacer de nuevo Espiritualmente, sin la regeneración, todos los planes, sistemas, esfuerzos, quedarán solamente en deseos. No cumplidos, todas estas quejas de los hombres, demandas y añoranzas tienen cierta base, y Dios no quiere dejar ni el más mínimo vestigio de tales dudas en los corazones de los hombres, aún en los corazones de los perdidos, por eso él creará para los hombres ese siglo de oro; esas condiciones adecuadas, liquidará por completo la injusticia social y la explotación, aún él mismo tentador. Quedara. Asombrado, de la Justicia de Dios. y El mismo, destruirá de la tierra, todo, vestigio, o duda, de los Hombres en efecto, los hombres estarán viviendo en iguales condiciones que en él paraíso de Adán y Eva, ¿Qué entonces? leemos que cuando Satanás será liberado, irán entonces en pos de él. tantos como la arena del mar (Apocalipsis. 20;8; de manera que millones caerán entonces como Adán y Eva, por eso después de semejante prueba, nadie se atreverá a echar culpa sobre nuestros primeros padres por mil años no estará él tentador, no obstante, en el lapso de este tiempo, muchos morirán debido a su propio mal pero entonces nadie se atreverá a culpar a Dios, por la creación de Satanás el reino del milenio revelará que el mal puede existir aún sin Satanás, entonces habrá un bienestar absoluto para todos. la misericordia y la justicia se extenderá a todos, sin embargo, no todos estarán satisfechos, porque si así fuera, no se sublevarían contra él Señor Jesús para ir en pos de. Satanás por eso este hecho dejará grabado en la mente de los hombres de que las condiciones de la vida no influyen en la vida espiritual, el milenio servirá como documento en el juicio final para cerrar la boca a aquellos quienes fueron capaces de tratar de justificarse mediante los argumentos ya mencionados, él Juez, Justo presentará centenares de testigos de los distintos períodos quienes vivieron en las peores condiciones, quienes toda su vida fueron débiles o enfermos, quienes soportaron terribles tentaciones, o bien sufrimientos indescriptibles por la verdad de Dios, sin embargo, ellos cobijaron en sus almas la imagen Divina.. Y en contraposición, Dios les presentará no menos testigos, quienes vivieron en él reino del milenio o sea, en las condiciones del paraíso, pero de todos modos fueron tras Satanás porque aunque vivieron en el reino de Dios, ni siquiera se dieron cuenta, ya que en sus corazones reinaba el mal, el reino milenial descubrirá definitivamente la hipocresía de los seres humanos. y su astucia, descubrirá que aquellos que tienen a Dios en su corazón, aunque vivieron en medio de los demonios, permanecieron siendo hijos de Dios, mientras que a los inmundos he impíos, aunque se les traslade al paraíso entre los ángeles, ellos permanecerán iguales; Esto indica que ninguna condición puede tener influencia sobre las almas de los hombres, sabrán que esté voluntariamente, no es entregada a tales y cuales condiciones, tenemos el caso de que el hombre habiendo sido probado, no permaneció ni aún en el paraíso, ni durante el período de conciencia ni tampoco en el tiempo de la ley y la grac**ia él reino del milenio la forma de gobierno** Será como se llama actualmente, una monarquía constitucional, Jesús será el rey sobre todos los pueblos y naciones (Isaías 24;23) cuando él Señor todopoderoso actúe como rey en el monte de Sion, en Jerusalén (Lucas 1;32-33) pero él resucitado David estará al frente de la nueva Jerusalén (Jeremías 30, 9), Ezequiel 37;24-25) (Oseas 3;5). Por lo visto, los Santos de Dios. Que gobernaran en el Milenio con Jesús, aquí en la tierra Daniel 7 18;27-2;8; los, del, mundo tendrán sus reyes y gobernantes, en la nueva Jerusalén en el milenio; pero los que llevaran el control serán los hijo de Dios que reinarán con Jesús en la tierra;(Apocalipsis 21; 23-24) (Apocalipsis. 5;-10). (2; 26-28; 3; 12), los reyes y gobernantes y presidentes, que simpatizaron con el anticristo, sus ejércitos que fueron a la guerra en contra de Jesús y todos los impíos serán destruidos, pero los pueblos que hayan tenido siquiera el menor vestigio con Dios en sus corazones, quedarán ellos y serán gobierno con justicia, pero los gobernarán con vara de hierro, y el mal y el libertinaje será completamente desarraigados (Apocalipsis2; 26-27; 12; 5). Ahora los impíos gobiernan a los Santos, pero las cosas se han cambiado y ha llegado el momento cuando los santos gobernarán y juzgarán a los impíos, porque los papeles se invertirán y los Santos juzgarán a los impíos. (Proverbios29;2-4), (Daniel7; 22), (1Corintios6; 2-3), (Apocalipsis20; 4) definitivamente en el reino de Cristo todos los gobiernos serán Santos.

(Centro del gobierno)

El centro del gobierno, indiscutiblemente será la ciudad de Jerusalén Isaías 2;3; del cual dirán el Señor, está ahí (Ezequiel 48;35) porque, en efecto, ahí estará el Señor Jesús, pero otras naciones tendrán sus propios centros, o sea, sus capitales ahí habrá libertad para vivir completamente habrá progreso en la ciencia en la tecnología en el desarrollo y todo lo que es útil, para el ser humano, habrá una justicia verdadera real, no se verá la corrupción, el chantaje, porque está gente será supervisada por la iglesia del Señor Jesús y todas las naciones tendrán que ir a Jerusalén en él reino de Jesús, la humanidad finalmente descansará,

(La superficie terrestre)

No sabemos detalladamente los cambios que sufrirá la tierra, pero sabemos que los cambios serán inmensamente grandes, por ejemplo, muchas islas y montañas desaparecerán Miqueas1;3-4;Apocalipsis,6;14;16; la tierra se tornará excepcionalmente fértil Isaías 35;1-2; 55;13); especialmente Palestina será convertida a la fisonomía que tenía en los tiempos de Abraham (Génesis 13;10; Joel 2;23-26; 3;18); el agua también se purificará de cualquier elemento insano, especialmente en Palestina, surgirá un nuevo río, cuyas aguas tendrán un extraordinario poder sanador (Ezequiel 47; 8-12) se levantarán en las orillas nuevos y sorprendentes árboles, con hojas sanadoras, los cuales producirán frutos maduros cada mes (Ezequiel 47;12); aún, la luz del sol se verá más clara siete veces más como consecuencia de la purificación del aire (Isaías 30;26); pero no será siete más caliente, ya que esto no es posible soportar, algunos comentaristas, piensan que estos adelantos o progresos serán alcanzados gracias a la cultura reinante, como puede verse ya en Israel, sin embargo los judíos están aún muy lejos de que sus adelantos igualen a aquellos que serán presentados en él milenio por nuestro Dios, que nos muestran las sagradas escrituras,

(La vida de los seres humanos será prolongada)

Para los Santos no habrá muerte, todos los Santos habrán alcanzado la vida entera en Cristo Jesús y los sobrevivientes de los pueblos que queden para él reinado milenial tendrán una larga vida Zacarías 14;16; estas suposiciones se basan en las palabras proféticas de que los días del hombre serán como los días del árbol Isaías 65;22; Zacarías 8; 4; y hay árboles que viven más de cien años, dijo también él profeta que entonces él hombre de cien años se considerará como un niño Isaías65;20Antes del diluvio, los hombres vivían mucho tiempo, pero el diluvio trajo el cambio de clima, produciendo cambios en el sistema de vida, rebajando fuertemente la edad del hombre, esto fue las consecuencias del pecado, el cual tenía como meta arruinar la vida del ser humano. (Éxodo 15; 26) los cambios en la naturaleza todo esto ayudará a la prolongación de la vida será un paraíso no habrá guerras no habrá robos asaltos secuestros en una palabra habrá una paz prolongada y esto ayudará mucho al sistema de vida la tierra producirá con abundancia será una tierra fértil. En una palabra el Señor estará derramando sobre los hombres sus bendiciones especiales,

(Cambios en el Reino animal)

Entre los animales desaparecerá la ferocidad y la vida carnal (Isaías 11; 6, 9) la enemistad entre los animales surgió como consecuencia del pecado del hombre; porque Dios maldijo la tierra, acusa del pecado del ser humano Génesis3; 16-18; cuando la tierra quede limpia de los seres diabólicos el odio desaparecerá de los animales,

(Serán quitados de la tierra todos los espíritus diabólicos)

Por sobre todo los espíritus satánicos serán destruidos y quitados de la tierra (Zacarías 13; 2) el cielo para ser más exactos, por debajo del cielo, el espacio será limpiado de los seres espirituales diabólicos (Efesios 6; 12;) (Job 15;15); entonces el pueblo de Israel conocerá a Jesús Jeremías 31;31-34) Al igual que toda la tierra estará llena del conocimiento del Señor Jesús Isaías 11;9) de manera que esta será una gran dicha, una felicidad incomparable jamás vista.

(Los ciudadanos del reino del milenio)

Todos los del antiguo testamento, al igual que los del nuevo testamento, ocuparan posiciones de dominio, en calidad de esposa del cordero, o sea, que ellos serán como una Reyna, esta será la iglesia del Señor Jesús. Y luego estarán todos los mártires que fueron salvados entre las naciones, y primero tenemos aquí los 144, 000 que fueron salvos del pueblo de Israel estas fueron las primicias en la semana de, la, gran tribulación, (Apocalipsis 14;4); estos son los que no se contaminaron con mujeres, fueron vírgenes esto no quiere decir que estos son puros hombres no estos serán mujeres y hombres, y la expresión vírgenes quiere decir que el mundo para ese entonces habrá un libertinaje en el aspecto moral, se estará practicando el amor libre, semejante a los animales, por eso estas creyentes permanecerán fieles al Señor Jesús, porque el matrimonio es. Santo y es aprobado por Dios, y esto no quiere decir que no eran casados, es probable que en estos creyentes algunos de ellos eran casados, estos 144, 000 son los que fueron transportados al desierto, esta es la mujer (Apocalipsis 12;13); porque en cuanto la Iglesia fue recogida al cielo, el diablo fue lanzado del cielo a la tierra (Apocalipsis 12;9); y trato de perseguir o sea persiguió a la mujer y estos que persiguió son estos 144, 000 de los hebreos, que aceptarán al Señor Jesús de todo corazón y con toda su alma, porque el texto nos dice que estos son los primeros, (Apocalipsis 14;4); y cuando se habla de primero quiere decir que hay más salvados, en cada periodo siempre los hebreos serán los primeros, como en el periodo de la gracia los hebreos, en el periodo de la manifestación de nuestro. Señor Jesús, los primeros fueron los hebreos, todos los Apóstoles y la Virgen fueron de los hebreos, porque de esta es la madre de la iglesia, así también en este periodo de la gran tribulación, los primeros serán los hebreos, porque este es su tiempo Miqueas 5;3-5). Dice la palabra de Dios en (Romanos 11;12-15); si el rechazo de los judíos trajo bendición al mundo más será cuando los judíos acepten al Señor Jesús habrá más bendición para la humanidad, muchos aceptaran al Señor Jesús Apocalipsis 7;4-9-17; cuando el Señor Jesús acepte a los hebreos habrá más bendición porque los hebreos son los primeros en todo; porque son las ramas naturales del olivo natural y nosotros los gentiles fuimos injertados en ese olivo natural, y ellos serán nuevamente injertados en su propio olivo natural (Romanos 11;24); está es la. Sabiduría de Dios. La que muchas personas no han podido entender (Romanos 11;33); y luego vemos una gran multitud que nadie podía contar de toda raza y pueblo y nación que fueron salvados, (Apocalipsis 7;9-17); todos ellos resucitarán al tiempo de la venida de Jesús con gran poder y gran gloria, y reinarán con él por mil años (Apocalipsis 20, 4)

(Las relaciones entre los pueblos)

Que a nadie le sorprenda si decimos que en el reino milenial; la Iglesia estará al frente de todos los pueblos y naciones, ya que a la iglesia es la que se le han prometido coronas, y las coronas simbolizan la autoridad para gobernar Mateo 19, 28; 21;43;13;43;25;21; Lucas 19;17-19;Gálatas 4;21-31; la iglesia es la hija de la promesa de Sara la esposa de Abraham, y la Jerusalén Celestial Gálata 4;26; 4;25 Agar representa al monte Sinaí, que corresponde a la actual Jerusalén. Ya que está sujeta a la esclavitud junto con sus hijos, así que la Iglesia es la heredera verdadera de las promesas, la Iglesia se compone de todas las naciones que alcanzaron la salvación por la sangre de Jesús, en él rapto de los fieles y Santos aquí están incluidos todos los profetas y patriarcas, todos los que son Santos pertenecen a la mujer de Dios Génesis 3;1

(El juicio final) (Apocalipsis 20; 7-15)
Liberación de Satanás (apocalipsis 20; 7)

En ese acto se manifestará la misericordia de Dios, aún hacia él mismo Satanás Dios quiso poner de manifiesto si por ventura el reino milenial le condujera a la reflexión, además por lo visto Dios quiso hacer ver a todo el mundo como aprovecharía Satanás su breve tiempo de libertad y no se volvió a Dios ni se rendirá, sino que le hará la guerra al Señor Jesús, desgraciadamente el diablo es diablo; y permanecerá diablo, y en cuanto fue liberado de sus cadenas, luego se puso a trabajar en su tarea diabólica esto y lo sabía Dios que así sería. pero para revelar ante todo el mundo acerca de su misericordia y su justicia, es por eso que Dios, dio al diablo está oportunidad, o bien, para que se volviera a Dios, pero él diablo reveló su propia naturaleza diabólica, este hecho era necesario para la purificación de los cristianos, y para la justificación de Adán y Eva, los pueblos que quedaron de lograr tribulación, en estos todavía había dudas acerca de la justicia de Dios, tocante, al diablo pero la liberación de Satanás reveló todo ese mal, y recogió la última cizaña de la mies de Dios, el milenio además, cerrará la boca aquellos que. Echan la culpa a Adán y Eva, en cuanto al pecado, con este acto, el Señor Jesús reveló definitivamente, tanto para los ángeles como para los hombres, que mientras, en la persona de Satanás está encarnado el mal, dejando a este enemigo en libertad, en el mundo no puede haber paz, ni seguridad, ni bienaventuranza, por eso Dios es justo, cuando castiga al mal y a sus portadores.

(Gog y Magog)
(Apocalipsis 20, 8)

Estos nombres se encuentran en él antiguo testamento en la profecía de Ezequiel 38, 1-12;39;1-6; estos nombres simbolizan a Gog Rey y Magog nación, y esto significa que estos pueblos son de los descendientes de la serpiente, Satanás Génesis 3;15; está es la misma línea de gente perversa malvada, gente astuta que siempre ha tratado de ser líder, cuando su jefe sea suelto, que salga de la cárcel está gente estará muy contenta porque su líder ha sido liberado, y muchos lo apoyarán para que gobierne al mundo, y estarán contentos porque este dios no les pone ningún requisito para gobernar; y el Señor Jesús ya no les dio esta oportunidad de gobernar, y esto no les conviene, a estos líderes que están acostumbrados hacer tranzas, porque ellos no han nacido de nuevo, o sea, no son hijos de Dios, por eso ellos se unirán con el diablo, para hacerle la guerra al Señor Jesús, pero Dios los destruirá con fuego del cielo y fueron destruidos por completo, y ese líder fue echado para siempre en el lago de fuego. Y azufre, donde también habían sido arrojados al lago de fuego; el falso profeta y el monstruo ahí serán atormentados día y noche por todos los siglos.

(La sublevación de los pueblos)
(Apocalipsis 20; 8, 9;)

Esto, resulta, simplemente, increíble, el, que, durante, mil, años, los, pueblos hayan disfrutado del reino de Dios, en un completo bien estar y dicha y que repentinamente se subleve, es imposible concebir esto; sin embargo este acontecimiento queda aclarado con las siguientes palabras de Cristo, él que no naciere de nuevo, no puede ver el reino de Dios (Juan 3;3) una gran cantidad de hombres no han sido regenerados aun cuando la tierra este llena del conocimiento de Dios cómo las aguas cubren el mar Isaías 11;9). Muchos hombres no aceptarán a Jesús de corazón, no lo amarán de toda su alma, y por eso, aunque estén viviendo en el mismo reino de Dios; no lo verán, sucederá entonces exactamente como sucede hoy, que alguna persona miembro de la iglesia por un par de años, llega finalmente a la conclusión de que los hombres inconversos de todos modos son mejores que los creyentes y el mundo es mejor que la Iglesia, estos son inconversos y por eso sienten atracción allá hacia donde se inclina su naturaleza pecaminosa y carnal. Así será también en el reino milenial condiciones excepcionalmente favorables, leyes justas aplacaron muchos impíos sus malos hábitos he impulsos, pero no obstante, con todo ello no se tornaron en nuevas criaturas y ni bien Satanás obtiene su libertad. y les recuerda aquellas inclinaciones, inmediatamente la naturaleza caída se revela en los no regenerados, nuevamente sonaron los martillos, se instalaron talleres bélicos y después de largos años de paz, comenzarán rápidamente la preparación de armamentos (Joel 3;10) para atacar a Palestina dominar a Jerusalén la capital de nuestro Señor Jesús destruir y despojar a los Santos, Dios permitirá esto a fin de que se junte en un solo lugar la última cizaña y así limpiar por completo la cosecha de Dios de toda la hierba dañina estos enemigos de lo bueno morirán esta vez por el fuego que descenderá de Dios, desde el cielo, como sucedió en los días de Elías (2 Reyes 1;10-11), y como fuera él deseo de cierta vez de los apóstoles al ignorar estos el Espíritu de Cristo, Lucas 9;54.

(La ruina de Satanás)
(Apocalipsis 20; 10;)

Finalmente, el diablo fue lanzado al lugar donde mucho tiempo atrás él debía estar, es decir, en el lago de fuego, donde ya lo esperaban por mil años sus más fieles seguidores; el anticristo y el profeta falso ese lugar había sido preparado para él desde hacía ya mucho tiempo. Mateo 25; 45;) ¿porque no obstante, Dios por tanto tiempo le había permitido hacer el mal y no lo hecho inmediatamente después de la caída. Esa prisión eterna?¿porque Dios le permitió pervertir a tantos hombres? para poder entender siquiera en parte el comportamiento de Dios en cuanto al diablo se refiere, debemos una vez más a la memoria aquella situación, que ocupaba el diablo en la creación el diablo desempeñaba tal papel entre las fuerzas celestiales, que aún aquellas imágenes que la palabra de Dios nos suministran, nos dejan admirados pues él era el lucero de la mañana. Isaías 14;12) él era como rey, el querubín ungido, el sello de la perfección, la plenitud de la sabiduría y la corona de la belleza (Ezequiel 28, 13), él estaba al frente de los ángeles (Apocalipsis 12;7) obraba con una fuerza tan tremenda, que en una ocasión, durante tres semanas, permanecía contra él mismo Cristo (Daniel 10, 5-13). Tanta era su grandeza que quiso igualarse a Dios Isaías 14; 13-14) con el veneno de su orgullo y su oposición a Dios él pervirtió a muchos ángeles, y dejaron a Dios y se fueron en pos de él, yo creo que los ángeles que quedaron fieles a Dios, fueron confundidos, si Dios hubiera castigado inmediatamente a Satanás, quien sabe si esta actitud de Dios no pareciera muy severa delante de los ángeles, mientras que Satanás aparecería ante todos ellos como víctima por una posible verdad si Dios inmediatamente hubiera castigado a Satanás, bien pudiera suceder que por simpatía él hubieras convertido en Satanás algún otro querubín, Era necesario que por mil años se verificara las más horripilantes y detestables acciones, del diablo para finalmente persuadir a los cielos y la tierra de su culpabilidad, por eso Dios le dio libertad de acción; le permitió revelarse de tal manera que al castigarlo Dios ahora, toda la creación exclamará ¡Amen justos y verdaderos son tus juicios! Cuando sucede un incendio o un asalto, los hombres, de acuerdo a sus posibilidades, tratan de salvar aquello que sea más preciado así también Dios sabía lo que hacía, con su táctica, él salvó de mayores extensiones del mal entre los ángeles, quienes sin duda en número son más que los hombres perdidos podría alguien objetar diciendo que en esto hay poco beneficio para los pecadores, es así, pero él sembrador no hace caso al hecho de que mucha de la simiente perecerá, sino que siembra para que la buena semilla traiga fruto; así también Dios sabía que parte de los ángeles y de los hombres perecería, pero Dios no quiso permanecer solo Nilo será; la mayoría de los ángeles y muchos hombres de todos modos estarán eternamente con Dios, quienes voluntariamente escogen para sí mismos, la. Muerte, no tienen a quien echar la culpa; somos conscientes de que esto aún no aclara todo y no ofrece una respuesta satisfactoria para las distintas preguntas ¿porque Dios creó ha Satanás y a todos los ángeles que se sublevaron? ¿Además para que permitió que nacieran los hombres impíos? ¿Acaso siendo que Dios es omnisciente, no podía él simplemente dejar de crear a aquellos que permitirán la entrada del mal en su corazón? Las preguntas son muy difíciles, pero Dios creó a todos los, espíritus, espirituales inmortales, inteligentes y con voluntad libre, o sea, con la posibilidad de escoger lo que a él le agrade más, el mal no fue creado, tampoco ahora permanece por sí mismo, el mal apareció cuando aparecieron malas creaturas, y las malas creaturas aparecieron porque ellas querían, ser. Malos. malas, voluntariamente, ningún pecador perecerá porque así debe ser, sino porque él quiere voluntariamente, aún bajo la influencia de Satanás y los demonios, ninguna necesidad hay de perecer, porque Dios quiere que todos los hombres sean salvos (1 Timoteo 2;3, 4) pero los hombres no quieren salvarse Juan 5;40; desechan voluntariamente la gracia de Dios. (Hebreos 1; 6-9). Todos los ángeles y todos hombres, - en cuanto a ellos se refiere, pueden ser buenos o malos, y Dios a nadie quiere a la fuerza Dios quiere la voluntad del ser, Dios creó a los hombres para algo bueno, según su punto de vista o su sabiduría pero le dio a escoger el ser, lo que él quisiera lo bueno y lo malo pero le hizo ver las diferencias de las cosas las consecuencias que traería el mal en él ser, y las bendiciones que recibe el cristiano si es fiel al Señor Jesús; Dios ya nos ha dicho que el creyente que no se arrepienta será castigado porque Dios nos hizo para la honra y gloria, de su nombre así que todo lo que Dios creó lo hizo para que le sirva todo árbol que no da buen fruto será cortado y echado al fuego, (Mateo 7;19).

(El juicio ante el gran trono blanco)
(Apocalipsis 20, 11-14)

El trono que vio Juan grande, y también era grande aquel que estaba sentado sobre él, luego, el trono era blanco, esto es, era el Señor Jesús, porque el juzgara al mundo Hechos17; 31) delante del cual huyeron la tierra y el cielo, y ningún lugar se encontró para ellos, por eso ellos fueron a parar al fuego purificador (2. Pedro3;10-12) Más adelante, nuestro texto habla contradiciendo las enseñanzas de los testigos de Jehová, quienes sostienen que la muerte acaba con la existencia del ser mientras, que aquí, vemos a los muertos, grandes y pequeños, de pie ante Dios...y fueron juzgados los muertos por, las cosas que estaban, escritas, queda claro que a lo que, no, existente no es posible juzgar, y ellos no podrían estar ante el trono, los juzgados son muertos, no solo porque ellos habían muerto físicamente, esto serán muertos porque habrán hecho él pecado, y él pecado hace división entre el hombre y Dios, por eso ellos eran muertos espiritualmente Efesios 2;1;Justamente en estos instantes aquellos muertos no serán muertos físicamente pues ellos serán resucitados sin embargo la Biblia los califica como muertos, aunque físicamente ellos resucitarán la muerte los devolverá a sus cuerpos, y el sepulcro y el mar devolverán a los muertos (Apocalipsis 20; 13). En primer lugar, fue abierta el libro de la vida, y en seguida fueron llamados a juicio a todos aquellos cuyos nombres estaban inscritos en sus páginas, todo este juicio se llevara acabo de acuerdo de lo que está escrito ahí estará el nombre de cada persona y todo será por lo que ha hecho, mientras estaba en el cuerpo sea bueno o malo, este será el juicio final Romanos 2; 14-16) y ahí fueron arrojados los que no tenían su nombre escrito en el libro de la vida, al lago, de, fue, Hecho, para, los, demonios. Para, siempre (Apocalipsis; 20;14-15).

(Sentencia DE la muerte segunda)
(Apocalipsis 20; 14, 15, 21, 8)

Hay muchos que explican que la muerte segunda igual como la primera, o sea, que morir significa dejar de existir, pero esta no es así, porque la esencia de la muerte no es la aniquilación, la muerte es separación los cristianos deben saber recordar muy bien que cada persona debe nacer dos veces, de la carne y del Espíritu (Juan 3;3) entonces tal persona morirá solamente una vez, físicamente, pero la muerte segunda no tendrá sobre ellos potestad de la misma manera, toda persona que nazca una sola vez, o sea, solamente en el cuerpo, morirá dos veces la primera muerte es la separación entre el espíritu y el cuerpo, la segunda muerte, es la separación entre el Espíritu y Dios, por eso la palabra de Dios dice que aquellos que viven en él pecado son muertos (Efesios 2;1; ¿porque? porque el pecado separa a los seres humanos de Dios (Isaías 59;2) pero los pecados cometidos por ustedes han levantado una barrera entre ustedes y Dios; sus pecados han hecho que él se cubra' la cara y que no los quiera oír por ejemplo, él hijo pródigo fue considerado como muerto (Lucas 15;24-32). porque se habla separado del padre (Lucas 15;13) por eso la muerte física es considerada como separación entre él Espíritu y el cuerpo esto se revela, en el hecho de que la resurrección significa el regreso del espíritu al cuerpo, y su unión con él, por eso la muerte segunda será la separación entre Dios y los hombres, (Mateo25;41). Pero aparte de esto hay otra idea muy divulgada, en el sentido de que los impíos al resucitar, no tendrán cuerpos incorruptibles como los Santos por eso ellos tendrán que separarse una vez más de sus cuerpos ya resucitados, ellos allá en él lago de fuego, en sufrimientos increíbles, morirán una vez más; es decir, que sus cuerpos se quemarán pero. Sus almas quedarán para el tormento eterno (Mateo 13; 42; 25; 41-46). Esta enseñanza se basa en los siguientes argumentos, el espíritu del hombre es inmortal como el espíritu de los ángeles, de los cuales el hombre es un poco menor Hebreos 2;6, 7) pero el cuerpo del hombre podría haber tenido inmortalidad si hubiera comido del árbol de la vida Génesis 3;21; Apocalipsis 2;7; 22;14). El cual simboliza a Jesús (1Corintios 15; 21-23; 49). El contacto del hombre con Satanás, despojó al hombre de la inmortalidad del cuerpo, por eso no tenemos base para suponer que los cuerpos de los impíos. Los cuales nunca han probado del árbol de la vida, ni recibió a Jesús serán incorruptibles, o sea, inmortales. Por tanto, es completamente lógico que, todos los de Jesús, deban de asemejarse a él, cual tiene cuerpo. (Efesias 3; 21). Y todos los del mundo o sea, del diablo deben parecerse al diablo, el cual no tiene cuerpo entonces surge la pregunta; ¿porque resucitarán los pecadores si es que ellos deben morir?; es precisamente porque los pecadores pecaron en el cuerpo; por eso el Señor Jesús los resucitara para que ellos en ese mismo cuerpo escuchen la sentencia y reciban el castigo pero todavía puede surgir otra pregunta, en el sentido que las personas que los espíritus sin cuerpo no sienten los sufrimientos sin embargo, no es así, conocemos hechos innumerables donde hombres completamente Sanos y fuertes sufrirán tanta tortura que para deshacerse de ella, optaran por quitarse la vida física vemos también que Satanás y sus ángeles son espíritus, pero estarán, sufriendo (Apocalipsis 20;10). También el rico del evangelio, cuando después de muerto, fue a parar al infierno aunque no tenía un cuerpo; pues aún no era resucitado; sin embargo, padecía sufrimientos terribles (Lucas16; 24) este terrible juicio será el juicio final, y su sentencia será inalterable, de esta manera todo el mundo será definitivamente limpiado del mal, y entonces vendrá ya el tiempo de eterna paz y gozo.

(Nuevas cosas nuevo cielo)
(Apocalipsis 21; 1)

La Biblia hace mención hasta de tres cielos (2 Corintios 12;2) pero solamente uno será convertido en cielo nuevo es él llamado el primer cielo, por eso terminó el primer cielo, según lo hallamos en la Biblia, debe entenderse la atmósfera terrestre es decir, el aire, de acuerdo con los siguientes pasajes; este cielo destila roció y lluvia, descienden a la tierra desde la atmósfera (Deuteronomio 33;28; Santiago 5;18) y sabemos que estos elementos, el rocío y la lluvia, descienden a la tierra desde la atmósfera más adelante se nos dice que este cielo es visible y que periódicamente cambia su color Mateo 16;2-3). De manera que este primer cielo, es decir, nuestra tierra, su atmósfera, debe desaparecer como el humo (Isaías 51; 6) pasará como estruendo. (2 Pedro 3;10) y siendo quemados se fundirán. 2 Pedro 3;12; Nuevamente puede surgir aquí una pregunta, ya que estruendos todos los hemos, visto y oído, más de una vez en el aire pero ¿Cómo puede el cielo incendiarse y fundirse? esta pregunta podrían contestarla los físicos y los químicos, pero muchos otros hombres saben también que el aire se compone de elementos ardientes, aparte del azoe, por eso todos los elementos del aire se quemarán y el azoe se fundirá, en lugar del cielo viejo, será creado por Dios un cielo nuevo, es decir, una nueva atmósfera, correspondientes a los nuevos cuerpos glorificados y eternos, Isaías 65;17; 2 Pedro 3;13).

(Tierra nueva)
(Apocalipsis 21, 1:

Semejantes al cielo nuevo, la atmósfera la tierra vieja debe ser renovada en el fuego purificador (2 Pedro 3;7) el fuego debe consumir todo aquello que el pecado trajo a la tierra, desaparecerán las inexplicables masas montañosas, (Apocalipsis16;20), las aguas de los mares y océanos también desaparecerán debido a las altas temperaturas, las aguas se descompondrán separándose de los elementos que las componen, el hidrógeno y el oxígeno que serán devorados por el fuego con terrible estruendo (2 Pedro 3, 10), de esta manera la superficie terrestre aumentará en su tamaño considerablemente, es cierto que se nos dice que la tierra será quemada pero sin duda sus elementos no desaparecerán sino que sobre la tierra, todo lo viejo y lo maldito se quemará, pero de este material fundido y renovado Dios creará nuevos cielos y nueva tierra, Isaías 66;22;2, Pedro 3. ;13) por cierto, después de semejante transformación, el reino animal y vegetal en la tierra nueva, será también completamente cambiado o nuevo y desde luego más hermoso que él actual la tierra tendrá especies completamente nuevas con el crecimiento de nuevas plantas.

(Ciudad Nueva)
(Apocalipsis 21; 2-27)

La nueva ciudad sobre la cual se habla será la nueva capital en el eterno reino de Dios, en la nueva tierra y la nueva Jerusalén (Apocalipsis

21;2) fuera de esta ciudad sin duda habrá otras ciudades las cuales serán construidas por los habitantes de la nueva tierra, pero esta ciudad, es decir, la nueva Jerusalén, será construida por el mismo Dios, Hebreos 11; 10). Será esta una ciudad maravillosa y excepcionalmente hermosa, la cual es comparada con una esposa ataviada para su marido (Apocalipsis 21;2, 9, 10), la ciudad será construida sobre un monte en forma cuadrada, en Jerusalén, según piensan los teólogos que la ciudad será igual de ancho que de largo y de alto será cuadrada serán dos mil doscientos kilómetros de largo y ancho y largo y alto. son iguales y será cuadrada (Apocalipsis 21;16;El muro de la ciudad será de sesenta metros de alto, (Apocalipsis 21;17; todo el material de construcción, tanto la ciudad como el muro será oro y piedras preciosas (Apocalipsis 21;18-21) en la ciudad no habrá templo, (Apocalipsis 21;22; porque él mismo Señor Jesús será el templo aquí en la actualidad es necesario los templos para protegernos de las leyes climatológicas del frío, del calor, del agua, del aire, es un lugar acogedor para nosotros aquí en la tierra, pero en la nueva Jerusalén se acabará todas estas cosas el calor y él ; frío, y el aire, ya no nos harán daño porque todas las cosas serán cambiadas y nosotros tendremos cuerpos perfectos no habrá enfermedades, no habrá limitaciones de nada, será algo nuevo y Dios estará con los Santos para siempre y la ciudad tampoco tendrá necesidad de iluminación alguna, y que el mismo Señor Jesús será su lumbrera (Apocalipsis. 21;23)Sus habitantes serán los Santos, tanto los del antiguo testamento como los del nuevo testamento, quienes en conjunto, forman la Iglesia, la esposa de Jesús (Apocalipsis 21;2-4, 9, 10, 12-14) hay indicios de que los nombres de las doce tribus de Israel estarán en los muros en las puertas, (Apocalipsis 21;12; esas puertas nunca se cerrarán, no obstante, nada inmundo entrará ahí ya que entonces no habrá inmundos en la tierra nueva (Apocalipsis 21;25-26).

(Nueva Ciudad)
(Apocalipsis 21; 24, 26)

Estos serán los pueblos salvados de todas las razas y naciones de todos los tiempos desde la fundación del mundo y especialmente en los días del milenio. La Iglesia que se compone de todas las razas y naciones y todos los. Hebreos que fueron salvos junto con la Iglesia son del mismo cuerpo de Jesús o sea, la Iglesia, pero todos aquellos pueblos salvados fuera de Iglesia, estarán en la nueva tierra, y ellos, según parece, tendrán sus territorios y sus. Reyes (Apocalipsis 21; 24) Esos Reyes estarán viniendo a Jerusalén para adorar, llevarán allá su gloria por sus obras y también obtener introducción (Apocalipsis 21;24). Las naciones tendrán inclinaciones a obras tales, que de por sí tendrán gloria y honra para ellos al igual que para su capital celestial ellos sentirán que todo les pertenece, que toda la felicidad a la sabia dirección al gobierno de Jesús por esta nueva ciudad de, Dios por eso toda la gloria y honra pertenecen por derecho a Jesús, (Apocalipsis 21; 1;).

(El reino nuevo)
(Apocalipsis 22; 1).

En este. Reino serán todas las cosas nuevas, porque estará la presencia de Dios, ya no habrá maldad todo será cambiado, todos los Santos tendrán cuerpos perfectos incorruptibles, y la tierra será cambiada y el mar y todas las cosas, y el apóstol Juan nos dice que vio un río de agua transparente como cristal que salía de la presencia de Dios, esta no será el agua que bebemos ahorita no esta será una agua diferente perfecta, de la misma creación de Dios, de la que le dijo Jesús a la mujer de Samaria todos los que beban de esta agua, volverán a tener sed, pero él que beba del agua que yo le daré nunca volverá a tener sed, porque el agua que yo le daré brotará en él como un, manantial de vida eterna, Juan 4;13-15; 7; 38;. como dice la escritura del corazón que cree en mi brotaran ríos de agua viva, nuestro Señor Jesús aplica aquí una metáfora, comparando así el agua con el Espíritu Santo, el agua aquí en esta vida juega un papel muy importante en la vida terrenal, sin el agua no hay vida aquí en este mundo, por eso Jesús le dijo a esta mujer de Samaria el que tomare de esta agua volverá a tener sed, pero el agua que yo le daré brotará en él como una vida eterna, en la nueva Jerusalén no habrá necesidad de nada, porque ahí estará el Señor Jesús todopoderoso, el creador de la vida, y también nos dice que Juan vio un árbol que dará doce frutos al año uno cada mes y las hojas del árbol eran para la sanidad de las naciones. (Apocalipsis 2; 7; a los que salgan vencedores les daré que coman del árbol de la vida que está en medio del paraíso de Dios, todos los que están escritos en el libro de la vida,

(El nuevo árbol de la vida)
(Apocalipsis. 22, 2)

Este árbol estará creciendo. En la ciudad a ambos lados del río, de esto, la misma Iglesia se beneficiará, (Apocalipsis 2; 7; pero además los pueblos y naciones lo necesitaran para su curación (Apocalipsis 22; 2), este árbol, al igual que el río, suministrarán sanidad, esto no significa que en la nueva Jerusalén habrá enfermedades no, pero no habrá enfermedades porque ahí Estará el árbol y el río de la vida, los cuales serán las fuentes, principales de la vida eterna, al igual que la salud eterna, por otra parte, es absolutamente posible de que tengamos que entender al mismo Señor Jesús bajo la expresión del árbol de la vida, mientras que por el río de agua su palabra sin embargo, de nuestro texto no podemos percibir este simbolismo, por eso lo Estoy explicando literalmente. Para Dios no hay nada imposible, así como al principio él puso el árbol de la vida en el paraíso,

(El nuevo trono)
(Apocalipsis 22; 3-4)

El Señor Jesús como Omnipresente. Y Omnisciente. él puede estar en todas partes el hecho que él tenga su trono aquí en la nueva Jerusalén no significa que Dios esté exclusivamente en Jerusalén no él Dios. Todopoderoso está en todas partes al mismo tiempo y como ya dije él estará en el monte de Sion, en Jerusalén (Hebreos 12;22) cuando Dios habla que él estará en el lugar más alto no quiere decir que él estará en un cerro alto no esto quiere decir que la Iglesia, es comparada con un monte alto, y ahí estará el Señor en la Iglesia porque la. Iglesia será la reina con su. Rey que es nuestro Señor Jesús precisamente que Dios se manifestará en el lugar más alto ahí estará el trono de Dios, mientras que la ciudad será construida ahí en Jerusalén y la Iglesia y todos los Santos desde los extremos de la ciudad, podrán, libremente contemplar a Dios y disfrutar de la comunión con él (Apocalipsis 22, 4); Dios como nuestro padre estará con sus hijos (2 Corintios 6; 18; desde el trono procederá una extraordinaria luz reflejada por Dios Apocalipsis 21;23;22;5), esa luz no solo estará iluminando maravillosamente la. Ciudad, sino toda la tierra (Apocalipsis 21;24); y cuando llegue la plenitud de los tiempos (Efesios 1; 10); según este plan, que se cumplirá finalmente a su debido tiempo Dios va a unir bajo la mano de Jesús todas las cosas, tanto en el cielo como tierra. 1 Corintios 15;28); y cuando todo haya sometido a Cristo, entonces Cristo mismo que es el hijo, se someterá a Dios, que es quien sometió a él todas las cosas, así, Dios será todo en todo o sea, que se terminará el ministerio de su hijo, el mediador entre Dios y los hombres, y será él mismo Dios único. (Gálatas 3 20), pero no hay necesidad de intermediario cuando se trata de una sola persona, y Dios es uno solo, Dios es uno solo él se presenta o se manifiesta de diferentes maneras como padre, como hijo como padre de la creación, y como hijo en la redención, y como. Espíritu Santo morando en los cristianos porque Dios es Espíritu, Juan 4;24; y también acerca de nuestro Señor Jesús él nos alumbrará y su rostro era como el sol cuando resplandece en su fuerza (Apocalipsis 1, 16; cuando el Señor Jesús se le apareció al apóstol Pablo camino a Damasco, tan fuerte fue el resplandor que Pablo quedó ciego, de manera que esta luz fue superior al sol del mediodía (Hechos 22, 6;-11 en cuanto de él está escrito que mora en una luz inaccesible (1 Timoteo 6; 16; este hecho, a demás, demuestra que la tierra nueva no estará dentro del actual sistema solar, aún hay indicaciones de que nuestra tierra será sanada por el fuego, y todos los cristianos viviremos en una tierra completamente nueva, o purificada con el fuego de Dios.

(Los siglos eternos)
(Apocalipsis 22, 5;)

Este escrito que los siervos de Dios le servirán y reinarán con él por los siglos de los siglos (Apocalipsis 22, 3-5), esto significa que no habrá fin de dicho reino. (Lucas 1;33; esta misma expresión de siglos eternos se usa para determinar también los sufrimientos de los impíos (Apocalipsis 14;11;20;10) la. Iglesia será la heredera de Dios Romanos 8;17; Gálatas 4;7; h ay cristianos que no saben el papel que desempeñará la Iglesia en la eternidad de los siglos, y la Iglesia está escrito en (Apocalipsis que serán columnas por la eternidad y la palabra columna son los que sostienen a una construcción Gálatas 2;9; por eso Santiago, Pedro. y Juan. que eran tenido por columnas de la Iglesia. (Apocalipsis 3; 12). Daniel 7;18)27; pero después el reino será entregado al pueblo de Dios altísimo, y será suyo por, toda, la eternidad Daniel 7;27)y el reino, y el poder y la gloria de todos los reinos de la tierra, y serán dados al pueblo de Dios altísimo, su reino permanecerá para siempre, y todos los pueblos de la tierra le servirán y le obedecerán (Apocalipsis 3;12- 13) a los que salgan vencedores les daré que sean columnas en el templo de mi Dios, y nunca más saldrán de ahí. Estas palabras son determinantes y claras, y. Precisas entiendo, porque muchos, no entienden ni saben el papel que desempeñará la Iglesia de Dios, y hay muchas referencias de esta promesa de Dios para la Iglesia, la Iglesia es a la que se le han prometido las coronas y las coronas son símbolos de autoridad de liderazgo para gobernar (Apocalipsis 2; 23-26); esto es maravilloso formidable.\ Aleluya, Aleluya y gloria. a Dios. Por todos los siglos de los siglos.

(La seguridad de Dios)
(Apocalipsis 22; 5-6;16)

Co la frase estas palabras son fieles y verdaderos, Dios nos quiere asegurar de que él mismo autorizó al ángel revelar a Juan precisamente todo cuanto el, ángel le reveló y le mostró no lo hizo el ángel solo ni le mostró alguna ficción algo que no podía cumplirse por eso todo ello debe ser creído sin reserva alguna y Dios nos asegura que todas las palabras son fieles y verdaderas porque son palabras de Dios. Números 23; 19). Dios no es como los mortales; no miente ni cambia de opinión, cuando él dice una cosa, la realiza cuando él hace una promesa la cumple por eso estas palabras de (Apocalipsis son fieles y verdaderas.

(Una mirada general a la vida en la tierra nueva)

Sabemos que en la tierra nueva se cumplirán totalmente las palabras de oración del Señor, sea hecha tu voluntad, como en el cielo así también en la tierra, aún en el mismo milenio la voluntad de Dios no fue cumplida por todos voluntariamente muchos se sometían a Dios, conduciéndose pacíficamente, debido exclusivamente a que en la mano del, Rey estaba la vara de hierro (Apocalipsis 2;26; 12;5) ;mientras que en la tierra nueva la obediencia a Dios será absolutamente voluntaria, no por obligación semejante a la del cielo habrá completa paz, gozo y dicha en el cielo claro no habrá más esas nubes tormentosas con truenos y relámpagos la tierra será regada con el vapor (Génesis 2;6) llenándose del río del agua del río de la vida en él único gran monte de Dios estará la pintoresca y gran Ciudad, la capital de la tierra, la nueva Jerusalén.

La tierra será cubierta con una maravillosa y moderna vegetación como el paraíso celestial porque todo lo espinoso, lo hiriente, lo venenoso, y lo maloliente que eran consecuencia del pecado, desaparecerá, todos los frutos desabridos agrios y amargos adquirirán allá él máximo sabor realmente ahí no habrá más maldición Apocalipsis 22;3; Gálatas 3;16 17). También se me estaba pasando un punto muy importante, todos los Santos verán a. Dios en aquel día como él es, hasta este momento nadie ha visto a Dios Juan 1; 18) pero entonces todos los hijos de Dios lo verán, y estas palabras las podemos leer en el libro de la Revelación 22;4) lo verán cara a cara y llevaran su nombre en la frente porque toda la Iglesia tendrá cuerpos perfectos como su propio cuerpo glorificado Filipenses 3; 20-21).

(Conclusión del libro de apocalipsis)
(Apocalipsis 22; 6-10)
Revelación del libro abierto

Acerca del libro de Daniel leemos que fue sellado hasta el tiempo del fin, Daniel 12; 4-9). El Apocalipsis no está sellado, porque el tiempo del fin se ha acercado, del Apocalipsis hay que hablar en la. Iglesia (Apocalipsis 22;16) todos los que amán su venida 2 Timoteo 4;8) todos los Hijos de Dios. Deben de saber de las bendiciones que se encuentran en este maravilloso libro de (Apocalipsis.

(El propósito del libro de revelación)
(Apocalipsis 22, 11)
La Santificación de los Santos

Generalmente, el, hombre, se, prepara, adecuadamente, para, ciertos acontecimientos, así también para la venida de Jesús, debemos prepararnos, conociendo la santidad y la pureza del. Rey, aquellos que anhelan encontrarlo ellos mismos se limpian y se santifican adecuadamente. Hebreos 12; 14; 1 Juan 3;3) y se preparan especialmente aquellos que saben y creen en la venida de Jesús. 2 Pedro 3;11-12) y las mejores pruebas de la venida de Jesús nos la suministra el libro de Apocalipsis, y con estas pruebas dicho libro trata de persuadir a los Santos a Santificarse aún más, y en cuanto a los infieles e injustos está escrito, él que es inmundo, sea inmundo todavía, esto es completamente natural, ya que tal es su naturaleza, el pecador aunque fuera creyente, sino ha sido regenerado, sino que es carnal, no es apto para la santificación, sino solamente para la impiedad, porque está escrito, el alma del impío desea él mal. (Proverbios 21; 10), además está escrito, los malos hombres y los engañadores, irán de mal en peor. (2 Timoteo 3;13) de manera que lo que la persona desea, eso hace, y en ello prospera, ¿qué mejor se puede esperar de ellos sino iniquidades aún peores?

¡He aquí, vengo pronto!
(Apocalipsis 22, 7; 1220)

Estas palabras, en el último capítulo del Apocalipsis se repiten hasta tres veces, lo que vemos de los textos citados, una vez dice el tiempo está cerca (Apocalipsis 22; 10), es decir, que está cerca, de la venid, de Jesús, y de la venida de todos los acontecimientos que se describen en el libro de Apocalipsis. Otra vez dice que esos acontecimientos Apocalípticos deben suceder pronto (Apocalipsis 22; 16) tan solo en estas últimas palabras de este maravilloso libro Apocalíptico, el Señor adelantó hasta cinco veces que él vendría pronto trayendo el galardón bienaventurado para los Santos, y fiel. Si vengo pronto hay, alguien aquí. Que estas palabras no lo conmuevan, y no hace caso a estas advertencias, y él tal, no se prepare para la venida de Jesús, que luego se culpe a sí mismo.

(Adora a Dios)
Apocalipsis 22; 8-9)

Siempre los hombres han tenido la tendencia de rendir culto a la creación, en lugar que el creador Romanos 1; 25) y adorar a los siervos en lugar que al Señor Jesús, así Cornelio se postró ante él Apóstol Pedro Hechos 10; 25-26). Los habitantes de la ciudad de Listra se postraron ante Pablo, y Bernabé Hechos 14, 8-15) mientras que él Apóstol Juan se postró ante él ángel, según vemos de nuestro texto pero tanto los apóstoles como el ángel, rechazaron por unanimidad, la inmerecida adoración a ellos, enseñando a los adoradores que deben adorar y postrarse única y exclusivamente a Dios Isaías 42;8). El apóstol Juan hizo este error de adorar al ángel hasta dos veces (Apocalipsis 19; 10; 22; 22; 8-9) por eso, debido a esas equivocaciones el Apóstol aclaró para siempre la relación que debe haber entre él creyente y los ángeles si no fuera por este incidente; no sabríamos si las palabras que prohíben adorar a la creación. Romanos 1;21); se refieren también a los ángeles, mientras que ahora sabemos claramente, que fuere quien fuere en el cielo o en la tierra, sean ángeles o seres humanos Santos, si ellos son cristianos, la adoración no les pertenece sino sólo a Dios.

(Los de adentro y de afuera)
(Apocalipsis 22; 14-15)

Aquí tenemos dos tipos de gente, siempre ha habido dos corrientes la negativa y la positiva dos caminos el ancho y el angosto, dos hombres el terrenal y el celestial Adán y Jesús, Mateo 7;13; Romanos 5;12-21). Sin duda aquí se tiene en cuenta no solo a los habitantes de la nueva Jerusalén sino también los habitantes de la nueva tierra, porque también ellos tendrán derecho de entrar por las puertas de la ciudad (Apocalipsis 21; 24-26; los impíos estarán fuera de la nueva Jerusalén y de la nueva tierra en la cual reinará la justicia. 1 Pedro 3;13) el Reino de Dios estará por toda la tierra, por eso quienes estén fuera del, Reino, significa que estarán en el infierno, (Apocalipsis 21;8; Mateo 8;11, 12;13;41-43). Quien este en ese. Reino, disfrutará de todos los beneficios, quien este fuera del, será privado de todas estas bendiciones.

(Yo Jesús)
(Apocalipsis 22; 16)

Con estas palabras el Señor Jesús firma su revelación, garantizándola con su propio sello, él se auto recomienda como la raíz y el linaje de David, para disipar toda duda, de que él es el mismo Dios verdadero que inspiró a los profetas. (2 Pedro1; 21) porque los profetas nunca hablaron por su propia voluntad, al contrario, eran hombres que hablaban de parte de Dios, dirigidos por el Espíritu Santo. Gálatas 3; 20) pero no hay necesidad de intermediario; cuando se trata de una sola persona, y Dios es uno solo. Romanos 3; 30; pues no hay más que un Dios; él Dios que libra de culpa a los que tienen fe, sin tomar en cuenta si están o no están circuncidados; 9; 5; Hechos 4; 12). 1 Corintios 3; 11; pues nadie puede poner otro fundamento el cual ya está puesto, que es Jesucristo. Colosenses 3; 17; y todo lo que hagan o digan, háganlo en el nombre del Señor Jesús, Colosenses 2; 3; pues en él están encerradas todas las riquezas de la Sabiduría y del Conocimiento. (Efesios 1; 23; pues la Iglesia es el cuerpo de Cristo. la plenitud misma de Cristo; Cristo es la plenitud de todas las cosas. (Apocalipsis 21; 6; después me dijo; ya está hecho yo soy el alfa y la omega, el principio y el fin, Jesús comenzó la salvación y él la llevara a la conclusión, Jesús es él yo. Soy. el que soy, san Juan 8; 24, 28). Por eso les dije que morirán en sus pecados, porque si no creen que yo. Soy. El que soy, morirán en sus pecados. Por eso les dijo; cuando ustedes levanten en alto al hijo del hombre, reconocerán que yo. Soy. El que soy, Éxodo 4; 14) yo Soy el que soy ese es mi nombre. Este es el mismo Jesús en el cual escribieron los profetas y los apóstoles (Jeremías 23, 5; Zacarías 3; 8; Romanos 1; 3, 4). También se le llamó el lucero de la mañana, Números 24; 17). Veo algo en lo futuro diviso algo allá muy lejos, es una estrella que sale de Jacob un. Rey que se levanta en Israel el Apóstol Pedro también proyectó que en los corazones de los creyentes salga el lucero de la mañana (2 Pedro 1; 19) sin la luz de Jesús él ser no puede caminar.

(Ven Señor Jesús)
(Apocalipsis 22; 17)

Aquí tenemos un llamamiento triple él Espíritu Santo exclama ven, porque Jesús es él Espíritu Santo Juan 14; 26). Pero él Espíritu Santo, él defensor que el padre va a enviar en mi nombre, les enseñará todas las cosas y les recordara todo lo que les he dicho Juan 14; 17; 18; aquí tenemos dos cosas muy importantes tres puntos muy necesarios uno ustedes lo conocen porque él está con ustedes lo ven, porque está con ustedes, y andará con ustedes. Está hablando en tiempo presente y en tiempo futuro refiriéndose al Espíritu Santo. La esposa, es decir, la Iglesia, dice ven, porque ella está cumpliendo el mandato de Jesús Marcos 16; 15). Mateo 28;19-20) Efesios 1;23) la Iglesia es la plenitud de Jesús porque es el cuerpo de Jesús, por eso, es. ven toda la iglesia de Jesús está clamando, a todas direcciones por misericordia a todas las gentes, y naciones que vengan al Señor Jesús, por la radio, por la televisión, por misioneros, en las fábricas en las calles en los templos, y en las casas, y en todas partes se está haciendo énfasis para que vengan al Señor Jesús, y tomen del agua de la vida gratuitamente, porque la salvación es regalada Juan 7;37; Isaías 55; 1-2; (Apocalipsis 21; 6).

(Añadiendo) O. Quitando)
(Apocalipsis 22; 18-19)

Como vemos estas palabras, aquí está definitivamente prohibido añadir o quitar algo de las Escrituras. Sagradas, la prohibición de nuestro texto se refiere en primer lugar al, (Apocalipsis y no solo al libro de (Apocalipsis sino a toda la. Biblia esta prohibición. 2 Juan 1;9); cualquiera que quiera que pretenda avanzar más allá de lo que Jesús enseñó, no tiene a Dios; (1 Timoteo 6;3-5) si alguno enseña ideas extrañas y no está de acuerdo con la sana enseñanza de nuestro Señor Jesús ni con lo que enseña nuestra religión es un orgulloso que no sabe nada. Gálatas 1;8) pero si alguien les enseña un mensaje de salvación distinto del que ya les hemos enseñado caiga bajo maldición y también a los. Hebreos se les prohibió añadir o quitar, Deuteronomio 4;2; 12;32; Proverbios 30;6). Porque toda la escritura ha sido inspirada por Dios, queda claro que toda la escritura está prohibido quitarle y añadirle, no se puede tergiversar las escrituras. 2 Corintios2; 17; 4;2), 2 Pedro 3; 16). Los pensamientos y las expresiones de Dios, no es, Necesario que el hombre los ordene o arregle, es un inicuo y perverso quien en lugar de permitir a la Biblia que, criticarla, critica a la palabra los hombres la proclamen fiel, y honestamente y generosamente. (Jeremías 23;28, 2 Timoteo 2;15); por lo tanto, es necesario que uno mismo se guarde y aprenda, a fin de captar bien y correctamente las enseñanzas de la palabra de Dios (1 Timoteo 4;16), Además, debemos hacer notar que la prohibición de añadir y quitar, a la palabra de Dios es subrayada con promesa de castigo, y es muy severo, aún la explicación de su parte en el libro de la vida, por lo tanto, los amantes de las añadiduras o las extracciones de la palabra de Dios, se debe recordar muy bien esto,

(La última palabra del salvador)
(Apocalipsis 22; 20-21)

La última palabra del esposo celestial para su. Esposa, es semejante a la despedida de su Esposo fiel; amen, si ven, Señor Jesús que le dice ciertamente vengo en breve y en respuesta la Esposa le dice amen si ven Señor Jesús, el libro termina con el deseo de la gracia para todos los fieles de parte de Jesús, que la gracia de Jesús ilumine también nuestros corazones y mente y que nos haga capaces de entender sus Revelaciones, anhelar su venida, y todas las Iglesias digan ¡amen ven Señor Jesús!

Este Libro de Apocalipsis es muy Interesante. Para todos, porque el autor fue, Nuestro Señor Jesús. El apóstol, Juan fue el escritor, de este maravilloso, Libro. y las Aclaraciones de este Libro, fue Editado por el Hermano, Manuel Javier Terán.

(La Unicidad de Dios),